批判性思维发展与教育丛书

批判性思维与科研

陈尚宾　张妍　吴曈勃　刘芳 ◎ 编著

中国·武汉

内 容 简 介

本书介绍批判性思维的精神和原理、科研的本质和意义,以及批判性思维和科研的共生关系。全书共十一章,包括目的篇、方法篇、实践篇三部分,分别强调:为什么科研需要批判性思维(why)、如何以批判性思维为科研提供方法和指导(how)、什么是科研中融入批判性思维的实践案例(what)。本书融贯科技人文,针对大学生及相关研究者在提出问题、分析问题、解决问题方面所面临的挑战,以批判性思维精神及技能为驱动力,夯实读者在文献阅读、科学推理和论文写作方面的基础,着力培养能探究实证、创造知识的理性、创新型人才。本书可用作高校本科及研究生批判性思维、科学思维与研究方法等课程教材或素质教育读物,也适合作为科研工作者的参考书。

图书在版编目(CIP)数据

批判性思维与科研 / 陈尚宾等编著. -- 武汉:华中科技大学出版社,2024.10.
ISBN 978-7-5772-1363-7
Ⅰ.B80
中国国家版本馆 CIP 数据核字第 2024LP5570 号

批判性思维与科研
Pipanxing Siwei yu Keyan

陈尚宾　张　妍　吴曈勃　刘　芳　编著

策划编辑:袁　冲
责任编辑:段亚萍
封面设计:王　琛
责任监印:朱　玢

出版发行:华中科技大学出版社(中国·武汉)　　电话:(027)81321913
　　　　　武汉市东湖新技术开发区华工科技园　　邮编:430223
录　　排:华中科技大学惠友文印中心
印　　刷:武汉市洪林印务有限公司
开　　本:710mm×1000mm　1/16
印　　张:12.75
字　　数:243千字
版　　次:2024年10月第1版第1次印刷
定　　价:59.00元

本书若有印装质量问题,请向出版社营销中心调换
全国免费服务热线:400-6679-118　　竭诚为您服务
版权所有　侵权必究

总序

批判性思维(critical thinking)是教育的基本目标,也是核心学习成果,这已成为全球共识。而且,对教育的展望,对人工智能时代可预见未来的预测,均凸显了对批判性思维的强烈关注,甚至某种程度的担忧:在现时代,批判性思维属于"高必要且高难度"或"既必要又短缺"的技能。今天,从联合国、各国政府到各类组织或机构,人们普遍清醒地认识到,在各层次教育系统中培养学生的批判性思维技能和倾向是一个重大而艰巨的任务。

我国的批判性思维学术研究和教育教学方兴未艾,20多年来取得了明显进展。一些学校开设了批判性思维独立课程,有若干颇具特色的教材和普及读物面世,国际名著的汉译已颇具规模,一些博士论文以批判性思维为主题,建立了几个相关研究机构,有专门研究辑刊出版发行,在国际知名期刊和学科手册上也能看到中国学者的作品,中国的学术论坛上亦有国际著名学者现身。不过,一个明显的短板是:批判性思维学术专著极为稀缺,尤其是从逻辑视角之外的其他视角出发的研究专著几近空白。值得庆幸的是,华中科技大学批判性思维教育实践研究团队推出一套反映学生批判性思维发展与教育最新研究成果的学术丛书——"批判性思维发展与教育"(华中科技大学创新教育与批判性思维研究中心策划并资助)。一个机构几乎同时呈献7本研究著作(后续还可能扩增),这在全球批判性思维领域实属罕见,不仅会掀起国内批判性思维研究的一股浪潮,也会引来国际同行的瞩目。

批判性思维研究有4个永恒大主题:一般理论(如批判性思维概念、构件清单等);发展和学习(批判性思维从童年、青春期到成年如何发展,人们如何习得等);课程和教学(通识教育中的批判性思维课程、各种有效的教学法等),以及评价(个体水平评价、机构评价、学习成果评价、聘用和晋升评价等)。研究批判性思维的三个传统视角是哲学(应用认识论、逻辑)、教育学和心理学。近年来,人们从新的视角研究批判性思维，比如：文化比较（尤其是以中国文化为中心的东亚文化与英语世界的批判性思维）、神经科学或脑科学，以及跨学科研究（如智能、智慧与批判性思维，人工智能与批判性思维等）。

对于这些主题和视角，"批判性思维发展与教育"丛书发出了中国之声，展现了中国特色，贡献了中国洞见。陈建文《学生批判性思维品质的发展与教育》从教育学和发展心理学的角度，系统研究了中国学生批判性思维品质发展方方面面的问题，这对于我国目前基于逻辑的批判性思维教育有补强之效。张妍《基于创新素养提升的批判性思维课程改革与实践》对标创新素养而展开批判性思维课程，不仅顺应了当前国际批判性思维教育教学的大势——批判性和创造性思维统合于创新，而且为国内开发新的批判性思维课程提供了极具参考价值的理念框架。吴妍《拓展与分层：批判性思维教育的解困之路》所提议的解困之道，既是对我们的批判性思维教育所面临的种种问题的可能诊治之方，也对纾解全球批判性思维教学之困不无借鉴价值。关于批判性思维生成与教学的神经科学基础这一主题，近年有一些零散的研究，系统探讨二者关系的著作凤毛麟角（例如，Albert Rutherford，*Neuroscience and Critical Thinking*，Kindle Direct Publishing，2019）。现在，任学柱《批判性思维的认知神经基础》全面探究这一前沿主题，并有先前在国际权威期刊所发表的系列论文作为厚实基础，可谓此类研究的集大成之作。放眼全球，任课老师是批判性思维教育教学的焦点，而李伟《班主任批判性思维教育的理论与实践》将批判性思维的聚光灯转向班主任，使该书具有十分鲜明的中国特色，因为它的研究对象——班主任本身就是中国教育体制中的一个独特因素。张青根《中国本科生批判性思维课程有效性及其实现机制》让人立刻联想到国际上关于中国学生批判性思维能力评价的纷争。批判性思维课程的有效性是学生批判性思维能力的一个重要制约因素。研究这种有效性的实现机制，可谓既抓住了我国开展批判性思维教学之成功的关键，也对深入理解中国学生批判性思维能力水平大有裨益。陈尚宾、张妍、吴瞳勃、刘芳等人协作编著了《批判性思维与科研》，扼要介绍了批判性思维的精神和原理、科研的本质和意义、批判性思维和科研的共生关系。该书融贯科技人文，倡导以批判性思维精神和技能为驱动力，夯实读者在文献阅读、科学推理和论文写作方面的基础，致力于培养创新领军人才。

本丛书适合高年级本科生和研究生、教师和其他教育工作者、相关领域从业者和研究人员阅读，尤其对于那些意欲获得批判性思维技能和养成批判性思维精神的人特别有价值。

延安大学 21 世纪新逻辑研究院　武宏志
2024 年 9 月

前言

2021年,习近平总书记在两院院士大会上提出:"要更加重视人才自主培养,更加重视科学精神、创新能力、批判性思维的培养培育。"如何培养德才兼备的创新领军人才,一直是我们思考和探索的问题。结合我们在教学科研一线的工作体会,我们意识到批判性思维与科研有着天然的共生关系:批判性思维能大力促进科研,科研能有效提升批判性思维。"批判性思维是合理的、反思性的思维,其目的在于决定我们的信念和行动。"当今世界快速发展,科技进步成为推动人类文明前行的重要力量;批判性思维则是促进个人全面发展的基本素质。

我们认为,批判性思维对学习、从事科研的个人来说有四个"金字塔"奠定的重要意义。第一,心理学家马斯洛总结了人类需求的五个层次——生理的需求、安全的需求、社交的需求、尊重的需求、自我实现的需求,以批判性思维来决定我们的信念和行动,特别是参与科研创新,无疑是定义自我、实现自我,处于人类需求金字塔的最高层次。第二,物理学家朗道用正立等腰三角形描述过知识面宽、头脑敏锐的顶尖人才,以批判性思维来培养脚踏实地、头脑灵活的人才,恰好是塑造金字塔形人才的最好方式。第三,在大数据时代,人们的认知与学习存在"数据收集—信息筛选—知识归纳—智慧构建"的递进层级关系,以批判性思维来辨识信息真伪、探究新知、升华智慧,特别符合数据金字塔演进的基本范式。第四,从学习保留度来看,听、看、讨论、教学自顶向下形成一个效率递增的学习金字塔,以批判性思维在教学中强调互动、讨论、实践,很好地利用了学习金字塔的基本规律。

当前,不少本科大学生,甚至包括研究生和我们自己,很多时候存在"无问题、无想法、无论证"这样的"三无"状况。对此,我们更应该大力推进批判性思维教育,这或许是回答钱学森之问的一个必要条件。杨叔子院士曾说:"批判性思维教育是培养领军人才的必要手段,没有批判性思维教育就没有真正的素质教育。"

《批判性思维与科研》这本教材的编写,正是我们致力于立德树人根本任务、培养创新理性人才、实现中华民族伟大复兴的具体行动!屈向军校友曾经提到:"华中科技大学是中国高等教育历史上绝无仅有唯一一个一无传承,二无背景,通过自身奋斗和努力跻身国内一流院校的高校。在我心里,华中科技大学的历史就是一部独辟蹊径、开放办学的创新式跃升的历史。"其原因之一就是"华工之父"朱九思先生具有独立思考、探索创新的批判性思维,创造性地在人才引进、学科建设与科学研究、植树造林等各方面提议和推动了大量工作,奠定和引领了华中科技大学创新创业的格局和高度。

本书介绍批判性思维精神和原理、科研本质和意义,以及批判性思维和科研的共生关系。全书由目的篇、方法篇、实践篇三部分构成,分别强调:为什么科研中需要批判性思维(why)、如何以批判性思维为科研提供方法和指导(how)、什么是科研中融入批判性思维的实践案例(what)。本书共十一章,内容融贯科技人文,针对大学生及相关研究者在提出问题、分析问题、解决问题方面所面临的挑战,以批判性思维精神及技能为驱动力,夯实读者在文献阅读、科学推理和论文写作方面的基础,着力培养能探究实证的创新型人才。本书可作为普通高校本科素质教育教材,也适合有志于科研的研究生及研究者参考。

早在2011年,华中科技大学就率先在启明学院开设大学生批判性思维教育课程,同时也率先组织召开高等学校批判性思维教学研讨会,迄今为止已经举办了10届全国性教学研讨会。2017年,在屈向军校友的资助下,率先成立华中科技大学创新教育与批判性思维研究中心,一方面统筹实施全校大学生批判性思维的教学实践,开设大学生批判性思维的通识实践课程;另一方面还重点资助大学生批判性思维教育的研究工作,为推进大学生批判性思维教育实践提供理论支撑和学术指导,也为国内高校的批判性思维教育实践提供教育理论研修基地和教学学术交流平台。本书所有作者的批判性思维的学习和实践经历都曾在华中科技大学交汇过。为此,本书自然也属于李培根院士主编的"批判性思维发展与教育"丛书中的一本。

参加本书编写的有华中科技大学陈尚宾、汤强、吴曈勃、董毓、张俐、郭闰达、张妍;还有中国地质大学(武汉)的刘芳、嘉应学院的方菲、四川外国语大学的吴妍。没有这些作者的通力合作,本书不会产生。同样,本书能够付梓,离不开许许多多关心和帮助我们的人。我们无比感谢董毓、刘玉两位教授,是他们把批判性思维教学和科研引入华中科技大学,并给了我们启蒙及成长阶段的指导。我们同样感谢屈向军校友不惜重金捐建创新教育与批判性思维研究中心,让我们获得发展必需的机遇和条件!当然,也特别感谢华中科技大学众多校领导和部门领导对我们的支持和鼓励,让我们在教学和科研一线有实践和创造的机会!真诚感谢华中科技大学冯向东、曾绍群、贺军教授和中山大学张仁铎教授的鼓励和支持；感谢南方科技大学博士生导师刘泉影贡献饱含智慧的文学；感谢华中科技大学特优生吴炜分享成功秘籍。事实上，本书还引用了大量科学家、哲学家、政治家、教育家的观点，一并表示深深谢意！最后，我们感谢华中科技大学国家急需高层次人才培养生物医疗器械专项2023—2025年课程建设暨"生物医药及高端医疗设备"关键领域工程硕博士核心课程建设项目对本书出版的资助。

本书编者学术视野有限、知识积累不够、思想底蕴不深，书中难免存在各种错误、疏漏，恳请各位读者、专家予以批判性阅读并告知我们，以便我们在未来的教学和科研中提高和完善。联系人：陈尚宾。邮箱：sbchen@mail.hust.edu.cn。

编　者

2024年9月于华中科技大学

目　录

目的篇

第一章　批判性思维概述 ……………………………………………… (2)
　第一节　批判性思维定义 ……………………………………………… (2)
　第二节　批判性思维溯源 ……………………………………………… (7)
　第三节　批判性思维纲要 ……………………………………………… (14)
　思考题 …………………………………………………………………… (16)
　参考文献 ………………………………………………………………… (16)

第二章　科研原动力 …………………………………………………… (18)
　第一节　我们的科研使命 ……………………………………………… (18)
　第二节　批判性思维助推科研 ………………………………………… (21)
　第三节　学者与批判性思维 …………………………………………… (26)
　思考题 …………………………………………………………………… (31)
　参考文献 ………………………………………………………………… (31)

第三章　批判性思维与科研选题 ……………………………………… (33)
　第一节　什么是科学问题 ……………………………………………… (33)
　第二节　科学问题的来源 ……………………………………………… (35)
　第三节　科研选题的意义 ……………………………………………… (37)
　第四节　科研选题的基本原则 ………………………………………… (39)
　第五节　批判性思维在科研选题中的应用 …………………………… (41)
　思考题 …………………………………………………………………… (44)
　参考文献 ………………………………………………………………… (44)

方法篇

第四章 论证分析与科学推理 (48)
第一节 科研与论证 (48)
第二节 论证分析 (51)
第三节 科学推理 (57)
思考题 (65)
参考文献 (66)

第五章 科研中的批判性阅读 (67)
第一节 科技文献阅读 (67)
第二节 批判性阅读要领 (72)
第三节 科技文献的批判性阅读 (74)
思考题 (82)
参考文献 (83)

第六章 科研中的批判性写作 (84)
第一节 科学论文概述 (84)
第二节 科学论文的组织结构 (87)
第三节 探究型科学论文的批判性写作 (90)
第四节 应用型科学论文的批判性写作 (93)
思考题 (97)
参考文献 (97)

实践篇

第七章 冷核聚变电池:科学思想还是"民科"幻想?——依据批判性思维路线图进行的判断 (100)
第一节 "失意博士"刘本良的美国"逆袭" (100)

第二节 理解和分析问题	(101)
第三节 探究：主动搜寻各方相关信息	(103)
第四节 关于"真空正负能量分离"的论证分析	(104)
第五节 论证评估	(106)
第六节 考察一些影响大众判断的隐含假设	(108)
第七节 综合判断和反思	(109)
思考题	(110)
参考文献	(110)

第八章 批判性思维与脑科学 (112)

第一节 批判性思维与脑科学的同一性	(112)
第二节 理性看待脑科学	(114)
第三节 批判性思维与脑科学的协同性	(121)
思考题	(124)
参考文献	(124)

第九章 工科领域科研创新能力提升 (140)

第一节 工科人才需要批判性思维能力	(140)
第二节 如何训练工科学生批判性思维能力	(142)
第三节 从批判性阅读走向科研创新	(149)
思考题	(153)
参考文献	(153)

第十章 批判性思维在光电学科的实践应用 (155)

第一节 光电学科的发展动力	(155)
第二节 科学探究的基础模型	(156)
第三节 光电学科领域案例分析	(157)
思考题	(169)
参考文献	(169)

第十一章 批判性思维应用于心理学研究 (170)

第一节 批判性思维在心理学研究中的必要性	(170)

第二节　批判性思维在心理学研究中的重要地位 …………………… (171)
第三节　批判性思维在心理学研究中的范式 …………………………… (172)
第四节　批判性思维在心理学研究中的研究方法 ……………………… (173)
第五节　批判性思维在心理学研究中的应用案例 ……………………… (175)
第六节　批判性思维在心理学研究中应用的展望 ……………………… (189)
思考题 …………………………………………………………………………… (190)
参考文献 ………………………………………………………………………… (190)

目的篇

　　本书第一部分将回答几个基本问题并引出"为什么"(why)的问题：什么是批判性思维？什么是科研？什么是科研选题？批判性思维与科研的关系是什么？澄清了这些问题，也就阐明了为什么要推广批判性思维，为什么要强调科研创新，为什么要强调科研选题，为什么要编著《批判性思维与科研》一书，而这，恰恰是我们不必掩饰的目的！

第一章 批判性思维概述

陈尚宾（华中科技大学） 刘芳（中国地质大学）

什么是批判性思维？我们需要给出一个简明定义。批判性思维是如何发展至今的？我们需要一个简要梳理。批判性思维的精髓是什么？我们需要一个简约概括。本章，我们正是如此组织文稿。

第一节 批判性思维定义

现实中，大家可能都听说过批判性思维一词。但是，什么是批判性思维，就不是每一个人都能回答得较为贴切的。我们试图借助人工智能工具给出批判性思维的定义。以 Kimi 为例，我们得到的回复见图 1-1。

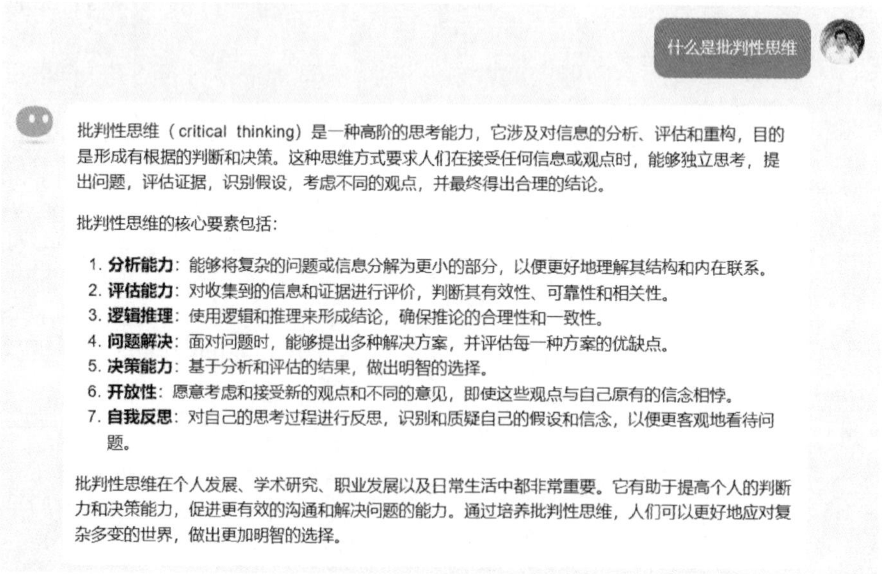

图 1-1 人工智能提供的批判性思维定义

第一章　批判性思维概述

要了解批判性思维，首先可以从理解批判性和思维两个词着手。批判性（critical）这个词源自希腊文"kritikos"和"kriterion"。kritikos 意思是辨别力、洞察力、判断力，引申义有敏锐、精明的意思；而 kriterion 有标准的意思[1]。为此，critical 提示发展"基于标准的有辨识能力的判断"。而批判性作为一个汉语词语，是指富于洞察力、辨别力、判断力，还有敏锐智慧的回顾性反思。什么是思维？思维以感知为基础又超越感知的界限。通常意义上的思维涉及所有的认知或智力活动。它探索与发现事物的内部本质联系和规律性，是认识过程的高级阶段。思维对事物的间接反映，是指它通过其他媒介作用认识客观事物，以及借助于已有的知识和经验、已知的条件推测未知的事物。思维的概括性表现在它对一类事物非本质属性的摒弃和对其共同本质特征的反映。

有关思维，美国哲学家约翰·杜威 1910 年在《我们如何思维》（*How We Think*）一书中有四个方面意义的介绍。[2]思维可泛指在脑海、心灵中浮现出来的事物；也可限定在不能直接经由看、问、听、触等感知的事物；还可以是建立在一定基础上的信念、超越直接呈现之物的真实或假设的知识；能促使人们形成信念的思维活动并从而激发人们的反思性思维（reflective thought）。特别地，反思性思维是基于支持某一信念的理由和其可能导致的后果，而对任何信念或某种假设的知识形式进行积极、持续和周全的考虑的过程。为此，也有人认为最早给出批判性思维定义的人是杜威。

早在 1906 年，威廉·格雷厄姆·萨姆纳在《民俗论》（*Folkways*）中强调，"批判性思维是审查和检验任何供接受的主张，以确定它们是否符合现实。批判性能力是教育和培训的产物。这是一种心理习惯和力量。男女都应该接受这方面的培训，这是人类福祉的首要条件。这是我们防止错觉、欺骗、迷信和对自己与尘世环境的误解的唯一保证。（Criticism is the examination and test of propositions of any kind which are offered for acceptance, in order to find out whether they correspond to reality or not. The critical faculty is a product of education and training. It is a mental habit and power. It is a prime condition of human welfare that men and women should be trained in it. It is our only guarantee against delusion, deception, superstition, and misapprehension of ourselves and our earthly circumstances.）"[3]萨姆纳明确了批判性思维精神品质和能力双重属性，也强调了教育、培训的作用。

1937 年，古德温·沃森和爱德华·格拉泽在著作《论据辨别指导手册》（*Manual of Directions for Discrimination of Arguments Test*）中将批判性思维定义为"探究任何信仰或知识形式，根据支持证据及其导出进一步结论的持续努力，以及识别问题、权衡证据、准确和辨别地理解和使用语言、解释数据、辨识命题之间存在或不存在逻辑关系、得出合理的结论和概括,并通过将结论应用于看似相关的新情况来检验结论的能力。(a persistent effort to examine any belief or form of knowledge in the light of evidence that supports it and the further conclusions to which it tends, as well as the ability to recognize problems, to weigh evidence, to comprehend and use language with accuracy and discrimination, to interpret data, to recognize the existence or nonexistence of logical relationships between propositions, to draw warranted conclusions and generalizations and to test the conclusions by applying them to new situations to which they seem pertinent.)"[4] 同年,两人还编制了批判性思维评估量表(Watson Glaser Critical Thinking Appraisal, WGCTA),用来测量批判性思维能力,前述定义也反映出两人主要强调批判性思维能力。但在1941年,格拉泽将批判性思维界定为"态度、知识和技能的综合体",认为具有批判性思维的人应有质疑的态度、逻辑推理知识以及分析、综合和评价的认知技能。

1987年,罗伯特·恩尼斯给出了批判性思维的简明定义:Critical thinking is reasonable, reflective thinking that is focused on deciding what to believe or do。[5] 2010年,董毓提供了对应的中文定义:批判性思维是合理的、反思性的思维,其目的在于决定我们的信念和行动[1,6]。实际上,恩尼斯在1987年设计了批判性思维倾向(精神品质)和能力的分类法[5],他列出了代表批判性思维四个基本领域(clarity, basis, inference, interaction,即清晰、基础、推理和互动)的十二种能力。清晰分为两组:初级和高级,初级包括关注问题、分析论点以及询问和回答初级类别中的澄清和/或挑战问题;高级则包括定义术语、判断定义和确定假设。基础:支持一个人的推论和评估证据的能力,包括判断来源的可信度以及观察和判断观察报告。推理:包括演绎和判断演绎、归纳和判断归纳,以及做出价值判断。互动:专注于与他人互动并决定行动,包括确定问题;选择标准来判断可能的解决方案;制订替代解决方案;暂时决定做什么;在考虑总体情况下进行审查,并做出决定;监督执行情况。可见,恩尼斯在给出批判性思维定义(包含品质习性)的同时,也对批判性思维能力做了具体的澄清和介绍。

事实上,哲学家哈维·塞格尔在1988年明确支持批判性思维二元论:态度、技巧。其认为批判性思维者是"由理智所驱使的人",批判性思维包括两个维度:推理评估(reason assessment)和批判性态度(critical attitude)。前者指能够理解和应用相关原则对推理进行评估;后者则被他称为"批判性精神",特指思维倾向和习惯。

1990年,彼特·范西昂等46位国际专家在《德尔菲报告》(The Delphi Report)[7]中对批判性思维技能与习性达成了共识:"我们理解批判性思维是有目的、自我调节的判断，其结果是阐释、分析、评估和推理，以及对该判断所基于的证据、概念、方法、标准或上下文考虑的解释。批判性思维是一种必不可少的探究工具。因此，批判性思维是教育中的一股解放力量，也是个人和公民生活中的一种强大资源。虽然批判性思维不是好思维的代名词，但它是一种普遍的、自我矫正的人类现象。理想的批判性思维者本性好奇、了解全面、相信理性、思想开放、立场灵活、评价公正、诚实面对个人偏见、谨慎判断、愿意重复考虑、清楚问题所在、处理复杂事务有序、勤奋搜寻相关信息、合理选择标准、专注于探究、不懈追求探究主题和情境允许的精确结果。所以，培养优秀的批判性思维者即是朝着这个理想努力。它将发展批判性思维技能与培养那些一贯产生有用见解知识的品质相结合，这样的品质是理性和民主社会的基础。（We understand critical thinking to be purposeful, self-regulatory judgment which results in interpretation, analysis, evaluation, and inference, as well as explanation of the evidential, conceptual, methodological, criteriological, or contextual considerations upon which that judgment is based. CT is essential as a tool of inquiry. As such, CT is a liberating force in education and a powerful resource in one's personal and civic life. While not synonymous with good thinking, CT is a pervasive and self-rectifying human phenomenon. The ideal critical thinker is habitually inquisitive, well-informed, trustful of reason, open-minded, flexible, fairminded in evaluation, honest in facing personal biases, prudent in making judgments, willing to reconsider, clear about issues, orderly in complex matters, diligent in seeking relevant information, reasonable in the selection of criteria, focused in inquiry, and persistent in seeking results which are as precise as the subject and the circumstances of inquiry permit. Thus, educating good critical thinkers means working toward this ideal. It combines developing CT skills with nurturing those dispositions which consistently yield useful insights and which are the basis of a rational and democratic society.）"无疑，这一份专家共识报告，对包含技能与习性两个方面的批判性思维给出了合理的定义。

理查德·保罗创立的批判性思维基金会（https://www.criticalthinking.org）为批判性思维提供了以下定义[8]："批判性思维是一种思维模式，涉及任何主题、内容或问题，在这种模式中，思维者通过熟练掌握思维中固有的结构并应用智力标准来提高其自身的思维质量。批判性思维是自我指导、自律、自我监控和自我纠正的思维。它以同意严格的卓越标准和谨慎使用这些标准为前提。它需要有效的沟通和解决问题的能力，以及克服我们本土的自我中心主义和社会中心主义的承诺。（Critical thinking is that mode of thinking — about any subject, content, or problem — in which the thinker improves the quality of his or her thinking by skillfully taking charge of the structures inherent in thinking and imposing intellectual standards upon them. Critical thinking is self-directed, self-disciplined, self-monitored, and self-corrective thinking. It presupposes assent to rigorous standards of excellence and mindful command of their use. It entails effective communication and problem-solving abilities, as well as a commitment to overcome our native egocentrism and sociocentrism.)"

2015年,布鲁克·诺埃尔·摩尔等人在他们的著作 *Critical Thinking* 中提到[9]:"批判性思维是仔细、深思熟虑地决定我们是否应该接受、拒绝或暂停对一项主张的判断,以及我们接受或拒绝它的信心程度。批判性思维的能力至关重要,事实上,我们的生活取决于它。(Critical thinking is the careful, deliberate determination of whether we should accept, reject or suspend judgment about a claim and of the degree of confidence with which we accept or reject it. The ability to think critically is vitally important, in fact, our lives depend on it.)" 2020年,以译著出版的理查德·保罗和琳达·埃尔德的《批判性思维工具》一书中指出:批判性思维是建立在良好判断的基础上,使用恰当的评估标准对事物的真实价值进行判断和思考。[10]

在国内,也有不少学者对批判性思维给出了定义和描述。[11]①朱智贤、林崇德:批判性思维是指思维活动中善于严格估计思维材料和精细地检查思维过程的智力品质,是思维活动中独立分析和批判的程度,批判性思维应作为问题解决和创造性思维的一个组成部分。②罗清旭:批判性思维是技能、倾向、情感道德、知识的完美结合。③钟启泉:批判性思维是一种慎思的、怀疑的思维活动;它是通过观察、反省、推理、交流的心理流程来获取指导其信念以及行动的信息的。④谷振诣、刘壮虎:从广义上理解批判性思维就是发展和完善人们的世界观并把它高质量地应用在生活的各个方面的思维能力。具体一点说,批判性思维是面对相信什么或做什么而能做出合理决定的思维能力。从本质上来说,批判性思维就是提出恰当的问题和做出合理论证的能力。⑤杨武金:批判性思维技能包括对各种信息的理解、识别、分析、综合、比较、判断等方面的能力。⑥周建武、武宏志:批判性思维的定义有广狭之分。广义定义将批判性思维等同于决策、问题解决或探究中所包含的认知加工和策略。狭义的定义集中于评估或评价。无论是广义或是狭义的批判性思维,都蕴含着好奇心、怀疑态度、反省和合理性。批判性思维者具有探究信念、主张、证据、定义、结论和行动的倾向。批判性思维技能或能力是认知维度,倾向或态度是情感维度。

2013年,批判性思维一词首次出现在百度百科,网页上可以看到:"批判性思维(critical thinking)就是通过一定的标准评价思维,进而改善思维,是合理的、反思性的思维,既是思维技能,也是思维倾向。"[12] 在现代社会,批判性思维被普遍确立为教育特别是高等教育的目标之一。

其实,批判性思维的定义还有其他不同版本,这里无法一一穷举。但是,我们可以看出批判性思维并没有一个唯一的定义,较为完善的定义中一定包含着精神品质和能力两方面属性。

第二节 批判性思维溯源

通常,大家认为批判性思维的起源[3]最早可追溯到近2500年前的古希腊著名思想家苏格拉底,并植根于其思想和讨论方式——苏格拉底问答法。他确立了寻求证据、仔细审查推理和假设、分析基本概念以及追问言行含义的重要性。苏格拉底承认自己本来没有知识,他说:"我教不了别人任何东西,我只能促使他们思考。"苏格拉底如同"真理的助产士",帮助别人产生知识。苏格拉底的"助产术",集中表现在他常用的"诘问"中——以提问的方式揭露对方学说中的矛盾、动摇对方论证的基础、指明对方的无知。苏格拉底问答法是逻辑推理和思辨的过程,强调了思考的清晰性和逻辑一致性的必要性,它要求对概念和定义做进一步的思考、对问题做进一步的分析,而不是人云亦云、重复权威和前人说过的话。由此可见,人类在两千多年前就已经掌握并运用思维的武器,独立地认识世界、"认识你自己"。苏格拉底问答法蕴含了非常宝贵的理性精神,而且依然是当今最著名的批判性思维教学策略。

但是,批判性思维这个名字的由来是近代的事情。根据《牛津英语词典》,"critical thinking"一词于1815年首次出现在英国文学杂志《批判评论》上。武宏志指出,这个术语与康德的"批判哲学"有关。[13] 1883年,《思辨哲学杂志》专辑文章为纪念康德的《纯粹理性批判》发表百年而专门澄清critical thinking。批判性思维作为一个重要概念,是通过数个世纪的思想发展和教育实践逐渐形成的。我们认为批判性思维这个术语、概念更早地、系统地产生在西方,是没有疑义的。但是,需要说明的是:中国古代没有提出"批判性思维"这个术语,并不代表古代至近代中国人一直没有批判性思维这种属性。金岳霖先生曾说:"我们并不需要意识到生物学才具有生物性,意识到物理学才具有物理性。"类似地,我们并不需要提出批判性思维这个术语才表明中国人具有批判性思维。正因如此,我们可以根据前一节批判性思维的定义来回溯批判性思维发展的历史。

从轴心时代(公元前800年至公元前200年)开始,中国古代的哲学和思想文化中就蕴含着批判性思维的元素。老子是中国古代春秋时期的伟大思想家,其著作《道德经》是道家哲学的经典文献。老子思想中的道法自然、无为而治、简朴生活、内在修养、以柔克刚、对立统一等都包含着理性、反思性和辩证性，表现出对当时传统价值观和社会秩序的质疑，其目的也在于决定"我们的信念和行动"。孔子（公元前551年—公元前479年）是春秋时期的伟大思想家、教育家，其思想强调仁、义、礼、智、信等道德规范，并且包括仁学思想、礼制重建、教育改革、中庸之道、学思结合、自我反省，等等。这正是孔子在身处奴隶社会向封建社会转变的大动荡、大变革过程中不断探究、思考、实践而得到的合理的认知智慧。可以这样说：西方苏格拉底的思想蕴含着西方传统文化的主导精神——科学精神；孔子的思想代表东方传统文化的精神轴心——人文精神。的确，中西方思想家的批判性思维在表现形式和侧重点上有所不同（见表1-1）。

表1-1　中西方批判性思维代表人物及时期简介

西方批判性思维代表人物（时期）	中国批判性思维代表人物（时期）
苏格拉底（公元前470—前399年）：古希腊哲学家，被认为是批判性思维的早期倡导者之一。他通过提问和对话的方式（苏格拉底式问答法）引导学生思考和质疑常识，从而培养他们的批判性思维能力	老子（公元前571—前470年）：道家哲学的创始人之一，其著作《道德经》强调顺应自然、无为而治、以柔克刚、对立统一等道理，表现出对当时传统价值观和社会秩序的质疑，包含理性和辩证性
柏拉图（公元前427—前347年）：柏拉图是苏格拉底的学生，他的哲学对话录中展示了苏格拉底的教学方法。柏拉图的思想强调理性和逻辑，对后来的批判性思维发展产生了深远影响	孔子（公元前551—前479年）：春秋时期的思想家和教育家，他的教育理念强调对传统和经典的学习和反思。"学而不思则罔，思而不学则殆""三省吾身"等强调学习与思考相结合、反思自身
亚里士多德（公元前384—前322年）：亚里士多德是柏拉图的学生，他发展了形式逻辑学，提出了著名的三段论。亚里士多德的逻辑学为批判性思维提供了重要工具和框架	墨子（约公元前468—前376年）：战国时期的思想家，他提出了"兼爱""非攻""尚贤"等观点，并认为要选择性采用，并在"检验真伪"认识论、"知类明故"逻辑学上有突出贡献
中世纪哲学（公元5—15世纪）：逻辑学和哲学教育在修道院和大学中得到发展。学者们研究亚里士多德的逻辑学、发展辩证法，这对批判性思维的形成起到了推动作用	王充（公元27—97年）：东汉时期的哲学家和思想家，他在《论衡》一书中分析万物异同，批判当时迷信和不合理的传统观念，提倡实证和理性的思考方式

续表

西方批判性思维代表人物（时期）	中国批判性思维代表人物（时期）
文艺复兴时期（14—17世纪）：人文主义兴起，人们开始重视个人理性和批判精神。这一时期的学者如埃拉斯谟提倡批判性思维，强调个人独立思考的重要性	王阳明（1472—1529年）：明代著名的哲学家，提出"知行合一"的思想，强调致良知、天人合一，重视人的主观能动性、自我反省和对知识的批判性理解
启蒙时代（17—18世纪）：哲学家如约翰·洛克、伏尔泰、伊曼努尔·康德等，强调理性、自由和批判精神。康德的批判哲学特别强调了批判性思维在认识论中的作用	徐光启（1562—1633年）：明代著名科学家，与利玛窦共同翻译了《几何原本》，追求纯粹知性，对西学持开放态度，力求在中西学问之间寻求融合与会通
19世纪和20世纪：批判性思维开始被应用于教育领域。约翰·杜威是现代批判性思维教育的奠基人之一，他强调教育应该培养学生的批判性思维能力，使他们能够积极参与社会和民主过程	胡适（1891—1962年）：近现代著名的文学家和思想家，曾师从杜威。他提倡"大胆假设，小心求证"的学术态度，鼓励人们批判性地思考和质疑传统封建礼教和文化束缚，提倡"实用主义"和"历史进化论"
20世纪末至今：批判性思维在教育、心理学、逻辑学和哲学等领域得到了进一步的发展。现代批判性思维教育强调培养学生的分析、评估和推理能力，以及对信息的批判性接受和使用	冯友兰（1895—1990年）：哲学家，他将西方哲学的方法与中国传统的哲学思想相结合，认为哲学是对具体科学及其认识、知识的反思，注重形式逻辑的演绎方式，提倡理性分析和批判性思维

苏格拉底在批判性思维领域的思想和实践，由柏拉图（记录了苏格拉底的思想）、亚里士多德和古希腊怀疑论者所继承。[3,12]他们都强调，事物往往与表面上的样子大不相同，只有受过训练的头脑才能看穿事物表象、假象并洞悉真实情况。从这一古希腊传统中推知，任何渴望了解更深层现实的人都需要系统地思考，广泛而深入地追踪其含义，因为只有全面、合理且能回应反对意见的思考才能让人超越表面。特别是，亚里士多德的逻辑学和分析方法为批判性思维奠定了基础，其在著作中探讨了逻辑和推理的原则。

中国春秋战国时期的思想是典型的百家争鸣。这一时期，形成以老子、孔子、墨子为代表的三大哲学体系。墨子提出了"兼爱""非攻""尚贤""尚同""天志""明鬼""非命""非乐""节葬""节用"等观点,以兼爱为核心,以节用、尚贤为支点,创立了以几何学、物理学、光学为突出成就的一整套科学理论。[14]他以"耳目之实"的直接感觉经验为认识的唯一来源,强调思维的目的是要探求客观事物间的必然联系。同样地,墨子总结出了假言、直言、选言、演绎、归纳等多种推理方法,从而使墨子的辩学(墨辩)独树一帜,与古希腊的逻辑学、古印度的因明学并称世界三大逻辑学。战国时期子思所作《中庸》提出了"博学之,审问之,慎思之,明辨之,笃行之"的学习过程和认识方法,这与批判性思维要求的探究、思考、评估、实践等特征非常契合。

中世纪(公元5世纪后期到公元15世纪中期),系统的批判性思维传统体现在意大利思想家托马斯·阿奎那的著作《神学大全》及其教学实践中。他总是系统地阐述、思考、回答对他思想的所有批判,作为发展他的思想的必要阶段。阿奎那不仅提高了我们对推理的潜在力量的认识,而且提高了我们对系统培养和诘问推理的必要性的认识。阿奎那的思想也表明,那些批判性思考的人并不总是拒绝既定的信念,而是只拒绝那些缺乏合理基础的信念。在同时期的中国,批判性思维的发展主要体现在儒家学派的学术讨论和哲学思考中,特别是在宋明理学的形成和发展中。宋明理学强调理性认识和道德修养,倡导通过对经典文献的深入研究和批判性分析来探求事物的本质和道理。这一学派的代表人物有朱熹(1130—1200年),南宋时期著名的儒家学者。他倡导"格物致知",即通过对事物的深入观察和分析来达到真知;强调理性思考和逻辑分析,主张通过质疑和反思来探究知识。这些都体现了批判性思维精神。

文艺复兴时期(15—16世纪),欧洲大批学者开始批判性地思考宗教、艺术、社会、人性、法律和自由。[3,12]他们的假设是,人类生活的大多数领域都需要探索性的分析和批判。这些学者包括约翰·科利特、德西德里乌斯·伊拉斯谟、尼可罗·马基雅维利和托马斯·莫尔,他们继承了苏格拉底等古希腊学者的真知灼见。马基雅维利通过其著作《君主论》对当时的政治进行了严厉的批判,为近代政治批判理论奠定了基础。莫尔提出了一种新的社会秩序——乌托邦,而且表达:新社会是在对现实社会制度的彻底分析和批判上形成的。在这一时期,中国出现了一些重要的思想家和学者,他们对传统儒学进行了重新审视和批判性思考。其中,王阳明(1472—1529年)的心学思想对后世产生了深远的影响。王阳明强调"知行合一",主张通过内心的自我反省和实践来达到道德的完善,他的学说挑战了传统儒学的一些观念,鼓励人们进行独立思考。明朝晚期的李贽(1527—1602年)也是一位具有批判精神的学者。他批判了当时儒学界的一些陈腐观念和形式主义,主张回归儒家经典的本源,强调个体的独立性和创造性。

后文艺复兴时期,英国哲学家弗朗西斯·培根明确地关注我们寻求知识时对思考的误用,指出人们不能放任思维定式。其著作《学术的进展》(*The Advancement of Learning*)阐述了通过实证来研究世界的重要性,强调信息收集,为现代科学奠定了基础。该书被认为是批判性思维的最早著作之一。1628年,法国哲学家、数学家笛卡儿写就了批判性思维的第二本重要著作——《指导思想的守则》(*Rules for the Direction of the Mind*)。其主张对心灵进行特殊的系统训练以指导思考,阐述并捍卫了思考清晰和精确的必要性。他发展了一种基于系统怀疑原理的批判性思维方法。他强调通过基本假设并在深思熟虑的基础上进行思考,思维的每一部分都应该受到质询、质疑和检验。此外,英国托马斯·霍布斯采用自然主义观点解释世界,认为一切解释都需要证据和推理;约翰·洛克认为人类所有的思想和观念都来自人类的感官经验,感觉来源于感受外部世界,而反思则来自心灵观察本身。[12]还有,英国科学家波义耳和牛顿,他们的研究深受思想自由和批判性精神的影响,分别奠定了近代化学和物理学的基础。在中国,明代科学家徐光启(1562—1633年),毕生致力于科学技术研究,师从利玛窦并共同翻译了《几何原本》,追求纯粹知性,对西学持开放态度,力求在中西学问之间寻求融合与会通。

在批判性思维发展历史上,法国的启蒙思想家比埃尔·培尔、孟德斯鸠、伏尔泰和德尼·狄德罗也做出了重大贡献。他们的理论前提都是如果人的思想受到理性的约束,人就能够更好地理解社会和政治世界的本质;强调自我反思和理性,认清自己思想的弱点和长处;重视思维训练,要求交流中所有观点都必须经过认真的分析和批判;认为所有权威都必须以某种方式接受合理的批判性提问的审查。后续18世纪的思想家进一步扩大了批判性思维概念,发展了我们对批判性思维及其工具的力量感的认识。将批判性思维应用于经济领域,产生了亚当·斯密的《国富论》;应用于对国王王权的传统的批判,诞生了《独立宣言》;应用于理性本身,产生了康德的《纯粹理性批判》。康德为批判做过定义:必须考察理性本身,证明人类理性的确具有一些先天的认识形式,而且这些认识形式在认识中具有法则的作用。所谓"批判"不是对书本或者理论学说的批评或驳斥,而是对理性之认识能力的"分析"。

19世纪,奥古斯特·孔德和赫伯特·斯宾塞将批判性思维进一步扩展到人类社会生活领域。批判性思维应用于资本主义问题研究,产生了马克思的《资本论》;应用于人类文化史和生命基础的研究,产生了达尔文的《人类的由来》;应用于对潜意识的研究,产生了弗洛伊德的研究成果;应用于文化领域,弗朗兹·博厄斯等人开创了现代人类学;应用于语言,弗迪南·德·索绪尔开辟了现代语言学领域。

在20世纪,我们对批判性思维的力量和本质的理解变得越来越明确。1906

年,美国社会学家萨姆纳在《民俗论》中强调了在生活和教育中开展批判性思维的重要性[3]:"好的教育意味着能够培养良好的批判性思维能力。任何科目的老师,如果坚持准确性及对所有过程和方法的理性控制,并且将一切都置于无限的验证和修正之下,那么他就是在培养学生使用这种方法的习惯。接受这种教育的人不会被轻易煽动,不容易轻信,可以不确定且不痛苦地将事物视为不同程度上的可能;他们可以等待并权衡证据,能够抵制对于他们最亲密的偏见的呼吁。批判性思维的教育是唯一真正可以说造就了好公民的教育。"

批判性思维的发展和推广主要得益于美国教育家约翰·杜威的贡献。杜威在其早期的著作《儿童心理学》(*Psychology of the Child*)和《民主与教育》(*Democracy and Education*)中强调了批判性思维在教育中的重要性,并将之提升为教育目标之一。杜威是激发进步主义教育关于中小学教育的批判性思维运动的源泉,[15] 20 世纪 20—50 年代进步主义教育运动在美国盛行,采纳并发展了杜威对反省思维的强调。美国社会研究委员会在其 1942 年年报的标题《社会研究中的批判性思维教学》中使用了"批判性思维"。罗伯特·恩尼斯发表的第一篇文章(《批判性思维:关于其动机的更多阐述》)是关于批判性思维教学的,发表在当时是批判性思维主要推动力量的《进步主义教育》杂志上。

20 世纪后半叶以及 21 世纪:批判性思维作为教育课程的重要组成部分,得到了广泛的关注和研究。各种批判性思维模型和方法论被提出和发展,例如理查德·保罗和琳达·埃尔德提出的八个元素的批判性思维模型(包括目的、问题、信息、推理、概念、假设、结论、观点)。[10] 同时,批判性思维也深受哲学、心理学、认知科学和逻辑学等学科的影响。这些学科的研究提供了关于思维过程、推理和决策形成的理论基础,进一步促进了对批判性思维的认识和发展。

在科学引文数据库(Web of Science)进行文献搜索(搜索日期 2024 年 6 月),就可以看到批判性思维与教育、科研、医学、哲学等主题融合发展的论文数以千计(见图 1-2)。在中国知网(www.cnki.net)搜索"批判性思维",同样可以看到大量文献(见图 1-3),也可以看出批判性思维概念引入我国学术界应该是在 20 世纪 80 年代。2003 年,北京大学开设"逻辑与批判性思维"通选课。2009 年,华中科技大学开始为启明学院种子班开设"批判性思维"必修课。2011 年,清华大学在经管学院开设"批判性思维与道德推理"必修课。2011 年,汕头大学面向本科新生开设"整合思维"课程,其中包含"批判性思维"。2013 年,由全国多所高校共同发起的教育部高等学校文化素质教育指导委员会批判性思维与创新教育分指导委员会(筹)成立。2014 年,华中科技大学附属小学开设批判性思维课程,并出版批判性思维(小学版)教材。2017 年,华中科技大学创新教育与批判性思维研究中心正式成立。截至 2024 年 7 月,全国高校批判性思维和创新教育研讨会已举行11届,全国基础教育批判性思维教育研讨会已举行7届。

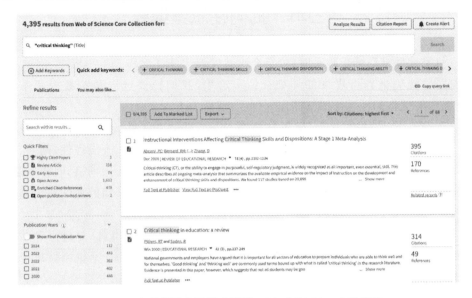

图1-2 在科学引文数据库搜索critical thinking文献情况

图1-3 在中国知网搜索批判性思维文献情况

总的来说,批判性思维的溯源可以追溯到古代哲学思想,并在现代教育和学术研究中得到深入探讨和发展。

第三节 批判性思维纲要

批判性思维滥觞于轴心时代,至今已然发展成汪洋大海。不少图书、网站[16]上都可以找到批判性思维的详细介绍。这里,我们扼要选取董毓教授两本教材[1,6]中有关批判性思维的精髓作为纲要,罗列如下。

批判性思维是合理的、反思性的思维,其目的在于决定我们的信念和行动。[1,6]批判性思维是精神和技能的结合:反思自我、求真公正、开放理性;阐明、分析、推理、评估、解释、自律。批判性思维崇尚探究实证,促进认知创造、明智判断、解决问题,是理性和创造性的核心品质和能力。理性可分为认知的理性和工具的理性。

哲学上定义知识为"论证了的真的信念"。论证是理性的载体,是理由和结论的复合体,包含前提、结论、推理三要素。分析并构建一个好论证是批判性思维的中心任务,其探究实证的路线图包括八大步骤:理解主题问题、分析论证结构、澄清观念意义、审查理由质量、评价推理关系、挖掘隐含假设、考察替代论证、综合组织判断(见图1-4)。批判性思维重视选择重要、创新、可行的探索性问题,提倡从对象属性和认知属性进行二元问题分析。

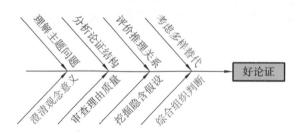

图1-4 探究实证的批判性思维路线图

批判性阅读不只是理解地读出作者的论证,更重要的是评估和发展论证,这也是促进科技发展的方式。论证可分为单前提、多前提、链式、复合四种树式结构。发现并将论证标准化是论证分析的基础。评估论证通常包括六大方面:主题、概念、证据、推理、假设、辩证(见图1-5)。好论证通常如图尔敏论证模型所示,包含数据、断言、保证、支撑、辩驳和限定六个部分。

论证的语言规则是具体、明确和一致。澄清概念的做法就是对概念予以合适的说明或定义,要避免概念模糊、偷换概念、意义歪曲、晦涩空洞等弊病,不要混淆充分和必要条件。思考的具体性,是实证的本质要求。概念的意义要有具体对象,论断要有具体的实例和证据;按照问题的具体情况和条件来理解和判断语境。

图 1-5　论证评估中应该考察的六大方面

完满论证的两个基本条件是前提真实和推理有效。虚假信息泛滥，有因名利、偏见和情感而产生的社会原因，也有个人主客观认知条件的限制，还可能是信息在传播过程中受扭曲和污染。考察信息来源、衡量信息质量是为了确认有效信息，而全面探究信息依然是为了求真。

论证推理通常分为归纳和演绎两种类型。推理要满足前提对结论的相关性和支持的充足性。推理的相关性谬误包括诉诸情感、诉诸大众、诉诸动机、简单归因等。演绎推理的有效形式包括肯定前件、否定后件、选言推理和假言推理。归纳推理包括归纳概括和类比，从有限推论到普遍，结论有或然性。

还有一类最佳推理，其推理的充分性是多方竞争对比后综合权衡最优。因果论证要满足证据支撑、排除其他、因果机制、辩证讨论四个方面的支持；其中，穆勒五法有助于确定因果关系。特别地，对科学假说的证实和证伪，是不同科学方法论的分水岭；科学假说的判断和选择依赖于科学解释的最优性。在科研和社会实践中，寻找和构造多样替代，是最佳推理和成功决策的内在需求。

论证离不开前提和假设，其中没有被表述出来的就是隐含前提和隐含假设。辨别和补充隐含前提、隐含假设是分析和评估论证所必需。科学认识依靠对假设的运用和考察，需要观察发现假设、探索质疑假设。

好论证需要具有辩证性。片面性自身是谬误，开放理性是创新的基本保证。以分析、变换、组合、重构来构造多样思考、论证、方案、思路，在发散后进行辩证性综合和平衡。保持开放理性，将论证结论限定在条件和论据之中。

批判性写作受批判性思维原理的指导并反映批判性思维成果，其分为分析性写作和论证性写作。分析性写作就是从主题、概念、证据、推理、假设、辩证来分析他人文章并有条理地写出来，同样，这六大方面也可用于指导论证性写作。在论证性写作中，正—反—正写作结构有利于形成辩证性。

思 考 题

1. 请仔细比较罗伯特·恩尼斯和董毓针对批判性思维的英文和中文定义：Critical thinking is reasonable, reflective thinking that is focused on deciding what to believe or do. / 批判性思维是合理的、反思性的思维，其目的在于决定我们的信念和行动。两个定义是否完全一致？如有不同，请阐明一下不同之处是否有存在的道理。

2. 对于 critical thinking 这一术语，除了翻译为批判性思维，也还译介为思辨、明辨性思考、审辩式思维等，你认为应该选取何种翻译？请说出你的观点和理由。

3. 杨叔子院士曾说：批判性思维是理性和创造性的核心能力，没有批判性思维教育就没有真正的素质教育。谈谈你的理解和看法。

参 考 文 献

[1] （加）董毓. 批判性思维原理和方法——走向新的认知和实践[M]. 2 版. 北京：高等教育出版社，2017.

[2] （美）约翰·杜威. 我们如何思维（How We Think）[M]. 杨韶刚，刘建金，译. 北京：中国轻工业出版社，2017.

[3] https://www.criticalthinking.org/pages/a-brief-history-of-the-idea-of-critical-thinking/408.

[4] https://socialsci.libretexts.org/Courses/Cosumnes_River_College/SOC_305%3A_Critical_Thinking_in_Social_Science_(Lugo).

[5] R. H. Ennis(1987). A Taxonomy of Critical Thinking Dispositions and Abilities. In J. B. Baron, R. J. Sternberg (Eds.), Teaching Thinking Skills: Theory and Practice (pp. 9-26). New York: W. H. Freeman.

[6] （加）董毓. 批判性思维十讲——从探究实证到开放创造[M]. 上海：上海教育出版社，2019.

[7] Peter A. Facione (1990). Critical Thinking: A Statement of Expert Consensus for Purposes of Educational Assessment and Instruction. The California Academic Press.

[8] https://www.criticalthinking.org/pages/defining-critical-thinking/766.

[9] Brooke Noel Moore, Richard Parker. Critical Thinking[M]. Dubuque: McGraw-Hill Education, 2015.

［10］（美）理查德·保罗，琳达·埃尔德.批判性思维工具（原书第 3 版）[M].侯玉波，姜佟琳，等，译.北京：机械工业出版社，2020.
［11］刘芳.高校英语教师批判性思维发展研究：一项基于学研共同体的个案研究[D].上海外国语大学，2015.
［12］https：//baike.baidu.com/item/批判性思维/9901754? fr＝ge_ala.
［13］武宏志.什么是"批判性推理"[J].批判性思维教育研究，2022：26-35.
［14］https：//baike.baidu.com/item/墨子/245? fr＝ge_ala#reference-16.
［15］https：//zhuanlan.zhihu.com/p/148286235.
［16］https：//www.criticalthinking.org/pages/index-of-articles/1021/.

第二章 科研原动力

陈尚宾(华中科技大学) 刘芳(中国地质大学(武汉))

我们常说,科技是第一生产力。但是,科技的第一推动力是什么呢?科研!科研的基本任务就是探索、认识未知和创新。科研的原动力又是什么?批判性思维!本章我们正是要论述批判性思维是科研的核心品质和能力。

第一节 我们的科研使命

"科学"[1]这个词,在西方是来源于拉丁文 scientia,意思就是"知识"。英文 science 大约是 1830 年法国哲学家孔德将学科分类时用来代指自然学科(如物理、化学)的学问,即是 natural science 的简称,指"自然科学"。原先习惯使用的学问(philosophy)则用来专指所有学科的通用学问(即哲学)。日本学者福泽谕吉在 1874 年将 science 译成了"科学"(分科之学);1893 年,康有为从日文引进并使用"科学"二字。现在我们谈科学,还是要回到"知识"这个本义上去。科学是建立在可检验的解释之上和对客观事物的形式、组织等进行预测的有序知识系统,是已经系统化和公式化了的知识。[2]根据这些系统知识所要反映对象的领域,科学主要可分为自然科学、社会科学、思维科学、形式科学和交叉科学。

技术(technology)是指人类为了解决实际问题而创造和使用的工具、机械、系统和方法。工程(engineering)是应用科学和数学原理来设计和构建物体、系统、结构和服务的学科,是技术的实际应用。科技是科学技术(science and technology)的简称。科学重在发现,技术重在发明;科学解决"为什么"的问题,技术解决"怎样做"的问题。科研则是科学研究(scientific research)的简称,是指对科学知识的探索和创造过程,包括基础研究(旨在增加对自然现象的理解)和应用研究(旨在解决特定的实际问题)。科学创造了技术,技术成就了科学。科研可以涉及新的科学理论的提出、新技术的开发、现有知识的验证和改进等。科研的基本任务就是探索、认识未知,推动知识的积累和创新,是科学和技术发展的基础。

有时还会提到"学术"一词。学术,是指专门而有系统的学问;其对应的英文为 academic,还包括高等教育和研究相关的事务或人。例如,academic research 指的是学术研究,academic journal 指的是学术期刊,而 academic community 指的是学术界或学术共同体。一般认为,学术更侧重于理论和知识的传播,科学侧重于通过实证研究来理解世界,而技术侧重于实际应用和创新;学术概念更广泛,可以指包括科学和技术在内的多种学科。

在党的二十大报告[3]中,第五部分总论"实施科教兴国战略,强化现代化建设人才支撑"。教育、科技、人才是全面建设社会主义现代化国家的基础性、战略性支撑。必须坚持科技是第一生产力、人才是第一资源、创新是第一动力,深入实施科教兴国战略、人才强国战略、创新驱动发展战略,开辟发展新领域新赛道,不断塑造发展新动能新优势。我们要坚持教育优先发展、科技自立自强、人才引领驱动,加快建设教育强国、科技强国、人才强国,坚持为党育人、为国育才,全面提高人才自主培养质量,着力造就拔尖创新人才,聚天下英才而用之。

2020 年 9 月 11 日,习近平总书记在主持召开科学家座谈会时提出,我国科技事业发展要坚持"四个面向"——面向世界科技前沿、面向经济主战场、面向国家重大需求、面向人民生命健康,不断向科学技术广度和深度进军。科技进步是一种必需。梁启超认为,有新学术,然后有新道德、新政治、新技艺、新器物。杨叔子院士讲过:一个国家,没有先进的科技,一打就垮;没有民族精神,不打就垮。作为大学生、大学教师,我们肩负着科研的使命。这首先是从国家和民族的需求出发决定的。

1883 年,美国物理学家罗兰(H. A. Rowland)在 *Science* 期刊发文《为纯科学呼吁》[4]中有一段:"我时常被问及这样的问题:纯科学与应用科学究竟哪个对世界更重要。为了应用科学,科学本身必须存在……中国人知道火药的应用已经若干世纪,如果他们用正确的方法探索其特殊应用的原理,他们就会在获得众多应用的同时发展出化学,甚至物理学。因为只满足于火药能爆炸的事实,而没有寻根问底,中国人已经远远落后于世界的进步。"1954 年,英国著名学者李约瑟(Joseph Needham,1900—1995)在其编著出版的 15 卷《中国科学技术史》中正式提出问题:"尽管中国古代对人类科技发展做出了很多重要贡献,但为什么科学和工业革命没有在近代的中国发生?"2005 年,我国著名科学家钱学森先生对中国的教育和科技发展提出更高期待:"现在中国没有完全发展起来,一个重要原因是没有一所大学能够按照培养科学技术发明创造人才的模式去办学,没有自己独特的创新的东西,老是'冒'不出杰出人才。这是很大的问题。"为什么我们的学校总是培养不出杰出的科技创新人才？这便是著名的"钱学森之问"。我们的科研使命也应该是知耻后勇、被动警醒、反躬自省后的担当。

"德国现代大学之父"威廉·冯·洪堡在19世纪初创办柏林洪堡大学并提出大学改革三原则：大学自治；教学与科研相统一；学术自由。他还提出了堪称现代科学定义的"洪堡五原则"[5]：①科学是没有得出完全结论的东西，需要不断探索；②科学是一个整体，每个专业和学科都是从不同角度的反思，所以需要研究、综合和反思；③科学有它自己的目的，实用性只是第二位的，但真理的目标自由式探索可能导致最重要的实用性知识；④科学与高校联系在一起；⑤高校的生存条件是孤寂与自由（也即学术自由，科学无权威，科学无禁区）。

可见，洪堡的论点一再强调大学与科研的统一！我国晚清重臣张之洞曾说："古来世运之明晦，人才之盛衰，其表在政，其里在学。"可见，在大学谈人才培养、科教兴国有着极大重要性。在1978年全国科学大会上，"华工之父"朱九思先生大胆提出"科学研究要走在教学的前面"这个思想，而且明确指出科研是"源"、教学是"流"的相互关系。华中科技大学原校长丁烈云院士曾讲过"大学是学生、学者、学术的大学"。可见，我们的科研使命也是大学的实际和实践的出发点。

当然，我们讲科技、学术，一定要声明不是局限于自然科学，社会科学、人文科学、艺术等都应该包含其中。我国社会学家费孝通先生著述的《乡土中国》[6]，就是学界公认的有关中国农村社会传统文化和社会结构理论研究的典范之作。还有英国亚当·斯密的《国富论》是经济学领域的奠基之作，对市场经济和自由贸易的理论有着深远的影响。奥地利心理学家西格蒙德·弗洛伊德的《梦的解析》开创了精神分析学派，对心理学和文化研究产生了重要影响。更具有普遍意义的是恩格斯的讲法：正像达尔文发现有机界的发展规律一样，马克思发现了人类历史的发展规律，即历来为繁茂芜杂的意识形态所掩盖着的一个简单事实：人们首先必须吃、喝、住、穿，然后才能从事政治、科学、艺术、宗教等等。马克思在《1844年经济学哲学手稿》中提出："自然科学往后将包括关于人的科学，正像关于人的科学包括自然科学一样：这将是一门科学。"万物皆有理论。牛顿定律是物理学的支柱；原子论是化学的基础；进化论是生物学的核心；供求关系是经济学的支柱；结构功能主义是社会学的核心……技术、工程也与科学密不可分：科学提供理论支持，技术提供工具和方法，工程实现具体应用，而科研则是不断探索新知识，发展新技术，解决新问题。钱学森先生就提出技术科学和工程科学的概念。他将主要基于力学和信息科学的工程学基础称为技术科学或工程科学，并定义工程科学："工程科学主要是研究人工自然的一般规律，是理论研究和应用研究的结合，主要探索基础理论的应用问题。"总之,我们的科研使命就是探求反映自然、社会、思维等的客观规律。

亚里士多德主张,求知是人的本性！荀子说："凡以知,人之性也；可以知,物之理也。"世界著名物理学家爱因斯坦在著名的演讲"探索的动机"中提到,有人在科学的殿堂里追求智力上的快感；有人则是为了纯粹功利的目的；而第三类人除了有逃避世俗生活者,还有人则是"希望找到一种最恰当、最简易、最能让人理解的方式重新描绘世界"。同样享誉世界的科学家居里夫人在《我的信念》一文中写道："我一直沉醉于世界的优美之中,我所热爱的科学也不断增加它崭新的远景。我认定科学本身就具有伟大的美。一位从事研究工作的科学家,不仅是一个技术人员,而且是一个小孩儿,在大自然的景色中,好像迷醉于神话故事一般,迷醉于大自然的景色。这种科学的魅力,就是使我终生能够在实验室里埋头工作的主要原因。"天体物理学家钱德拉塞卡所著《莎士比亚、牛顿和贝多芬——不同的创造模式》[7]强调追求科学的过程本质上是在追求美,科学理论与艺术作品具有相同的美学标准。夏宗经教授的著作《简单·对称·和谐——物理学中的美学》[8]同样强调了科学之美、人类对知识的探索和对美的追求本质上紧密联系。古希腊毕达哥拉斯学派认为数是万物本原,开创了科学理性主义的数学传统,也产生了数的和谐、黄金分割等美学思想。我国著名地质学家李四光演讲时说："凡遇着新境象、新学说,切不可为它所支配,为它所奴役……真正讲学的精神,大概用一句话可以包括,那就是为真理奋斗。"从个人的角度,或许我们还可以有被好奇心、秩序感、美和真所驱动的科研使命！

第二节　批判性思维助推科研

2021年5月28日,习近平总书记在中国科学院第二十次院士大会、中国工程院第十五次院士大会和中国科学技术协会第十次全国代表大会上发表重要讲话时指出："要更加重视人才自主培养,更加重视科学精神、创新能力、批判性思维的培养培育。"批判性思维是什么？美国非形式逻辑与批判性思维协会前任主席罗伯特·恩尼斯指出,批判性思维是合理的、反思性的思维,其目的在于决定我们的信念和行动。通俗地讲,批判性思维是能够让知识分子产生知识的第一推动力。

爱因斯坦曾说："知识的唯一来源是经验。"笛卡儿等理性主义者认为人类知识的根本源泉是理性。约翰·洛克强调感觉观念和反思观念两者是知识的唯一来源。《美国创新简史》[9]一书提到："知识有两个基本来源。第一个来源是教育。

第二个来源是研究。"德尼·狄德罗认为人们获取知识的方式主要有三种——系统观察、思考和实验，并且要把专注观察、深刻思考和精确实验结合起来。罗吉尔·培根指出，知识有三个来源：权威、理性和经验。有意思的是，培根同时还指出人类认识错误或无知的四大根源：崇拜权威、因循旧习、固执偏见、狂妄自负。综合上面几种不同观点，我们更加容易明了批判性思维是让我们获得知识的工具，是让我们保持探究真知的习性。如第一章所述，批判性思维崇尚探究实证，促进认知创造、明智判断、解决问题，是理性和创造性的核心品质和能力。

天文学被认为是最早的学科。柏拉图把毕达哥拉斯关于日、月、行星的均匀圆周运动的假说，扩展为所有天体的运动模式。尽管当时的天文观测已发现部分星体表观运动的不规则性，但柏拉图仍坚信天体作为神圣不变的永恒存在，其运动必定遵循均匀（匀速度）而有序（正圆形轨道）的原则。这就是天文学史上著名的"柏拉图原理"。这条原则作为数理天文学萌芽的标志直至近代还指导着天文学的发展。柏拉图一再称赞天文学这一研究领域对获取哲学智慧格外重要，并在天文学研究中指明了一个特别需要解决的重要问题——如何在数学上解释诸行星的不规则运动。这被称为"柏拉图问题"[8]。它在古代神话中的宇宙和近代科学的宇宙之间有极重要的位置，也清楚地解释了柏拉图世界观的特征。柏拉图所确切阐述的行星之谜以及历史上为解决此谜而进行的长期且艰巨的思想斗争，导致两千年后哥白尼和开普勒的工作以及由他们发起的科学革命。如果把"柏拉图问题"的提出及解决作为一个实例，我们可以清楚地看出批判性思维对天文学发展的推动作用。批判性思维的理性和反思性，促成了"柏拉图问题"的提出。天文学认识，依靠对假说"运动必定遵循均匀（匀速度）而有序（正圆形轨道）"的考察、质疑，发展到今天的行星运动定律以及广义相对论框架下的天文学，恰恰说明科学假说的判断和选择依赖于科学解释的最优性。

生理学被认为是第二古老的学科。[10]威廉·哈维发现了血液循环的规律，奠定了近代生理科学发展的基础。公元2世纪，古罗马盖伦创立了血液运动理论，要点包括：肝脏将人体吸收的食物转化为血液；血液沿动、静脉做潮汐运动，涌向身体各处且大部分被消耗掉。意大利法布里休斯发现了保持血液单向流动的静脉瓣膜，但他因不敢质疑而信奉盖伦学说。17世纪，英国科学家哈维曾向法布里休斯学习。哈维研究发现心脏及静脉内的瓣膜使得血液只能单向流动，否定了盖伦血液双向潮汐运动的观点。哈维还定量推算：以人每分钟心脏搏动72次计算，每搏输出血量60毫升，每小时由左心室注入主动脉的血液总重量相当于普通人体重量的4倍。这么大的血量不可能由肝脏在这样短的时间内制造出来。更加合理的解释应是：血液循环流动。哈维从心血管结构和定量测算两个方面猜测盖伦学说的谬误，并在提出假说9年内做了很多的实验和观察才于1628年总结出血液循环理论。这里的定量描述、数学推算是定量生理学的典范;而其中的大胆假设、小心求证恰恰是批判性思维的品质所在!类似地,19世纪德国生理学家米勒宣称神经传导的速度不可以测量,他把神经传导速度比拟于光速。1850年,他的学生亥姆霍兹准确地测定:蛙坐骨神经传导冲动速度的平均值为27.25米/秒。这一速度远低于电流的传导速度,这一颠覆性的科学发现也促进了科学的发展。德国生理学家伯恩斯坦提出了膜学说,可以部分解释神经冲动(也即动作电位)的产生。1952年,英国科学家霍奇金和赫胥黎进一步发展膜学说,并建立了HH模型解释动作电位的产生和传播,于1963年获得诺贝尔生理学或医学奖。HH模型被公认是生命科学中最重要且成功的理论模型!这其中,我们再次看到独立思考、喜欢探索、不懈追求的批判性思维元素的作用。

当然,也可以从20世纪重大科技革命——爱因斯坦发现相对论看出批判性思维的关键作用,尤其是他对于当时普遍接受的绝对时空观的质疑。在牛顿时代,人们普遍认为时间和空间是绝对的,不随观察者的运动状态而改变。然而,爱因斯坦挑战了这种观念,并提出了相对论的新理论框架。批判性思维在爱因斯坦的质疑过程中发挥了关键作用。他开始思考一系列问题,例如,"如果两个观察者以不同的速度移动,他们是否会有不同的时间观念?"或者"如果一个人坐在火车上,并通过窗户看到光束通过,他会感受到什么?"。爱因斯坦运用逻辑思维和想象力,以及他对实验结果的深入思考,逐渐形成了对传统绝对时空观的批判性思考。爱因斯坦的批判性思维推动了他的相对论理论的提出。通过推理和实验证据,他理解到时空是相互关联、相互影响的。他提出了著名的"光速不变原理",表明光的速度在任何参考系中都是恒定的。这一观点完全颠覆了传统的绝对时空观,为相对论的发展奠定了基础;不仅推动了科学革命,而且从根本上改变了人们对时间和空间的理解。

无论是自然辩证法[11],还是科学哲学,都研究科学的本质、科学方法论、科学认识论、科学发展的规律等。其萌芽可上溯到亚里士多德对归纳和演绎方法的分析;其后,以伽利略、培根、笛卡儿、牛顿为代表的科学家丰富了科学认识论和方法论的研究。亚里士多德指出,理论知识与经验知识的不同就在于,理论知识研究事物的"原因"和"本原"。"四因说"是亚里士多德提出的一种观点,"四因"包括"形式因""质料因""动力因""目的因",其中目的因是终极的,是最重要的。"四因说"对科学的影响从古希腊一直延续至今天。20世纪以来,科学哲学已产生并分化出逻辑经验主义、批判理性主义、历史主义、科学实在论、系统哲学等流派。[12]无论哪一个流派,无不重视科学发现、科学知识、科学实践。科学哲学和自然辩证法的发展,以及它们与批判性思维的结合,为科学研究提供了丰富的视角和深刻的洞察力。它们帮助我们理解科学知识的构建过程,指导我们如何进行科学探索，以及如何评价科学理论和实践。通过这些哲学探讨和批判性思维的锻炼，我们能够更加深入地认识科学的本质、科学在人类社会中的作用和意义。

换一个角度，从科研过程来看，科研包括产生假说、设计实验、收集并解释数据、获取启示（发现知识）等步骤，批判性思维在每一个环节都起着重要作用。科研需要我们不仅仅接受现有的知识和观点，还要能够质疑和审视它们的有效性和可靠性。批判性思维能够帮助科研人员评估和解释数据，发现可能的偏差或错误，并提出新的问题和假设。批判性思维还可以帮助科研人员在分析和解释结果时保持客观和中立的立场，避免个人偏见的影响。通过批判性思维，科研人员能够识别和评估不同理论或解释的优劣之处，从而推动科学知识的进步。此外，批判性思维还鼓励科研人员提出合理的疑问并进行有意义的讨论。通过批判性思维，科研人员可以更好地理解和评估其他研究者的观点和方法，并在此基础上提出自己的创新想法。总而言之，批判性思维是科研不可或缺的一部分，它促使科研人员保持开放、有独立思考能力，并能够对已有的知识和观点进行深入的分析和评估。

2023年9月，习近平总书记在黑龙江考察调研时首次提出新质生产力一词。2024年1月，习近平总书记强调，加快发展新质生产力，扎实推进高质量发展。"科技创新能够催生新产业、新模式、新动能，是发展新质生产力的核心要素。必须加强科技创新，特别是原创性、颠覆性科技创新，加快实现高水平科技自立自强，打好关键核心技术攻坚战，使原创性、颠覆性科技创新成果竞相涌现，培育发展新质生产力的新动能。"科学技术是第一生产力，那什么是科学技术的第一驱动力呢？我们认为应该是批判性思维"武装"下的科学精神和科学方法。

科学精神，是指科学实现其社会文化职能的重要形式。科学文化的主要内容之一包括自然科学发展所形成的优良传统、认知方式、行为规范和价值取向。集中表现在：主张科学认识来源于实践，实践是检验科学认识真理性的标准和认识发展的动力；重视以定性分析和定量分析作为科学认识的一种方法；倡导科学无国界，科学是不断发展的开放体系，不承认终极真理；主张科学的自由探索，在真理面前一律平等，对不同意见采取宽容态度，不迷信权威；提倡怀疑、批判、不断创新进取的精神。

科学方法是人们在认识和改造世界中遵循或运用的、符合科学一般原则的各种途径和手段，包括在理论研究、应用研究、开发推广等科学活动过程中采用的思路、程序、规则、技巧和模式。我国教育家王星拱先生所著《科学方法论 科学概论》[13]中明确科学方法可以叫作实质的逻辑："形式的逻辑重推论，实质的逻辑重试验；形式的逻辑重定律，实质的逻辑重事实；形式的逻辑重理性，实质的逻辑重直觉；形式的逻辑重传衍，实质的逻辑重创造；形式的逻辑重证明，实质的逻辑重发明;形式的逻辑是静的,实质的逻辑是动的;形式的逻辑把未知包在已知之中,像一个小圈包在一个大圈里边一样,实质的逻辑把未知伸在已知之外,像从一条直线向前另外伸长一条直线出来一样。"而且,他还说:"科学之所以能有进步,因为他无处不用这个方法,无处不有这个精神。这个方法精神之影响,在人类思想上,非常的大,不可遏抑,所以科学不但是改变人类之物质的生活啊。"为此,批判性思维作为精神和技能的结合:反思自我、求真公正、开放理性、阐明、分析、推理、评估、解释、自律;也最有充足理由成为科研的原动力。

1997年,唐纳德·斯托克斯在其著作 *Pasteur's Quadrant：Basic Science and Technological Innovation* 中将科研分为四个象限(见图2-1):纯基础研究是玻尔象限;基础与应用结合是巴斯德象限;纯应用研究(工程技术)是爱迪生象限;自由自在研究(技能训练与经验整理)是皮特森象限。无论哪一种象限类型都需要探究实证、求真公正、开放理性。玻尔是丹麦理论物理学家,哥本哈根学派创始人,1922年诺贝尔物理学奖获得者。其主要从事量子力学研究:通过引入量子化条件,提出玻尔模型来解释氢原子光谱;提出互补原理和哥本哈根诠释来解释量子力学。巴斯德是法国著名微生物学家,他通过实验证明了微生物只能来自其他微生物;发现了疫苗接种的原理,成功研制出炭疽疫苗和狂犬疫苗;研究发酵过程及灭菌,为现代酿酒和食品保存技术奠定了基础。爱迪生是美国著名发明家,他发明了电灯泡、留声机和电影摄影机;对电力和通信技术的发展做出了巨大贡献;还创立了通用电气公司,推动了工业化进程。皮特森是一位美国鸟类学家,以其对鸟类的详细观察和精确插图而闻名,被誉为现代鸟类观察和保护运动的奠基人;他创作了多本关于鸟类的书籍,极大地促进了公众对鸟类的兴趣和认识。

图2-1 斯托克斯以求知和应用差异性划分的四象限研究模式

2007年,图灵奖得主吉姆·格雷提出将科学研究分为四类范式:实验归纳、模型推演、仿真模拟、数据密集型科学发现(data-intensive scientific discovery)。其中,最后的"数据密集型",也就是现在我们所称的"科学大数据"。更为普遍的提法则是:实验科学、理论科学、计算科学和数据密集型科学。无论哪一种范式,都离不开归纳和演绎推理、离不开论证、离不开知识发现,包括人工智能时代的科学发现。

2007年，中国科学院发布的《关于科学理念的宣言》认为："科学精神体现为继承和怀疑批判的态度，科学尊重已有认识，同时崇尚理性质疑，要求随时准备否定那些看似天经地义实则囿于认识局限的断言，接受那些看似离经叛道实则蕴含科学内涵的观点，不承认有任何亘古不变的教条，认为科学有永无止境的前沿。"求真务实、理性批判，几乎是科学精神的实质。在价值取向上，表现为求真、求实、求新、求善；在认知方法上，表现为专注、逻辑、理性和质疑；在行为性格上，表现为好奇、进取、敢为和坚持。

杨叔子院士曾说："批判性思维教育是培养领军人才的必要手段，是理性和创造性的核心能力，没有批判性思维教育就没有真正的素质教育。"[14] 他还指出："批判性思维强调的不只是思维，更是知识、思维、方法、原则和精神的统一。"2013年，时任中国科学院院长白春礼说："一个优秀的创新型人才，一个有造诣的科研工作者，一定要具备很强的批判性思维能力。国科大应成为国家批判性思维教育、创新型人才培养模式的'试验田'。希望国科大进一步探索科教融合的新体制机制，把自身优势最大限度地开发出来，把批判性思维教育贯穿学生培养全过程，引导同学们善于把大胆质疑与谨慎断言有机结合起来，大力提升批判性思维的能力，真正把自己锻造成国家急需的优秀创新型人才。"施一公院士也曾指出："要想在科学研究上取得突破和成功，只有时间的付出和刻苦，是不够的。批判性分析是必须具备的一种素质。……一般来说，任何一个探索型课题的每一步进展都有几种，甚至十几种可能的途径，取得进展的过程基本就是排除不正确、找到正确方向的过程，很多情况下也就是将这几种，甚至十几种可能的途径一一予以尝试、排除，直到找到一条可行之路的过程。在这个过程中，一个可信的负面结果往往可以让我们信心饱满地放弃目前这一途径，如果运用得当，这种排除法会确保我们最终走上正确的实验途径。"

第三节　学者与批判性思维

批判性思维具有"三我"特性：对自己、为自己、靠自己。人非生而全知全能，而且往往存在认知偏差。当今世界虚假信息泛滥，有因名利、偏见和情感而产生的社会原因，也有个人主客观认知条件的限制，还可能是信息在传播过程中受扭曲和污染。[15]

我国著名美学家朱光潜先生在《给青年的十二封信》中写道："中国一般学者的通病就在不重根基而侈谈高远……十字街头上握有最大权威的是习俗。习俗有两种，一为传说(Tradition)，一为时尚(Fashion)。儒家的礼教，五芳斋的馄饨，是传说;新文化运动,四马路的新装,是时尚。传说尊旧,时尚趋新,新旧虽不同,而盲从附和,不假思索,则根本无二致……我们要能于叫嚣扰攘中:以冷静态度,灼见世弊;以深沉思考,规划方略;以坚强意志,征服障碍。"即便今日,依然对我们很有启发意义。我国著名神经科学家蒲慕明院士曾呼吁:"中国学术界缺乏严谨态度和创新精神是中国目前科学文化的核心问题,这需要科学家努力改变自己的科研态度和学术界的'传统'。"清华大学吴国盛教授在论科学精神起源时指出[16],古希腊哲学家亚里士多德说得很明白,纯粹的科学必须是为着求知本身的目的而不是任何其他目的而存在,这种指向"自己"的"知",才是纯粹的科学,是"自由"的科学。超越任何功利的考虑、为科学而科学、为知识而知识,这就是希腊科学的精神。

耶鲁大学原校长理查德·莱文曾说:"在当今世界,大学生必须要有批判性的思考、创新的能力,学校要培养他们的好奇心、严密的逻辑思维和独立思考、实际解决问题的能力。"欧阳康教授说过:"真正的批判性思维对于教师意味着什么?我以为,意味着要从批判性的视角极大地提高教师的认识能力和思维水平,甚至再造一个新的教师队伍。"2004年9月7日,清华大学校长顾秉林院士在2004级研究生开学典礼上的讲话《批判性思维与谦和为人》,非常睿智、启迪人心!

其次,谈谈在清华治学与为人方面需要注意的问题。

这里,我不打算系统、全面地讲这个问题,只想谈谈我最近经常思考的一个问题,这就是为什么我们的某些研究生在遇到一些实际问题时,比较缺乏分析问题、解决问题的能力。这当然有许多因素,但我认为其中有一个很重要的方面,是我们没有很好地把握批判性思维这一理念。下面我就围绕这个问题来谈。

先谈治学。研究生的学术生活,一方面是学习,一方面是研究,主要是研究。做研究一定要有创新。创新,意味着拓展出前人未曾涉足的领域,或者对前人的工作做出修正。去年的此时此刻,我曾谈到创新需要好奇心、想象力,要有激情和勇气,今天,我要强调的是无论"拓展"还是"修正",都离不开批判性思维这个前提。

第一,我想谈谈对批判性思维的理解。

一谈到"批判",人们往往只是习惯性地从发现错误、查找弱点等否定性含义去理解,其实,这种认识是片面的。实际上,批判是一种洞察力、辨别力和判断力,因而,批判也应包括关注优点和肯定长处的含义。这也正如罗素所讲的"需要注意的重点是,如果没有一个含有'应当'的前提,就不可能推导出一个告诉自己应当做些什么的结论。"我认为,所谓批判性思维,是面对认识的对象,做出肯定什么,否定什么,或要有些什么新见解、新举措的一个系列的思考过程。显然,要得出合理的结论必须有正确的思考方法或途径。

第二,我想谈谈如何在学术研究中进行批判性思维。这至少有以下三个方面值得注意:

首先是充分了解你的研究对象。这一点是批判性思维的一个重要基础。牛顿说,是站在巨人的肩上才有所发现;马克思的《资本论》是对传统经济学的批判,但正如西方学者指出的,"他读尽了在他之前的每个经济学家的作品"。今天我们处在信息爆炸的时代,要完全"读尽"是不可能的,但尽可能地收集、整理典型的各类信息,把握足够的材料依据,只有这样才能使肯定或否定都言之有据。现在,个别博士或硕士论文里的文献综述还不够扎实,表面上看,列了不少书目和文章,但或者是不够全面,或者是对作者的观点把握不准确。我们要求大家认真做好文献综述,就是基于这种考虑。

其次,是不迷信已有的结论,开辟新的研究方向。占有材料,但并不要做材料的俘虏,受现有结论的束缚。而是要解放思想,不唯上,不唯书,不唯洋,对你所要研究的对象提出问题,或者拓展新的研究领域或视角,或者修正已经过时的结论。这不仅要有挑战权威的勇气,更要善于提出问题、分析问题。这包括用成熟的你所肯定的结论研究过去没有研究过的现象,也包括针对原有结论不能解释的现象,做出新的理论解释。这本身是既肯定又否定的辩证的扬弃过程。

最后,是要不断反思自己的思维模式。批判性思维意味着做出合理的、明智的决断。我们在提出问题进行研究的过程中,不但要对前人或他人的理论和方法进行分析、批判,更要对自己形成的一些思维定式及时进行审视和剖析。由于我们的教育环境并没有让我们的学生在中小学乃至大学时期养成正确的、良好的批判性思维的习惯,因此,各位同学在研究生阶段,要在研究实践中补上这门课,改善和提高自己的思维素质。例如,当课题进展遇到困难时,不应老是陷于"原来遇到这类问题我就是如何",是否也应自我批判一下已经形成的思维定式和习惯的研究方法,从新角度,以新方式来思考问题。超越自我是创新的必经阶段。

再谈为人。

批判性思维作为系列的思考方法和途径,不仅为创新研究所必需,对如何为人处事也很重要,它不仅是处事的一种方法,更是做人的一个准则。我们通常讲的"吾日三省吾身",就是批判性思维的体现。

批判性思维,让我们面对现实时不能只讲成就和长处,一定要有问题意识,同时也告诫我们看待问题应全面、客观,不偏执地钻牛角尖儿。

批判性思维,要求我们具有责任感,因而不能随随便便发表观点,不能没有充分根据就做出评断,这既是对别人负责任,也是对自己负责任。

批判性思维,让我们具有分析问题、解决问题的激情,但激情中又不失冷静,做到三思而后行。要收集各种信息,比较各种方案,特别要有明确的是非观,知道

"应当"怎样,从而得出正确的结论,利于问题的解决。

批判性思维,让我们无论对人还是对事都要有一个谦和的态度。不要以为一说批判精神,就是火气十足、盛气凌人,其实,正如前边讲到的在研究中要有所创新,必须有自我批判的精神一样,我们在评价别人的观点和做法时也应抱有谦和的态度。面对别人的错误和弱点,是挖苦讽刺,肆意攻击,得理不饶人,还是善意谦和地向对方提出建议并帮其解决问题,哪一种做法更有利于问题的解决是不言自明的。做研究必须有团队精神,失去了谦和的态度,一个团队就很难和谐高效地开展工作。一个人如果没有谦虚的品质和谦和的态度,即便有些本事,也只能是孤家寡人,自己难有大的长进,对社会也不会有太大贡献。

人工智能(AI)正越来越多地融入科学发现,以增强和加速研究,帮助科学家生成假设、设计实验、收集和解释大型数据集,并获得仅靠传统科学方法可能无法获得的见解。试问,包括 ChatGPT 在内等 AI 技术是否可以替代人类的思维和创新(见图 2-2)?

> 包括ChatGPT在内等AI技术是否可以替代人类的思维和创新?
>
> 包括ChatGPT在内的AI技术在模拟人类思维的某些方面已经取得了显著的成就,尤其是在数据处理、模式识别、语言生成和问题解决等领域。然而,AI是否能够完全替代人类的思维和创新,这是一个复杂的问题,涉及技术、哲学、伦理和社会经济等多个层面。以下是一些关键点:
>
> 1. **技术局限性**:当前的AI系统,包括ChatGPT,主要基于数据驱动的算法,它们在处理特定任务时可能表现出色,但在理解、推理、创造力和适应性方面仍然存在局限。
> 2. **创造力与直觉**:人类的思维不仅仅是逻辑和计算,还包括直觉、情感、文化背景和个人经验。这些因素在人类的创新过程中扮演重要角色,而AI目前还难以模拟这些复杂的人类特质。
> 3. **伦理与价值判断**:人类在决策时会考虑伦理、道德和价值观念,这些往往是基于复杂的社会和文化因素。AI系统虽然可以被编程来遵循某些规则,但它们不具备真正的道德意识和价值判断能力。
> 4. **适应性与灵活性**:人类能够灵活适应新环境和新情况,使用创新的方法解决问题。AI的适应性受限于其设计和训练数据,它们通常只能在特定的、预定义的任务中表现出色。
> 5. **跨领域思维**:人类能够在不同的领域和概念之间建立联系,进行跨学科的思考。AI系统通常专注于特定领域,跨领域思维能力有限。
> 6. **情感智能**:人类的情感智能和社交能力对于许多决策过程至关重要。AI虽然可以模拟某些情感响应,但它们不具备真正的情感体验。
> 7. **自主性与自我意识**:人类具有自我意识和自主性,能够进行自我反省和个人成长。AI缺乏这种自主性和自我意识。
> 8. **长期目标与愿景**:人类的创新往往受到长期目标和愿景的驱动。AI系统通常专注于解决眼前的问题,而不具有规划长期目标的能力。
>
> 总的来说,AI技术在某些方面可以模拟甚至超越人类的思维,但它们仍然无法完全替代人类的复杂思维和创新能力。AI更可能的角色是作为人类的工具和伙伴,帮助我们提高效率、解决问题,并在我们自己的创新过程中发挥作用。同时,随着技术的发展,AI的能力和应用范围可能会继续扩展,但它们与人类思维和创新之间的关系将是一个持续探讨和发展的领域。

图 2-2　AI 工具 Kimi "认为" AI 无法完全替代人类的思维和创新能力

过去十年的突破,包括自我监督学习、几何深度学习,AI被允许在大量未标记的数据上训练模型,利用科学数据结构的知识来提高模型的准确性和效率。生成人工智能方法可以通过分析包括图像和序列在内的各种数据模式来创建设计。即便如此,AI工具的开发人员和用户都需要更好地了解这些方法何时需要改进,需要开发有助于科学理解或自主获取科学理解的基础算法等,才能完成AI创新。包括ChatGPT在内,AI仍然无法替代人类的思维和创新。批判性思维能够帮助科研人员去思考问题的本质、建立逻辑关系、解决复杂的难题,并提出新的研究方向和假设。因此,无论技术的发展如何,批判性思维仍然是科研工作的重要指导原则。

2017年10月,在华中科技大学创新教育与批判性思维研究中心成立大会上,李培根院士作了《批判性思维与我们》的重要讲话,后来刊发在《高等工程教育研究》期刊上。其中要点有:马克思主义的精髓就是批判性思维;我们欠缺理性的批判性思维精神;原始创新需要批判性思维;批判性思维助力科技发展;批判性思维革新教育。"要让批判性思维成为华中科技大学教育文化中的一部分。如果我们坚持做下去,而且很用心去做的话,不仅会对华中科技大学的人才培养、创新教育起很大的作用,相信对中国的创新教育都会有某种推动作用。"

2023年,华中科技大学校长尤政院士谈"中国创新拔尖人才从何处来",也直接提到批判性思维:"那些科学大家们,为什么能走得更高、更远?这跟他们的思维方法和人文情怀也是有关系的。如果你没有批判性思维,不去思考问题,就谈不到用创新的方法去解决问题,更谈不到取得原创成果。如果你总是满足于现状,没有更高远的理想和追求,也就不会有动力去攀登险峻入云的科学高峰,更不会去闯荡前途未卜的科学'无人区'。"[17]同样,华中科技大学校友屈向军先生的发言也非常振奋人心:"不要忘了我们华科大人的血液里流着创新的基因,我们有着得天独厚的条件,批判性思维的推广领风气之先,过去领先靠'人才先行',现在'人才先行'理念已经广泛普及,要想领先则需要在'人才先行'基础上递进一步到'思维先行','思维先行'会使我们再一次在更激烈更持久的竞争中独辟蹊径,脱颖而出。"[18]

华中科技大学本科特优生代表吴炜同学也有一段修炼秘籍:"有过解剖小鼠时的紧张,有过代码出错时的叹气,有过芯片冒烟时的无奈,失败只是其中的一个环节。在1037号森林的三年里,或偶然顿悟,或长期反复,研究的刺激、智力的兴奋与深刻的思考让我领会医工交叉的奥妙,欣赏科学研究的魅力。在逐梦路上,不要轻言放弃,要不断地反思如何把事情做得更加完美,不断自我质疑,不断自我超越。"这里,自我反思、自我质疑和科学研究结合在一起,应该正是成就特优生的秘籍。而且，《高等工程教育研究》2022 年刊载了张青根、卢瑶的一篇研究论文《科研参与促进了本科生批判性思维能力增值吗——来自"全国本科生能力追踪测评"的证据》[19]，从统计意义支持了科研参与显著提升本科生批判性思维能力的观点。批判性思维与科研的相互作用引人关注。

2022 年 6 月 28 日，习近平总书记在湖北省武汉市考察时强调："科技自立自强是国家强盛之基、安全之要。我们必须完整、准确、全面贯彻新发展理念，深入实施创新驱动发展战略，把科技的命脉牢牢掌握在自己手中，在科技自立自强上取得更大进展，不断提升我国发展独立性、自主性、安全性，催生更多新技术新产业，开辟经济发展的新领域新赛道，形成国际竞争新优势。"

作为高校教师和学生，作为二十大之后要为国家科技自立自强做贡献的知识分子，我们的责任就是要培养好批判性思维精神、用好批判性思维这个工具；并对其进行推广和应用，让知识分子产生知识。2023 年，我们借学校"国家急需高层次人才培养生物医疗器械专项 2023—2025 年课程建设"的东风，开设"批判性思维与科研"课程并撰写教材也正是应此目的而来！

思 考 题

1. 爱因斯坦曾说：The only source of knowledge is experience。翻译成中文是：知识的唯一来源是经验。谈谈你的理解和观点。你还可以找到其他著名人物类似的观点吗？

2. 请针对罗兰 1883 年的演讲《为纯科学呼吁》中"因为只满足于火药能爆炸的事实，而没有寻根问底，中国人已经远远落后于世界的进步"，谈谈自己的理解和认识。

3. 请结合"科研四象限分类法"，谈谈你对中国科研发展的理解和认识。

参 考 文 献

[1] 吴国盛.科学的起源.见:中国大学人文启思录(第 9 卷)[M].武汉:华中科技大学出版社,2018.

[2] https://baike.baidu.com/item/科学/10406? fr=ge_ala.

[3] https://www.gov.cn/xinwen/2022-10/25/content_5721685.htm.

[4] 亨利·奥古斯特·罗兰.为纯科学呼吁(节选)[J].王丹红译,王鸿飞校.科学新闻,2005(5):42-46.

[5] 李工真.德意志大学与德意志现代化.见:中国大学人文启思录(第 1

卷)[M].武汉:华中理工大学出版社,1996.

[6] 费孝通.乡土中国[M].北京:人民文学出版社,2021.

[7] (美)钱德拉塞卡.莎士比亚、牛顿和贝多芬——不同的创造模式[M].杨建邺,王晓明,等,译.长沙:湖南科学技术出版社,1996.

[8] 夏宗经.简单·对称·和谐——物理学中的美学[M].武汉:湖北教育出版社,1989.

[9] (美)乔纳森·格鲁伯,西蒙·约翰逊.美国创新简史[M].穆凤良,译.北京:中信出版社,2021.

[10] Shangbin Chen, Alexey Zaikin. Quantitative Physiology: Systems Approach [M]. Wuhan: Huazhong University of Science and Technology Press, 2020.

[11] 李思孟,宋子良,钟书华.自然辩证法新编[M].武汉:华中理工大学出版社,1997.

[12] 舒炜光,邱仁宗.当代西方科学哲学述评[M].2版.北京:中国人民大学出版社,2007.

[13] 王星拱.科学方法论 科学概论[M].北京:商务印书馆,2011.

[14] 杭慧喆.为"批判"正名——专访教育部高等学校文化素质教育指导委员会主任委员杨叔子院士[EB/OL].批判性思维与创新教育通讯,2014(15):2-3.

[15] (加)董毓.批判性思维十讲——从探究实证到开放创造[M].上海:上海教育出版社,2019.

[16] https://www.kepuchina.cn/person/jcrs/201805/t20180529_632853.shtml.

[17] https://baijiahao.baidu.com/s?id=17818124986651666678&wfr=spider&for=pc.

[18] https://mp.weixin.qq.com/s/aPgI9Ws-oiZua-emTvEzPg.

[19] 张青根,卢瑶.科研参与促进了本科生批判性思维能力增值吗——来自"全国本科生能力追踪测评"的证据[J].高等工程教育研究,2022(03):153-159.

第三章　批判性思维与科研选题

汤强(华中科技大学)

科研通常始于科学问题。科学问题的提出是科研的起点,它驱动着整个科研过程,并决定了研究的方向和目标。这也就是为什么我们要强调科研选题。如何进行科研选题？批判性思维也能给我们答案。

第一节　什么是科学问题

一、科学问题的定义

科学问题可以被概括为在一定的已知知识背景下,科研人员在科学研究过程中,想要达到却未能达到的科学技术认知的范畴;是科学认识主体对客体的已知和未知的差距的主观反应。[1]简言之,科学问题是指在特定科学领域内需要解答的疑问,它们是科研过程的核心。

举一个例子。1978年,罗伯特·佛契哥特(Robert F. Furchgott)[2]实验室的技术员大卫(David)在进行实验时偶然发现:乙酰胆碱可诱发离体兔主动脉环舒张。而当时公认的观点是:在离体模型中,乙酰胆碱可促使兔血管条收缩。理论上来说,乙酰胆碱也应该使主动脉环收缩,而现在却诱发主动脉环舒张。前者,"在离体模型中乙酰胆碱可促使兔血管条收缩"是已知知识背景,而后者,"乙酰胆碱诱发主动脉环舒张"是未知现象。于是,科学问题就产生了:为什么会这样？后来,经过反复实验之后发现是动脉内皮细胞层在前后实验中受到的刺激情况不一样。进而,又有了两个问题:内皮细胞受到刺激后是如何产生让血管舒张的物质的？这种物质是什么？围绕这些科学问题的探索,佛契哥特发现了内皮源性舒张因子并确定为气体分子一氧化氮,NO news is good news。也因为这一发现,他和穆拉德、路伊格纳洛一起获得了1998年诺贝尔生理学或医学奖。

二、科学问题的性质

科学问题通常具有以下性质。

1. 客观性

所谓科学问题的客观性，是指科学问题所反映的内容必须是客观实际存在的，它不因认识主体的主观意志改变而改变。例如，上面提到的"在离体模型中，乙酰胆碱可促使兔血管条收缩却能诱发主动脉环舒张"这个现象客观存在，是可以经实验反复证实的。

2. 主观性

所谓科学问题的主观性，是指科学问题本身是认识主体的主观反应形式。不同的科学认识主体对同一现象的认识会有不同，因此，看到的问题就会有所不同，有的会认为某一现象是一个重要的科学问题，有的则会认为是普通的问题而已。上面提到的例子中，离体血管模型实验中，虽然乙酰胆碱大概率会诱发主动脉环舒张，但有时也会引起主动脉环收缩。因为 1978 年以前，离体血管模型主要选择的研究对象为血管条，而当时公认的观点为乙酰胆碱会引起主动脉条收缩，所以虽然有报告称乙酰胆碱诱发主动脉环舒张，也常常被忽略了。如果认为"在离体模型中乙酰胆碱诱发主动脉环舒张"只是个体差异造成的，那么这一重大科学问题则有可能被忽略，就不可能有后来的内皮源性舒张因子的发现，或者至少其发现时间会被大大延迟。

3. 矛盾性

毛泽东同志指出："问题就是事物的矛盾。哪里有没有解决的矛盾。哪里就有问题。"[3] 可见，问题就是矛盾。所谓科学问题的矛盾性，是指科学问题本身也是已知和未知之间的矛盾。例如，由先验知识知道乙酰胆碱可引起血管条收缩，那么在主动脉环中，乙酰胆碱也应该引起标本的收缩。但是，乙酰胆碱却引起主动脉环标本的舒张。于是，矛盾就出现了。一个重要的科学问题就展现在科学研究者的面前——为什么会这样？像这类例子还有很多。例如，蝙蝠的视力很弱，却能在夜晚自由地飞翔[1]；科学研究者针对这一矛盾的研究，发明了雷达。

4. 偶然性

所谓科学问题的偶然性，是指科学问题的产生和发现，常常是因为在实践过程中，由于某种偶然因素，出现了非预期的结果，因此，其具有一定的偶然性。例如：内皮源性舒张因子的发现、青霉素的发现，这些重大发现都源于一些偶然产生的问题。然而,这些问题要能被认为是科学问题,这就需要科学认识主体具有强大的知识背景和敏锐的观察力。正如,苹果落地是非常常见的现象,但是,只有牛顿通过对"苹果落地而不是飞上天空"这一问题进行分析,才得出了著名的"万有引力"这一理论。[4]

5. 时代性

人类历史可以被划分为多个时代,每个时代都有自己的时代特征,每个时代也都有自己的科学问题,新科学时代总是随着旧时代科学问题结束,新的科学问题提出而到来。[1]正是由于哥白尼天文学、开普勒天体运动力学、牛顿力学等的创立和提出,人类社会告别了神权迷信和封建统治,进入了现代文明社会,其特有的注重实证、倡导理性和批判质疑精神,使人类形成了对宇宙的唯物论认知[5];正是由于达尔文的进化论,人类开始从发展变化的角度看待生物及人类的起源和进化,形成了科学的生命观[5];正是由于普朗克的量子论、玻尔的原子论、爱因斯坦的相对论、薛定谔和狄拉克的量子力学,形成了人类新的物质观、宇宙观和时空观,人类的认知深入微观世界,拓展到广袤的宇宙[5]。

第二节 科学问题的来源

科学问题的来源是多方面的,其产生于人类认识世界和改造世界的过程中。概括起来,可以将科学问题的来源归纳为三个方面[1]。

一、来源于社会生产和生活实践[1]

来源于社会生产和生活实践的科学问题,产生于因为在生产和实际生活中需要达到某个特定的目标,而向科学征询实现它的可能性的过程中。这些问题是以应用为目的的研究,如果当时已有的基础科学理论不能满足它的需求,或者在它的研究过程中发现了新事实,这样的应用研究就会大大推动基础科学的理论研究。法国科学家巴斯德关于甜菜汁酿酒的研究是此类研究的典型代表,该研究成功促进了发酵技术,是毋庸置疑的应用研究;与此同时,该项研究大大地拓展了人们对生物世界的理解,也是杰出的基础研究。[6]可见,从社会生产实践方面提出的科学问题可以既具有很强的应用性,也具有很强的基础性。

二、来源于原有理论和新观察实验现象的矛盾[1]

当原有理论和新观察实验现象出现矛盾时,常常推动研究进入一个新的时代,随着该矛盾的解决,常常会带来一个新的理论的建立,如地心说的否定和日心说的建立。

地心说的否定和日心说的建立经历了漫长而复杂的历程。下面将详细阐述这一过程,使读者能深刻体会科学问题来源于原有理论和新观察实验现象的矛盾这一现象,以及其带来的深刻影响。

欧洲中世纪占主导地位的宇宙模型是托勒密的地心说[7,8]。该学说认为地球静止不动地处于宇宙中心,太阳、月球、行星和恒星都绕着它做匀速运动。每个行星都在一个称为"本轮"的小圆形轨道上匀速运动,本轮中心在称为"均轮"的大圆轨道上绕地球匀速转动。地球不是在均轮圆心,而是与圆心有一段距离。托勒密用本轮和均轮两种运动的复合来解释天象,如日、月、行星每天绕地球转一周,各种天体每天都要东升西落一次,等等[7,8]。

在当时观察精度不高的情况下,地心说大致能解释行星的运动,人们还据此编出了行星的星历表。按照这个理论预报日食、月食的准确度达到一两个小时之内。相当长的时间里,地球为中心的假说,加上均轮与本轮的辅助假设的帮助,能够推导出和人们当时对天体观测的各种数据相符合的结论,而且能预报一定的天象变化。

可是,随着观测精度的提高,按照这一体系推算出的行星位置与观测的偏差越来越大,地心说的推理面临越来越多、越来越大的"反常"(不符合常规),于是矛盾出现了。

托勒密的忠诚后继者们的做法就是不断地加上辅助假设——加新的本轮,在本轮上再添加小本轮,以求计算与观测结果相合。把本轮、均轮无限地添加进去,虽然可以解释新的天体观测现象,但整个推导的过程变得愈来愈复杂,要求愈来愈多的附加条件,在新的事实面前愈来愈牵强附会。观念和体系的烦琐性推动人们怀疑旧的理论。

哥白尼于1543年发表了他的日心说[7,8]。哥白尼的日心说可以非常好地解释托勒密的地心说难以解释的问题。例如,根据托勒密的地心说画出来的火星等其他行星的轨道是不规则的,在某个季节观察的时候朝着一个方向运动,到了另一季节则朝向相反的方向运动,这不符合逻辑[7,8]。哥白尼的日心说对行星轨道的解释非常简单。哥白尼把所有行星的轨道都用同心的正圆表示,圆心位置就是太阳的位置[7,8]。但是哥白尼的日心说显然违背人们日常生活的观察常识,而且计算结果也不准确,因此,之后很长一段时间都没引起学术界的重视。

后来,开普勒发现,行星围绕太阳运转的轨道实际上是椭圆形的[7,8],而不是像哥白尼说的正圆形,根据椭圆形轨道就可以计算出比托勒密地心说更准确的结果。这为日心说的胜利带来了曙光。然而,人们对日心说的疑问并没有因为开普勒等的研究而全部解除。有一个很关键的问题就是为什么在地球上把一个物体扔向天空,那个物体不向着宇宙中心的太阳"下落",而是落回到地球上?这个问题是在牛顿发现了万有引力定律后才得到解决的[7,8]。也就是说,日心说的所有疑问一直到牛顿时代才彻底解决,历时140余年。其艰难程度不言而喻。

可见,科学问题产生于原有理论和新观察实验现象的矛盾,这个矛盾的解决常常带来新的学说的建立。但是,要注意的是,科学中新的假说被提出后,必须经过检验,这也是科学问题的另一重要来源。[1]例如上面提到的日心说提出后的行星运行轨道的计算问题,向天空抛出的物体为什么会落回地球而不是向着宇宙中心飞去的问题,这些都是重要的科学问题。再例如,由于对牛顿力学的检验,发现天王星的实测轨道与按牛顿力学所计算的理论轨道不符,由此引出的科学问题导致了勒威耶的假说,之后通过伽勒的观察发现了海王星。[9]

三、来源于事物之间或学科之间的联系[1]

认识科学事实、探寻科学规律及其联系并构建理论是最基本的科学问题。例如,当多种化学元素被发现后,科学家提出了这个问题:"各种化学元素之间是否存在内在联系?"门捷列夫回答了这一科学问题从而发现了元素周期律。[10]

物理学与化学是联系非常紧密的学科,诸如"物理学的方法能否应用于化学之中?是否可以应用电学知识来研究化学?化学中的某些晶体可否在物理学中应用?"这类问题衍生出了物理化学的问题、电化学问题、半导体技术和激光技术问题等,这些问题都可以作为科学问题的来源。又如因为化学与生物学的联系,人们提出的"是否可以从分子角度来研究生物学?"这类分子生物学问题,以及"生物体中的能量贮存、转移和利用是否可以用化学知识来分析以及如何用化学知识来分析?"这类光合作用的问题和能量贮存等问题,这些也都是科学问题的来源。[1]

第三节 科研选题的意义

从许多科学问题中遴选出科学工作者要研究的问题,被称为科研选题,被选中的科学问题则被称为课题,因此,科研选题也可被称为课题选择。科研选题对科研工作者来说,具有重大的意义。[1]

一、科研选题就是选择科学研究的起点

著名科学哲学家波普尔指出,科学不是始于观察而是始于问题。尽管通过观察可以引出问题,但是在观察时必须带着问题,带着预期的设想;那种漫无目的的

观察是无意义的。[1]波普尔在一次演讲时曾进行过一次试验,他一开始就宣布"请观察!"听众感到莫名其妙,东张西望,不知道要观察什么。波普尔认为这就是没有问题而引起的。[1]波普尔认为科学始于问题的看法是很有道理的。从科学理论的发展过程来看,只有发现了原有理论不能解决的问题,人们才有可能把它当作课题来研究,进一步修正、补充这一理论。[1]从这个意义上讲,"问题—课题"模式,既是旧理论的终点,也是新理论的起点。[1]

因此,科研选题就是选择科学研究的起点,这个起点非常重要,将直接决定科研成就的大小,这点将在后面的内容中做详细阐述。

二、科研选题直接关系到整个科学研究工作的全局,决定着科学研究的内容、途径和方法

课题一旦确定,科研人员要针对课题制订科研计划,设计解决课题的途径、方法和步骤。如19世纪中叶,奥地利生物学家孟德尔选择"用植物的杂交实验来研究植物的遗传规律"这个课题进行研究。课题确定后,整个研究工作便紧紧地围绕这一课题展开。[1]首先,孟德尔通过大量考察,选取了豌豆作为实验材料,因为豌豆的各种性状在遗传上具有稳定性,并且各种性状之间易区分;接着,孟德尔选择了豌豆的七对性状进行研究,如豌豆花的颜色(红花和白花)、豌豆茎的高矮(高茎和矮茎)、种子皮的形状(皱褶和光滑)等[1,11];然后,孟德尔设计并实施了大量的豌豆杂交、自交实验,区分纯种豌豆和杂种豌豆,测定各种性状的比例关系等[1];最后,孟德尔选取和实施了针对实验结果的处理方法,如统计、分析、归纳等方法[1]。

由此可见,课题一旦确定,其他的研究工作必须紧紧围绕这一课题来设计和实施。

三、科研选题是否得当,直接影响到科学研究成就的大小,甚至影响到科学研究的成败

如果科研选题得当,那么围绕此课题开展的科学研究工作就容易取得成功。而如果科研选题不当,会影响到科学研究取得的成就的大小,甚至直接导致科学研究工作的失败。[1]若将一些非科学问题选作课题来研究,科学家们的工作会白白浪费。如牛顿前半生选题得当,故取得了一系列令人瞩目的成就,如微积分的发明、运动三大定律的发现和万有引力的发现等;而其后半生,选取了一个不当的课题——"用自然科学证明上帝的存在",结果,致使牛顿的后半生几乎"一事无成"。[1]

第四节 科研选题的基本原则

科研选题如此重要，那么该如何选题呢？一般来说，科研选题至少要遵循科学性、需要性、创造性、可行性和效益性这五条基本原则。[1]

一、科学性原则

该原则体现了科研选题的事实依据和科学理论依据：

1. 事实依据

在科学技术发展史中，无数有意义的重大课题的提出和选择都是依据科学事实而进行的。[1]如化学界的重大课题"原子是否可分？"，提出的依据是电子的发现和放射性的发现；物理界的重大课题"能量是否连续？"，提出的依据是黑体辐射实验；物理界的另一个重大课题"光速是否可变？"，提出的依据是迈克尔逊-莫雷实验等。[1]

2. 科学理论依据

科研选题时要遵循正确的科学理论的指导，所选课题不能同已有的正确的科学理论相违背。这里，正确的科学理论指的是被科学实践反复证明是正确的科学理论，其没有被新的实践所推翻，也没有足够的证据去否定它。[1]如：根据巴斯德"关于腐烂的真正原因是微生物的存在"这一原理，19世纪外科医生李斯特发现了外科手术消毒法；在"提丢斯-波德律"的启示和指导下，天文学家发现了小行星。[1]如果不遵循正确的科学理论的指导，科研选题必然是不正确的，其研究必然是徒劳的，如"永动机"的探索等。

但是，值得注意的是，科研选题遵循正确的科学理论的指导的同时，还要强调辩证的科学态度。如：伽利略用辩证的科学态度重新审视、研究当时物理学界占统治地位的亚里士多德物理学，发现了许多新规律，如自由落体运动规律、惯性定律、抛物运动规律等。可以说，伽利略是否定旧学说、创立新学说的典范。[1]

考察原有的学说和理论，不仅指考察旧学说和理论，也要勇于考察自己曾经提出的学说和理论。1978年，罗伯特·佛契哥特在证实乙酰胆碱可诱发主动脉环舒张[2]后，就立即放弃了自己曾经提出的观点——在离体模型中乙酰胆碱引起兔血管平滑肌收缩，而这也是当时全球普遍认可的观点。正是因为这种放弃，佛契哥特发现了内皮源性舒张因子。

二、需要性原则

科研选题必须着眼于社会实践的需要，它体现了科研选题的目的。[1]恩格斯指出:"社会一旦有技术上的需要,这种需要就会比十所大学更能把科学推向前进。"[12]人类之所以要从事科学研究,就是为了认识和改造自然。社会实践最需要解决的科学问题,正是人们在认识、改造自然的过程中所要解决的最关键的问题。[1]只有这类课题,才是最有意义,也是最有价值的。科学史上许多理论学说之所以影响非常大且易被社会广泛接受,就是因为这些理论学说解决了社会实践遇到的关键问题,适应了社会的需要。如牛顿的经典力学体系、法拉第的电磁感应定律、达尔文的进化论等。[1]

三、创造性原则

科学研究的基本要求就是创新,创新是科学研究的灵魂,因此,科学研究必须首先选择那些别人没有提出来的科学问题进行研究。[1]如1895年,德国物理学家伦琴在研究阴极射线激发玻璃壁发生荧光时,偶然发现了一种新射线,由于伦琴对此新射线知之甚少,故命名为"X射线","X射线"后来成为19世纪末导致现代物理学革命的三大发现之一。[1]物理学界为了纪念表彰伦琴的这一发现,将"X射线"命名为"伦琴射线"。[1]

当然,并不是所有的科研工作者都能提出别人没有提出过的且具有重大科学意义的问题,因此,在自己不能提出这类科学问题时,要选择那些虽然别人已经提出,但还没有回答或者最多只是部分地解答的科学问题进行研究。[1]例如:早在1928年,英国细菌学家亚历山大·弗莱明就提出,青霉菌的培养液中存在某种物质,这种物质具有杀灭其他细菌的作用,并且,弗莱明将这种物质命名为青霉素。但是,由于弗莱明并没有成功提取青霉素,因此,青霉素到底是什么,一直是个悬而未决的问题。直到1939年,牛津大学的两位科学家,霍华德·弗洛里和欧内斯特·钱恩提取青霉素成功[1],青霉素才真正应用于临床,挽救了无数人的生命。

四、可行性原则

科研工作者在科研选题时要充分考虑到主观条件和客观条件是否具备[1],主观条件主要是指科研人员要完成所选课题必须具有的知识技术水平,客观条件主要包括所需要的仪器设备。若选择了那些主观和客观条件不具备,甚至是通过努力都无法具备的课题,其结果必然是失败。所选课题只有具备相应的主观条件和客观条件,至少具有通过努力能达到的主观和客观条件,才有完成课题的可能性。

五、效益性原则

科研选题要遵循社会经济效益和科学价值兼顾的原则。[1]习近平总书记在党的十九大报告中明确指出,"中国特色社会主义进入了新时代""我国社会主要矛盾已经转化为人民日益增长的美好生活需要和不平衡不充分的发展之间的矛盾"。[13]科学技术是当今社会第一生产力,现代科学技术是提高社会经济效益的决定性因素,是解决目前我国社会主要矛盾的重要途径。历史上,人类社会经历了三次工业革命,每次工业革命都带来了巨大的社会经济效益。当今,人类社会正在经历着第四次工业革命,预计本次工业革命将带来人工智能和网络通信技术等方面的大发展[14],这将很好满足人民日益增长的美好生活需要。当然,对基础性研究课题,要优先注重其科学价值,但是,在注重其科学价值的同时,也要在一定程度上考虑其向现实生产力的转化[1],否则,该基础性研究课题将很难,至少在近期很难带来社会经济效益。

第五节　批判性思维在科研选题中的应用

科研选题重要,但是科研选题是一项非常复杂的社会活动,究竟该如何选题呢?一般来说,科研选题,需要对课题进行严格的论证,该论证过程就要用到批判性思维。接下来,本节将介绍批判性思维在科研选题中的应用。

一、批判性思维和批判性思维过程

批判性思维,是根据理智标准,对认识和实践中的思考、推理和论证进行多方面、反思性的探究、分析、评价和判断的活动。[7]批判性思维主要包括四个方面的工作:①发现和质问基础假设;②检查事实的准确性和逻辑一致性;③说明背景和具体情况的重要性;④想象和开创替代选择。[7]这些工作可以表述为批判性思维路线图(图1-4)中的八大步骤[7]:

(1) 理解主题问题:理解论证涉及的论题、关键问题、立场和论点。

(2) 分析论证结构:辨别和分析论证及其结构。

(3) 澄清观念意义:澄清观念意义,定义关键词。

(4) 审查理由质量:分析和综合所有可能得到的信息,评估它们的真假或可接受性。

(5) 评价推理关系:清理和评价推理关系,审视它们的相关性和充足性。

(6) 挖掘隐含假设:挖掘和考问隐含的前提、假设、含义和后果。

(7) 考察替代论证:创造、考察不同的观点、论证和结论,进行竞争、比较、排除。

(8) 综合组织判断:综合各方论证的优点,形成一个全面、合适的结论。

二、批判性思维在科研选题中的应用

1. 问题在被确定为科学问题前，必须得到澄清

理解主题问题、澄清观念意义是批判性思维的起始步骤，也是确定科学问题的前期步骤，并且可以初步确定科学问题的创造性和效益性。还是以1978年佛契哥特实验室的技术员大卫的发现为例：乙酰胆碱可诱发主动脉环舒张。由于当时公认的观点是，在离体模型中乙酰胆碱可促使兔血管条收缩，那么，问题就产生了：为什么在离体模型中乙酰胆碱可促使兔血管条收缩，却诱发主动脉环舒张？这个问题在被确定为科学问题前必须得到澄清。首先，这个问题所涉及的关键词（如血管环、血管条、收缩、舒张等）意义清晰，不会有误解。其次，这个问题是真实存在的，也就是乙酰胆碱引起血管环舒张这个现象可以被反复证实，而不是这几天实验所得结果是乙酰胆碱引起血管环舒张，过几天又是乙酰胆碱引起血管环收缩。再次，这个问题以前是否有人提出过，是否已经解决，该分析体现了科研选题的效益性原则。实际上，1978年之前，曾有人提出乙酰胆碱会引起血管条舒张的现象，但这种现象因为不能很好地被重复，故而被当成个体差异处理了，因而错过了一个非常重要的发现。最后，这个问题值得探讨，该分析体现了科研选题的效益性原则。因为回答"乙酰胆碱对血管环和血管条作用的不一致"的问题，有助于回答当时的"乙酰胆碱悖论"的问题，即在离体模型中，乙酰胆碱促使血管条收缩，但是在整体动物模型中，乙酰胆碱却使得整体动物血压下降。

2. 每一个科学问题都可以转化为一个假设

每一个科学问题，归根结底都可以看成是一个假设。这个转化是批判性思维经常做的事情。例如，"为什么乙酰胆碱会诱发主动脉环舒张却引起主动脉血管条收缩"，这个问题可以转化为如下假设："因为操作手法的不一致，造成主动脉环和主动脉条组织细胞上存在差异，从而导致主动脉环和主动脉条对乙酰胆碱反应的不一致。"该问题之所以可以实现这种转化，主要是因为主动脉环和主动脉条的来源是一致的，乙酰胆碱也是一致的，乙酰胆碱的效应差异只能理解为制作血管条和血管环在操作手法上的差别。这样，问题"乙酰胆碱对血管环和血管条作用的不一致"就转化为"寻找血管环和血管条在组织细胞上的差异"这样一个科学问题，而回答该问题，就需要验证"血管环和血管条在组织细胞上的差异，造成乙酰胆碱效应的不一致"。

3. 审视科学问题，即考察科学问题所转化而成的假设

考察假设是批判性思维的核心内容，包括分析论证结构、审查理由质量、评价推理关系、挖掘隐含假设，这一步考察是完成对科学问题是否具有科学性和可行性的检验。

考察"因为操作手法的不一致,造成主动脉环和主动脉条组织细胞上存在差异,从而导致主动脉环和主动脉条对乙酰胆碱反应的不一致"这个假设,首先要从论证结构上分析。分析表明,以上假设属于典型的链式论证结构,即 A—B—C,逻辑上不存在问题。然后,需要从理由质量上进行审查。虽然乙酰胆碱大概率会引起主动脉环舒张,但是如果操作不慎,乙酰胆碱也会引起主动脉环收缩;同样,虽然乙酰胆碱大概率会引起主动脉条收缩,但是若操作谨慎得当,乙酰胆碱亦可引起主动脉条舒张,这不是简单地用个体差异就可以解释的现象。因此,有理由认为乙酰胆碱引起主动脉环和主动脉条的反应的差异是操作造成组织结构上的差异导致的。接着,评价推理关系。以上论证属于典型的 A—B—C 链式论证结构,推理在逻辑上不存在问题。再次,考察隐含假设,以上论证的隐含假设是所采用的动物是标准动物,反应具有一致性,另外,实验者的技术水平稳定,实验结果可靠。最后,考察验证该假设的可行性,看是否具备完成检验该假设所需的主观条件和客观条件。要观察主动脉环和主动脉条在组织结构上的差异需要有显微镜和组织染色技术,这在当时是很容易获得的,而佛契哥特本身就是血管研究方面的专家,因此,完全具备完成检验以上假设所需的主观和客观条件。

4. 考察科学问题所转化而成的假设的替代论证

批判性思维强调思维的辩证性。好的思考和论证必然具有"辩证性",即通过不同的、对立的论证之间的竞争和对话来达到最好的结论。[7]辩证性意味着全面性,它要求论证考虑问题的所有不同方面,对这些方面做公正的、批判的和综合的考察。辩证性的前提是引进更多的替代(alternative)论证,使认识得以在竞争的环境中成长。[7]

一个有价值的科学问题,同样需要否定其替代论证。这一步是完成对科学问题的需要性和创造性的检验。如果有替代论证,特别是因果关系已经阐释得很清楚的论证,则说明针对该问题的探讨毫无价值,不满足选择科学问题的需要性和创造性的原则。考察"因为操作手法的不一致,造成主动脉环和主动脉条组织细胞上存在差异,从而导致主动脉环和主动脉条对乙酰胆碱反应的不一致"这个假设时,需要否定的替代论证是:主动脉环和主动脉条对乙酰胆碱反应的不一致是个体差异造成的。这是在实验出现偏差时,很容易想到的一个解释,否定这个论证,就需要增加样本量,进行重复验证。

5. 考察科学问题,组织综合论证,并形成最终评价

考察科学问题,完成以上检查工作后,就到了对该科学问题进行总结和判定的时刻:这个科学问题是否有科学性,是否有需要性,是否有创造性,是否具有可行性,是否有效益性,最终决定是否可以作为科学问题做进一步研究。

可见,科研选题的过程,也是批判性思维的过程,从科研选题的基本原则出发,经过批判性思维的考察,将有助于科研工作者选择一个好的科学问题做进一步研究。

思 考 题

1. 请结合自己所学专业,找出 2~3 个曾经的重大科学问题,并体会其来源。

2. 请结合自己所学专业,选择 1 个曾经的重大科学问题,体会其在选题上的基本原则。

3. 请结合自己所学专业,选择 1 个曾经的重大科学问题,从科研工作者的角度,采用批判性思维,分析其选题的过程。

参 考 文 献

[1] 刘冠军,王维先.科学思维方法论[M].济南:山东人民出版社,2000.

[2] https://wenku.baidu.com/view/2f750e27c5da50e2524d7f59.html?_wkts_=1725355771064&bdQuery=NO%E7%9A%84%E5%8F%91%E7%8E%B0&needWelcomeRecommand=1.

[3] 毛泽东.毛泽东选集(第三卷)[M].2 版.北京:人民出版社,1991.

[4] https://baike.baidu.com/item/%E7%89%9B%E9%A1%BF%E8%8B%B9%E6%9E%9C%E6%A0%91/287575?fromModule=search-result_lemma-recommend.

[5] http://www.360doc.com/content/16/0706/11/33864145_573492937.shtml.

[6] https://baike.baidu.com/item/%E8%B7%AF%E6%98%93%E6%96%AF%C2%B7%E5%B7%B4%E6%96%AF%E5%BE%B7/1808574?fromModule=search-result_lemma-recommend.

[7] (加)董毓.批判性思维原理和方法——走向新的认知和实践[M].2 版.北京:高等教育出版社,2017.

[8] https://baike.baidu.com/item/%E6%97%A5%E5%BF%83%E8%AF%B4/100841.

[9] https://baike.baidu.com/item/%E6%B5%B7%E7%8E%8B%E6%98%9F/30351.

[10] https://baike.baidu.com/item/%E5%BE%B7%E7%B1%B3%E7%89%B9%E9%87%8C%C2%B7%E4%BC%8A%E4%B8%

87％E8％AF％BA％E7％BB％B4％E5％A5％87％C2％B7％E9％97％A8％E6％8D％B7％E5％88％97％E5％A4％AB? fromtitle=％E9％97％A8％E6％8D％B7％E5％88％97％E5％A4％AB&fromid=159761&fromModule=lemma_search-box.

[11] https://baike.baidu.com/item/％E6％A0％BC％E9％9B％B7％E6％88％88％E5％B0％94％C2％B7％E5％AD％9F％E5％BE％B7％E5％B0％94/313954? fromtitle=％E5％AD％9F％E5％BE％B7％E5％B0％94&fromid=178975.

[12] 中共中央马克思恩格斯列宁斯大林著作编译局.马克思恩格斯选集（第四卷）[M].3版.北京：人民出版社,2012.

[13] http://theory.people.com.cn/n1/2017/1214/c40531-29706292.html? ivk_sa=1024320u&wd=&eqid=f943b5c50004e59100000004646f0d0f.

[14] https://baike.baidu.com/item/％E7％AC％AC％E5％9B％9B％E6％AC％A1％E5％B7％A5％E4％B8％9A％E9％9D％A9％E5％91％BD/61568263? fromModule=search-result_lemma-recommend.

方法篇

本书第二部分关注"如何"(how)类型的问题：如何识别论证？如何评估论证？如何进行科学推理？如何进行批判性阅读？如何开展批判性写作？回答了这些问题，也就说明了批判性思维如何助力科研，科研如何借力于批判性思维。这些，正是我们自立自强从事科研的基本方法！

第四章　论证分析与科学推理

方菲(嘉应学院)　陈尚宾(华中科技大学)

科研工作本质上就是一个论证过程。如何来构建、分析论证？如何来完善科学推理？这是科学方法论的基本问题。只有这样，科学研究才能够为人类提供可靠和有效的知识体系。

第一节　科研与论证

弗朗西斯·达尔文曾说：在科学上，功劳归于使世界信服的人，而不是最先产生想法的人(But in science the credit goes to the man who convinces the world, not to the man to whom the idea first occurs)。使人信服某一结论需要相关而且充足的理由和根据，也需要合适的推理，而这必然离不开论证——论证正是由推理关系连接的理由和结论的复合体。[1]论证是科研的基石之一，它帮助研究者系统地提出问题、收集数据、分析结果，并形成有说服力的结论。通过论证，研究者能够构建和展示他们的研究成果，不断拓展知识的疆域。

科研通常始于对现有理论的质疑或扩展。论证提供了一种方式，通过逻辑推理来检验和支持新的或现有的理论。举例来说，爱因斯坦的广义相对论提出了时空弯曲的概念，并预言了引力波的存在。科学家们利用爱因斯坦的理论，通过逻辑推理预测了引力波的属性，并设计了实验来探测它们。2015年，LIGO(激光干涉引力波天文台)的科学家们通过精确的实验设备，成功探测到了来自遥远宇宙的引力波信号，从而为广义相对论提供了新的实验证据。当然，这是一个从理论基础出发推理出预测并用实验证实的例子，与"科学只能证伪"有不一样的说服力。

在科研中，研究者会提出假设来指导研究。论证帮助研究者构建假设，并通过逻辑推理来预测可能的结果。20世纪初，德国地质学家魏格纳注意到大西洋两岸大陆的轮廓非常吻合，于是提出了大陆漂移的假设。魏格纳通过地质学、古生物学和气候学的数据,论证了大陆之间曾经连接在一起,随后逐渐漂移至现在的位置。而且,后续的板块构造理论能进一步解释造山、地震等地质活动。类似地,沃森和克里克提出 DNA 分子可能具有双螺旋形状的假设;玻尔提出电子围绕原子核在特定能级上运动的原子模型的假设。

科研中的逻辑推理是论证的核心。研究者使用演绎推理(deductive reasoning)和归纳推理(inductive reasoning)来分析数据,形成结论,并进一步发展理论。在数学领域,演绎推理是构建和证明定理的核心。几何学中的许多命题都是从公理和先前证明的定理中演绎得出的。如勾股定理就是从直角三角形的定义和几何公理中演绎出来的。生物学家可能会观察多个物种的特征,归纳出一般性的规律。例如,达尔文在研究物种起源时,通过观察不同物种的相似性和差异性,归纳出了自然选择的理论,即物种的进化是通过自然选择过程实现的。其实还有结合演绎和归纳的推理。物理学中,研究者可能会首先通过实验观察到一些现象(归纳),然后使用数学模型来描述这些现象(演绎)。例如,牛顿通过观察苹果落地等现象,归纳出了万有引力定律,然后使用数学公式来精确描述引力作用。

杨振宁先生在《我的治学经历与体会》[2]里也提到演绎和归纳,并做了非常有趣的对比分析:

我常常回想我在芝加哥大学的训练和我在昆明西南联大的训练。在我一生的研究过程中,这两个训练最具有决定性的影响,而且是不同的影响。

在西南联大的学习,给我的物理学打下了非常扎实的根基,我把这种学习方法取名叫演绎法。什么叫演绎法呢?就是从大的原则开始,从已经了解的、最抽象的、最高深的原则开始,然后一步一步推演下来。因为有这个原则,所以会推演出结果。比如说热力学第一定律、热力学第二定律。这个推演的方法,如果你学得好的话,可以学习前人已经得到的一些经验,一步一步把最后跟实验有关系的结果推演出来,这样可以少走弯路。

到芝加哥大学以后很快就发现,芝加哥大学物理系的研究方法跟昆明的完全不一样。费米和泰勒他们的注意点不是最高的原则,这并不是说他们不懂最高原则。这些是已经过去的成就,他们不会忘记,可是这些不是他们眼中注意的东西。他们眼光中随时注意的东西常常是当时一些新的现象,而他们的研究方法是先抓住这些现象,然后从这些现象中抽出其中的精神,可以用过去的基本的最深的原则来验证。我把这取名叫做归纳法。

归纳法常常要走弯路,因为你是在探索,所以你走的方向往往是错误的。比如说,泰勒教授是个热情洋溢的人,他早上到学校里来,走到走廊上立刻抓住一个人，不管这个人是教师还是学生，他说昨天晚上他有一个很好的想法，于是就把他的想法讲出来。过了一个钟头，他碰到另外一个人，他就讲另外一套理论。所以我说，泰勒教授一天大概有十个新想法，其中有九个半是错的。可是你想想，假如一个人每天都有半个正确的想法，他的成就就会不得了。这一点给了我很深的印象，因为这个办法跟我在昆明学的，跟从前我在北京小学、中学里学的是相反的。怎么说相反呢？就是在中国传统的教育体制下（我知道在今天的中国教育体制下，这个办法还是很普遍的），你要在你的脑子里分清什么东西是你懂的，什么东西是你所不懂的，不懂的东西不要去沾它，你要沾的东西是懂的；然后来了一个老师，拉着你的手，走到一个你还不懂的领域里，一直到你完全懂了为止。这是中国从前的传统的教育哲学，也是今天儒家传统影响之下的东亚国家的教育传统。对这个传统，大家知道有名的一句话，所谓"知之为知之，不知为不知，是知也"。这个办法有没有好处呢？有很大的好处。我之所以在昆明有很好的底子，原因就是受了这个教育哲学思想的影响。它可以让你少走弯路，使你一步一步地、完完整整地把一门学科又一门学科学好。

本质上讲，科学方法是一种系统化的论证过程，通过观察、实验、假设检验和理论构建来推进科学知识。这里还是引用杨振宁先生关于爱因斯坦创建狭义相对论的评论：

洛伦兹有数学，但没有物理学；庞加莱有哲学，但也没有物理学。正是26岁的爱因斯坦敢于质疑人类关于时间的原始观念，坚持同时性是相对的，才能从而打开了通向微观世界的新物理之门。几乎今天所有的物理学家都同意是爱因斯坦创建了狭义相对论。这对庞加莱和洛伦兹是否公平？要讨论这个问题，让我们先引用怀特海（A. N. Whitehead）的话："科学的历史告诉我们：非常接近真理和真正懂得它的意义是两回事。每一个重要的理论都被它的发现者之前的人说过。"洛伦兹和庞加莱都没有抓住那个时代的机遇。他们致力于当时最重要的问题之一，即运动系统中的电动力学。可是他们都错失其重点，因为他们死守着旧观念，正如洛伦兹自己后来所说的一样。爱因斯坦没有错失重点是因为他对于时空有更自由的眼光。要有自由的眼光，必须能够同时近观和远看同一课题。远距离眼光这一常用词就显示了保持一定距离在任何研究工作中的必要性。可是只有远距离眼光还不够，必须与近距离的探索相结合。正是这种能自由调节、评价与比较远近观察的结果的能力形成了自由的眼光……爱因斯坦的性格：孤持（apartness）……与其他人保持距离；单独地、孤立地、独自地。的确，孤持、距离、自由眼光是互相联系的特征，是所有科学、艺术与文学创造活动中一个必要因素。

科研依赖于收集和分析数据、理论推导来支持或反驳假设。论证过程涉及评估证据的有效性和相关性，以确定假设是否成立。这些离不开分析论证。科研结果通常通过学术论文、会议报告等形式与同行交流。在这些交流中，论证是展示研究结果、逻辑推理和结论的关键工具。这些都离不开构造论证。所以，学习如何构建和分析论证是提高科研能力的关键部分。

第二节 论证分析

一、什么是论证

简单地说，论证是一组命题的集合，其中一个或多个命题（前提）用来支持另一个命题（结论）。前提构成了我们常说的理由，用以说明我们为何应该接受某个结论。前提是提供支持的命题，而结论是需要支持的命题。例如，前提"所有人都会死并且苏格拉底是人"支持了结论"苏格拉底会死"。一旦我们开始为一个信念、主张、决策等寻找理由，论证就开始了。例如，当你说"我们应该发展清洁能源，因为全球变暖正在不断加剧"，你就是在进行论证。一个好的论证就是有充分理由支持的论证。

批判性思维要求我们不轻易接受那些未加论证的信念，如"喝鸡汤有助于疾病痊愈""天然的食品比加工的食品更加健康"等。对于那些经过论证的信念，也要进一步评估论证的效力。上述例子中"全球变暖正在不断加剧"就需要进一步的证据支持，否则结论可能是错误的。此外，为了形成自己的观点、态度和决策，我们既需要建构论证，还需要对其进行评估。2012年11月6日，特朗普在推特上发文（见图4-1）："全球变暖的概念，是中国编造出来的，其目的是让美国制造业失去竞争力。"大家可以分析评估一下。

图 4-1 特朗普关于全球气候变暖的推特发文

二、论证的识别

论证的基本结构就是前提+结论。有些论证具有一些表面的特征,能够帮助初学者快速地识别。例如,如果一段论述中存在表示推理关系的指示词,则很有可能表示论证。指示词有表示理由的指示词,如"因为""由于";表示结论的指示词,如"所以""因此";表示推理状态的模态词,如"必然得出""可以推测"等。此外,通过论述者的意图也能看出一段论述是否是论证。如果论述者试图使自己或者他人接受一个主张,而他为这个主张至少提供了一个理由,那么他就是在论证,无论他是否使用了指示词。如:"在这样一个竞争激烈的环境下,难道我们不应该努力提升自己的核心能力吗?"

前提之所以能够成为我们接受结论的理由,是因为前提和结论之间存在逻辑关系。这种逻辑关系是识别论证的核心。任何命题集,如果存在这种逻辑关系,就包含了论证,反之则没有。因此,识别论证的关键在于找到这种逻辑关系。这里的逻辑关系是指前提对结论的支持关系,这是理性思维在命题中建立的一种逻辑关联。例如,任何一个理性的人,如果他接受了"所有人都会死并且苏格拉底是人",那么他不得不接受"苏格拉底会死",哪怕他情感上不愿意接受这个结论。这种前提与结论的逻辑关联不同于心理上的关联和因果上的关联。前者是一种主观联系,后者是实际事物之间的联系,命题则是思维而不是实际的事物。

三、论证与说明性段落、解释

说明性段落与解释容易与论证混淆。说明性段落(expository passage)这种表达以一个主题句开始,后面紧接着一个或者多个句子来发挥这个主题句。说明性段落旨在阐述、解释或阐明某个主题、概念或现象。它的主要目的是提供客观的信息和事实,使读者能够更好地理解主题。解释性文章通常不包括作者的观点或意见,而是通过定义、分类、比较、分析等方法来展示信息。解释是对某个现象、观念或概念进行详细阐述,使读者或听者能够更好地理解其含义、原因和结果。解释通常涉及阐明、澄清和解答疑问。解释的主要目的是传递信息,帮助读者理解某个特定的主题,而不是试图说服他们接受一个观点。所涉及的事件或者现象一般都作为事实被接受。[3] 总之,要避免混淆,关键是识别出论证中不同命题之间的逻辑关系。

四、两种基本类型的论证:归纳与演绎

前提对结论的支持有两种不同的方式,一种是前提决定性地支持了结论,这种论证是演绎论证。反之,前提仅在一定程度上支持结论,这种论证就是归纳论

证。演绎论证的特点是,当前提为真时,结论必然为真,不存在例外,即结论之于前提具有"保真性"。而归纳论证的特点则是,当前提为真时,结论可能为真,也可能为假。传统观点认为,演绎逻辑是从一般推理出个别,而归纳逻辑是从个别推理出一般。这种观点只抓住了演绎与归纳部分形式上的特点,而忽视了它们的本质,那就是前提对结论的支持程度。在现代科学中,演绎和归纳都是十分重要的推理模式,它们通常是相互补充的。演绎推理提供了逻辑上严密的结论,而归纳推理则帮助我们从具体情况中总结出一般规律。在实际推理过程中,演绎和归纳经常结合使用,通过演绎推理验证归纳得出的一般规律,从而加强推理的可靠性。

除了上面两类,论证还有统计归纳、类比推理、因果推理、假说演绎、最佳解释、联导推理、实践推理等类型。

五、论证的结构

大多数的论证并没有明确的指示词,甚至逻辑关系也不是很清晰,需要我们解析与重构。因此,了解常见的论证结构是十分有必要的。第一种论证结构是最简单的形式,论证由一个前提和一个结论构成。其结构是:前提⊢结论("⊢"表示"推出")。例如:

(1) 乌云密布。可能要下雨。(归纳)

(2) a 大于 b。所以,b 小于 a。(演绎)

除了演绎论证以外,单前提的结论往往非常薄弱,需要加强。

第二种论证结构是多个前提共同支持一个结论。其结构是前提1+前提2+…+前提n⊢结论。这种形式中,前提可能是独立地支持结论,也可能是相互配合才能支持结论。例如:

(3) 乌云密布、电闪雷鸣、气压降低。可能要下雨。(相互配合)

(4) 张三是未成年人,有自首情节,且积极弥补过错。因此,应该对张三从轻发落。(独立支持)

第三种论证结构是链式的。其中一个或多个前提支持一个中间结论,这个中间结论又作为下一个前提,支持最终的结论。这种论证结构的特点是结论强烈地依赖于所有前提,如果任何一个前提(或中间结论)被推翻,则最终结论被推翻。例如:

(5) 只有提升劳动者素质,才能提高生产力。因此,我们应该提升劳动者素质。劳动者的素质只有通过加大教育投入才能够提升。因此,我们应该加大教育投入。

日常中的论证多是复合结构,其中既包含了多前提结构,也包含链式结构。事实上,任何简单的论证,如果深入挖掘其隐含的假设,都能够呈现出非常复杂的论证结构。

六、形式谬误与非形式谬误

虽然很多人能够意识到论证的重要性,知道要为自己的信念提供辩护的理由,但是,如果推理的形式不正确,或者理由的选择不恰当,从而不能够支持自己的观点,则有可能造成论证中的谬误。谬误就是坏的论证。谬误一般分为两类:形式谬误和非形式谬误。顾名思义,形式谬误的出现在于论证形式有问题,和具体的论证内容没有关系。形式谬误只会出现在演绎论证中,而非形式逻辑则会出现在任何论证中。演绎推理的常见模式有直言三段论、假言推理、选言推理等,我们举一个假言推理谬误的例子:如果你不努力,则不能取得好成绩。你没有取得好成绩,所以,你不努力。这个论证犯了肯定后件的谬误,将其中的词项换成任何其他词项,推理都是不成立的,因而属于形式谬误,与内容无关。

非形式谬误是日常推理中更加常见的谬误。对于非形式谬误的分类,学界争议甚多,目前没有一个公认的分类标准。逻辑学家赫尔利将其分为相干性谬误、弱归纳谬误、预设谬误、歧义谬误与不当转换谬误五类。[3]

相干性谬误:前提和结论没有逻辑上的关联,但存在心理上的关联。例如诉诸情感、从众谬误、诉诸传统、稻草人谬误、转移话题等。

弱归纳谬误:前提和结论存在逻辑关联,但程度很弱。如诉诸无效权威、轻率概括、滑坡等。

预设谬误:预设了某些未经证明的前提,而这些前提对于结论是至关重要的。如乞题、复杂问语、假两难以及遮盖论据。

歧义谬误:前提中包含含糊不清的概念或者表达。

不当转换谬误:简单地将整体的性质推广到构成整体的部分上,或者反过来。

需要特别注意的是,任何非形式谬误都是高度依赖语境的,某种情形下是谬误的推理在另外一种情形下可能是合理的、可接受的推理,因此要具体问题具体分析。例如,当你发现人群慌张地逃离某个建筑物,明智的做法应该是跟随众人一起逃离,而不是"理智"地分析:由于不知道建筑物内发生了什么,因而没有证据证明里面有危险,因此,也就没有必要逃跑。再比如,从哲学上来说,几乎任何概念都存在不清楚的地方,如果在日常语境中以此为由认为一切论证都犯了歧义谬误,那就成了"杠精"而不是批判性思维者。

七、论证分析和评估

前面提到,一个好的论证就是有充分的理由支持的论证,这至少提出了两个方面的要求:一是前提与结论之间要有很强的逻辑关联,二是前提为真或者是可以接受的。要评价一个论证是否能够达到这两个要求,有很多可能的路径。例如,布朗将对论证的评价归结为若干相互联系的问题,分别是"议题和结论是什么?""理由是什么?""哪些词语意思不明确?""价值观假设和描述性假设是什么?""推理过程中有没有谬误?""证据的效力如何?""有没有替代原因?""数据有没有欺骗性?""有什么重要信息被忽略了?""能得出哪些合理的结论?"。[4]董毓提出的"思维图"展示了一条评价好论证的路径,分为八个步骤,分别是理解主题问题、澄清观念意义、分析论证结构、审查理由质量、评价推理关系、挖掘隐含假设、考虑多样替代、综合组织判断。[1]武宏志等提出了另一条相似的评估流程,其步骤是:辨识结论和前提、标准化论证(补充隐含前提)、评估前提的可接受性、确定论证的语境对支持力的要求、评估前提对结论的实际支持力、评估相反主张的反驳力。[5]

以上论证评估的流程有一些共同的特点,值得我们注意。一是都强调了挖掘隐含前提的重要性。事实上,大部分日常语言的论证都是不完整的,需要我们同情式地予以重新表述,也就是尽可能重构出论证的最强形式。这其中,挖掘和补充论证所隐含的前提就显得十分必要。一方面这是评价论证的需要,另一方面也是思维深度的体现。二是对反驳的重视。在评价论证中提出反驳是一项非常具有创造性的活动。任何真理性的认识都是在不断的批评和反驳中不断完善和发展的。因此,论证绝不是按照上述流程走一遍的一次性活动,而是反复权衡、不断修正的结果。

八、论证的建构

一种实用的论证建构的模式是由英国哲学家斯蒂芬·图尔敏(Stephen Toulmin)提出的"图尔敏模型"(Toulmin Model)[6],用于分析和建构有效的论证结构。该模型主要包括以下几个组成部分:

(1) 断言(claim):论证的中心观点或结论,是作者试图证明或支持的论点。

(2) 数据(data)/依据(grounds):支持主张的具体事实、证据或信息。数据是用来支撑主张的基础,可以是统计数据、案例研究、专家观点等。

(3) 保证(warrant):连接数据和主张的推理步骤或前提条件。保证解释了为什么依据支持主张,是支持主张的逻辑桥梁。

(4) 支撑(backing):进一步支持理由和数据的附加信息或论据。支撑可以提供额外的背景知识或论证,加强理由的可信度。

(5) 辩驳(rebuttal):可能反对主张的反驳或异议。辩驳部分考虑了可能存在的对立观点或批评,并试图回应这些反对意见。

(6) 限定(qualifier):修饰断言的限定词或短语,表明断言的程度或条件,可以使断言更具灵活性,考虑到特定情况下的例外或限制。

图尔敏论证模型的结构如图 4-2 所示。

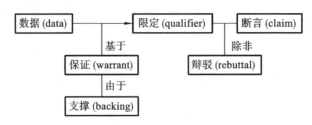

图 4-2　图尔敏论证模型结构图

注：有时在"保证"和"辩驳"之间有连线

在 2022 年《批判性思维教育研究》第 2 辑中，介绍了笔者布置的"大学生批判性思维"的课程作业[7]：以图尔敏论证模型来论证"批判性思维是理性和创造性的核心能力"这个主旨论断。图 4-3 是一个学生给出的论证模型。

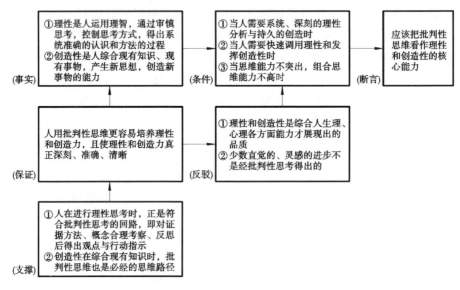

图 4-3　"批判性思维是理性和创造性的核心能力"的图尔敏论证模型作业示例

注：该作业中的连线位置及箭头指示有误

我们还可以据此建构这样一个论证。设想你是一名面试官，现在决定录用张三为公司的程序员，你需要通过建构一个论证说服主管支持你的决定。你的断言是"我们录用张三"；依据是"张三精通编程"；由于这个断言是通过证据归纳得出的，因此限定词是"可以"而非"必须"。"张三精通编程"与"我们可以录用张三"这两个陈述之间如何建立逻辑联系呢？这就需要保证"我们公司缺一个精通编程的人"，这一保证需要进一步的支撑"唯一精通编程的人刚刚离职"。到此为止，我们似乎建立了一个有力的论证，但是图尔敏模型还考虑到了可能的辩驳。你需要思考,即使依据、保证、支持都是真的,有没有可能仍然得出"我们不可以录用张三"的结论呢?这种可能性有依据支持吗?我们可以继续使用图尔敏模型建立相反的论证。例如,我们可以给相反的结论这样的依据:"张三不善于团队合作"。这一依据的保证是"我们的项目需要团队合作才能完成",进一步的支持是"我们的项目是系统性工程"或者"之前离职的程序员因不善于协作而影响了项目"等。

图尔敏模型强调了论证结构中各个组成部分之间的关系,帮助我们构建更有说服力和逻辑性的论证。通过准确地识别断言、数据、保证等元素,并考虑可能的辩驳和限定条件,我们可以更有效地组织和展示自己的论证。这种模型在写作、辩论和逻辑思维中被广泛应用,有助于提高论证的质量和效果。

第三节　科 学 推 理

科学推理是科学方法、科学思维的一个核心组成部分,它涉及使用逻辑和证据来形成、测试和验证假设和理论。科学推理的目的是建立可靠的知识体系,解释自然现象,预测未来事件,或者开发新技术,其核心是认识事物属性及事物相互作用的机制、模式与过程等。其中,因果机制的推理与说明是重要的科学推理方式。

一、因果推理

1. 因果关系

因果关系是指两个事件之间的联系,即一个事件(原因)导致另一个事件(结果)发生的关系。在科学中,建立因果关系是理解自然界和社会现象的基础。因果关系有三个基本特点。①时间先后:原因发生在结果之前。②确定性:存在一个明确的机制或过程,通过这个机制或过程,原因导致了结果。③重复性:在类似条件下,相同的原因会在其他情况下再次产生相同的结果。在讨论因果关系时,需要注意原因(cause)与条件(condition)的区别和联系。原因是指那些直接或间接导致某一事件或结果发生的因素,而条件通常是指必要的前提,它必须存在才能使事件发生,但它本身并不足以导致事件发生。例如,森林起火,其原因可能是人为或者雷击等。我们不会说,氧气是起火的原因,而只会说氧气是起火的必要条件。但在起火的机制上,我们确实可以说,氧气存在是起火的原因(之一)。因此,导致一个事件发生的多个因素中,哪些是原因,哪些是条件,并不是十分清楚。一般而言,我们会把那些最直接、最关键的因素视为原因,但何为"直接""关键"显然取决于话题的语境,甚至包含了价值判断,因而是一个复杂的问题。

塞梅尔维斯(Ignaz Semmelweis)是一位 19 世纪的匈牙利医生,他在医学史上以发现洗手在预防产褥热(puerperal fever)传播中的重要性而闻名。产褥热是一种在分娩后妇女中常见的严重感染疾病,当时在医院中死亡率极高。塞梅尔维斯在维也纳总医院工作时,注意到了产褥热的高死亡率,并且他开始怀疑医生和医学生在进行尸体解剖后直接进入产房可能会携带病原体。当时,医学界还没有细菌理论,因此对于疾病传播的理解非常有限。

塞梅尔维斯的观察和推理过程可以概括为以下几个步骤:

观察现象:塞梅尔维斯注意到产褥热在医院中的高发病率,特别是在由医生和医学生负责的病房。

收集数据:他记录了不同病房的产褥热发病率,并注意到由医生和医学生负责的病房发病率远高于由助产士负责的病房。

提出假设:塞梅尔维斯假设医生和医学生在解剖尸体后没有洗手,可能携带了某种"感染物质",传播给了产妇。

实验验证:他开始实施洗手政策,要求所有进入产房的医生和医学生必须用氯水洗手。

结果分析:实施洗手政策后,产褥热的发病率显著下降,这为塞梅尔维斯的假设提供了支持。

推广应用:尽管塞梅尔维斯的发现在当时并未被广泛接受,但他的洗手政策最终被证明是有效的,并逐渐被医学界采纳。

霍乱的传播途径则是由另一位医生约翰·斯诺(John Snow)在19世纪中叶通过类似的观察和推理过程发现的。斯诺通过绘制霍乱病例的地理分布图,发现病例集中在伦敦宽街(Broad Street)附近的水泵周围。他通过调查和分析,推断霍乱是通过受污染的水源传播的。斯诺建议移除宽街水泵的把手,从而有效地控制了霍乱的传播。

这两个故事展示了科学研究在探寻因果关系方面的挑战和重要性。尽管塞梅尔维斯和斯诺的工作在当时受到了怀疑和反对,但他们的发现最终改变了医学实践,挽救了无数生命。

2. 因果推理的经典方法:"穆勒五法"

19世纪英国哲学家约翰·斯图亚特·穆勒(John Stuart Mill)在他的《逻辑体系》中提出了五种归纳推理的方法,这些方法旨在通过观察和分析来确定事件之间可能的因果关系。包括:

(1) 求同法(method of agreement):如果两个或多个情境只有一个共同因素,那么这个共同因素就是其结果的原因。

(2) 求异法(method of difference):如果一个情境中出现了某个结果,而另一个在所有其他条件相同的情境中未出现这个结果,那么两个情境中唯一不同的因素就是这个结果的原因。

(3) 求同求异并用法(joint method of agreement and difference):结合求同法和求异法,如果某因素在出现结果的情境中总是存在,并且在不出现结果的情境中总是缺失,那么这个因素就是结果的原因。

(4) 剩余法(method of residues):如果从一个复杂的事件中减去已知的因果关系所能解释的部分,剩余的部分就是未知原因的结果。

(5) 共变法(method of concomitant variation):如果某个因素的变化伴随着某个结果的变化,那么这两者之间可能存在因果关系。

"穆勒五法"提供了一套简单的方法帮助我们在复杂的情境中缩小范围,从而寻找可能的原因,具有一定的实用价值。特别是,其中的"差异法"和"求同求异并用法"强调了控制变量的重要性,这直接影响了随机控制实验和其他实验设计的发展。而"共变法"与相关性和回归分析的原理类似,这些统计工具现在是科学研究中的重要组成部分。尽管如此,我们也需要注意"穆勒五法"的局限性。首先,"穆勒五法"不能确保找到的因果关系是正确的,因为可能存在未观察到的变量或未考虑到的因素。例如,在求同法中,穆勒要求"两个或多个情境的共同因素",但这几乎是不可能的。因为任意两个情境都可以找到无穷多个共同因素,但是哪些是相关的因素我们并不清楚。其次,即使我们找到了相关的因素,它也可能是真实原因的副产品而非原因本身。例如,某地学生集体腹泻,通过"求同法"发现他们都在食堂吃过午饭,但我们不能据此判断饭菜本身有问题,因为可能是盛饭菜的餐具受到了污染。因此,"穆勒五法"作为科学发现的方法是不充分的,又因其归纳的本质,作为证明的方法也是不可靠的。

3. 因果推理的注意事项

进行因果推理,也即完成从原因 A 到结果 B 的因果论证要满足四个要求[1]:①由 A 导致 B 的实质证据;②排除其他原因 C 导致 B;③描述从 A 到 B 之间的具体机制;④辩证性讨论反例、问题、局限性等。即董毓总结的因果论证的四大骨架:检验证据、排除其他、因果机制、问题讨论。

DNA 作为遗传物质的发现是分子生物学中的一个重要里程碑。以下是根据董毓总结的因果论证的四大骨架来说明 DNA 是遗传物质的发现过程。

检验证据:

奥斯瓦尔德·艾弗里(Oswald Avery)和他的同事们在 1944 年的实验中,通过将 S 型肺炎链球菌的 DNA 提取并转移到 R 型肺炎链球菌中,观察到 R 型菌转化为 S 型菌。这个实验提供了直接的证据,表明 DNA 可以携带遗传信息。

后续的实验,如赫尔希-钱斯实验(Hershey-Chase experiment)在 1952 年通

过使用放射性标记的 DNA 和蛋白质,证明了噬菌体(一种病毒)在感染细菌时,只有 DNA 进入细菌,而蛋白质外壳留在外部,进一步证实了 DNA 是遗传物质。

排除其他原因:

在艾弗里的实验之前,蛋白质被认为是遗传物质的主要候选者,因为它们具有更复杂的结构和功能。然而,艾弗里的实验显示,DNA 的转移导致了细菌类型的改变,而蛋白质的转移则没有效果。

赫尔希-钱斯实验也排除了蛋白质作为遗传物质的可能性,因为即使蛋白质外壳含有放射性标记的硫,但只有 DNA 含有放射性标记的磷,并且是进入细菌内部的部分。

描述从 A 到 B 之间的具体机制:

随着分子生物学的发展,科学家们开始理解 DNA 如何存储和传递遗传信息。DNA 的双螺旋结构由沃森和克里克在 1953 年发现,揭示了 DNA 复制和遗传信息传递的物理基础。

中心法则的提出进一步阐明了遗传信息的流动:DNA 通过转录成为 RNA,然后 RNA 通过翻译合成蛋白质,这些蛋白质执行细胞的各种功能。

问题讨论:

尽管 DNA 作为遗传物质的证据非常充分,但科学家们仍然在探讨 DNA 如何精确控制基因表达,以及环境因素如何影响基因表达等问题。另外,RNA 病毒的发现也提出了新的挑战,因为它们使用 RNA 作为遗传物质,这要求对遗传信息的传递和表达机制有更深入的理解。

通过这四大骨架的构建,科学家们不仅确立了 DNA 作为遗传物质的地位,还推动了对遗传机制更深层次的理解。这一发现不仅对生物学领域产生了深远影响,也为现代医学、遗传学和生物技术的发展奠定了基础。

由于因果关系的复杂性,在进行因果推理的过程中极易产生谬误。以下几种谬误我们要注意避免。

(1) 后此谬误。人们在推理中,常常错误地将两个前后相随的事件当作原因和结果。例如,某足球队每次比赛都失利,但是在换了红色球服之后终于赢得胜利,于是队员们认为是红色给他们带来了好运。客观来说,穿什么衣服不会影响比赛的结果,因此这个推理是谬误。尽管如此,一旦队员们相信了红色是他们的"幸运色",则有可能带来正面的心理暗示,从而提升他们的比赛成绩。

(2) 因果倒置。因果关系要求原因先于结果发生,但在现实生活中,各种现象交织在一起,很难确定时间上的先后。例如,心理学家研究发现,童年时期爱看暴力影视作品的儿童长大后的暴力倾向更明显,于是得出结论:童年时期观看暴力影视作品导致长大后的暴力倾向。然而事实可能是:那些爱看暴力作品的儿童先天带有某些"暴力基因",使其比其他人对暴力作品更感兴趣。因此,现实可能相反:暴力倾向是因,看暴力作品是果。

(3) 相关不等于因果。两个变量之间存在相关性,并不意味着其中一个变量导致了另一个变量的变化。有些因素本身没有关联,但由于它们共同与第三个因素有关联,因此显示出统计上的相关性。例如,夏天冰激凌的销量大增,同时溺水的人数也增加,两者具有统计上的相关性,但我们显然不能断言是冰激凌的热卖导致了溺水人数增加,或者溺水人数增加导致冰激凌热卖,因为两者都是气温升高的结果。还有一些统计上的相关是纯粹的偶然,例如有统计发现美国名为"Jordan"的新生儿人数与南卡罗来纳州的抢劫案数量呈显著的相关性。[8]要将相关性升级为因果性,必须对其中的机制进行明确的说明,并且这种说明不能违背既有的科学知识和常识。

(4) 过分简化因果。现实世界中,事物之间的联系是极其复杂的,往往是多个原因导致多个结果。认识到这一点非常重要,因为日常生活中存在着大量"过分简化因果"的谬误。例如,人们常常认为,肥胖就是缺乏运动,或者过度饮食所导致,而忽视了遗传和环境的作用。再如,人们常常将个人的成功简单地归结为自身努力而忽视了天赋、家庭、学校以及社会发展的影响。

(5) 滑坡。如果一个因果推理的链条过长,并且其中的因果联系很微弱甚至是虚构的,导致最初的原因和最终的结果几乎没有太大关联,这样的推理就可能是滑坡谬误。例如,有人认为应该禁止青少年玩游戏,理由是:如果允许他们玩游戏,就会导致他们玩物丧志,进而没有精力学习,也就不可能考上好大学,将来也不会有一份好工作,最终成为国家负担,国家也因此而衰落。要证明这个推理是有力的,必须要证明因果链条中的因果关系是真实且紧密的。然而,即使证明了这一点,如果链条过长,结论依然是小概率事件。当然,如果结论确实是我们难以接受的,则需要认真考虑是否要对最初的原因进行干预。

二、现代科学研究方法

现代科学研究的一般方法包括科学理论发现或建立科学假说的方法,关于说明或检验科学假说、形成科学理论的方法等。

1. 科学解释与预测

当我们发现一些尚未理解的现象时,我们常常并不是盲目地去寻找其机制或者因果关系,而是将其定位在具体的学科,并在这些学科中寻找理论去解释观察到的现象。这就是利用科学理论对现象进行解释说明。例如,当我们发现高原上的鸡蛋煮不熟的时候,如果我们已经掌握了一定的科学知识,就不会首先怀疑是锅坏了或者是鸡蛋的问题。我们会想到海拔、气压与沸点的关系,从而理解在高原上,尽管水沸腾了,但是远没有达到 100 摄氏度,也就不可能煮熟鸡蛋。反之,如果我们已经掌握海拔、气压与沸点的关系理论,我们也能够预测高原上的鸡蛋煮不熟。解释说明和预测是科学理论的两大功能,由于两者的逻辑结构相似,我们只介绍科学解释。

为了说明科学解释的模式,卡尔·亨普尔(Carl Hempel)与保罗·奥本海默(Paul Oppenheim)提出演绎-律则模型(deductive-nomological model)[9],简称 D-N 模型。这个模型认为科学解释应该包括一个普遍的法则和一系列初始条件,这些可以演绎出待解释的现象。根据该模型,如果法则和初始条件为真,那么现象必然发生。我们用鸡蛋的例子来说明这个模型。

科学法则:海拔、气压与沸点的关系。根据物理学原理,气压会随着海拔的升高而降低,液体的沸点会随着环境气压的降低而降低。

初始条件:鸡蛋在高原上煮。

演绎推理:高原的高海拔导致气压低于海平面,因此水的沸点在高原上会远低于 100 摄氏度。这意味着,即使水在沸腾,其温度也可能不足以使鸡蛋中的蛋白和蛋黄达到完全凝固的程度。

结论(待解释的现象):高原上鸡蛋煮不熟。

由于 D-N 模型是演绎的,其结论是必然的,这十分符合科学家对于确定性的追求。但很多学科并没有如物理学那样普遍必然的科学法则,而只有概率性的规则。例如,我们都知道,吸烟会导致肺癌。这种表述描述了一个因果关系,但是这种因果关系是基于大量统计的结论。对于一个长期吸烟的人来说,他可能终生不得肺癌;而一个得了肺癌的人,也可能从不吸烟。因此,吸烟对于肺癌患者来说,既不是必要条件也不是充分条件。这样,当我们建议某人不要吸烟的时候说:吸烟会让你得肺癌,就不是一个演绎的结论。亨普尔因此提出归纳-统计模型(inductive-statistical model)[10],简称 I-S 模型,用于处理那些不适用于严格演绎的情况,如概率性的事件。这个模型认为,科学解释应该提供一个高概率的结论,而不是确定性的结论。

无论是 D-N 模型还是 I-S 模型,都面临着一些共同的困难,例如解释的相关性问题。不难看出,亨普尔的模型关心的是科学定律、初始条件与被解释项之间的逻辑关联,无论这种逻辑是演绎的还是归纳的。但逻辑上相关的现象不等于现实中是相关的。例如:

科学法则:所有男人定时吃避孕药都不会怀孕。

初始条件:约翰定时吃他太太的避孕药。

结论(待解释的现象):约翰在过去一年中没有怀孕。

尽管这个例子完美符合 D-N 或 I-S 模型,但是其作为科学解释却是非常荒谬的。问题就出在逻辑上的"导出"不能简单等同于现实中的"解释"。除此之外,亨普尔的模型还存在"对称性困难""单次解释困难"等。[11]为了解决这些困难,Salmon 提出了因果关联模型(causal-relational model),简称 C-R 模型。Salmon 认为,科学解释应当揭示现象的因果结构,而不仅仅是指出现象与一般定律之间的关系。相比于 D-N 模型,C-R 模型提供了一种更加贴近实际科学实践的解释方式。他认为,为了充分解释一个现象,我们需要理解造成该现象的物理过程,以及这些过程是如何通过因果交互作用产生现象的。这种方法强调了因果机制的重要性,而不是简单地依赖于演绎或归纳推理。[12]

2. 科学假说

恩格斯说过:"只要自然科学在思维着,它的发展形式就是假说。"我们常常通过理论来解释和预测现象,就如人们常常使用地图来指路一样。理论就是现实世界的一张"地图",只不过,科学家的"地图"是由语言、逻辑和数学构成的。科学家希望自己绘制的"地图"尽可能符合真实的世界。然而从哲学上来说,这是一个不可能的任务。因为我们对于世界的把握,总避免不了大脑的"加工",既然如此,又如何将理论与所谓的"真实世界"进行对比呢?从科学的历程也能看出,无论一种理论多么完美,解释和预测力有多么强,也总逃不过被替代甚至被推翻的命运。即使是当代物理学理论的范式,也存在各种问题和挑战。因此,我们可以断言,科学理论不是绝对真理,而是假说,总是存在被推翻的可能,却不可能完全被证实。那么,科学假说是如何被提出的,我们又该如何评价竞争性的科学理论呢?

科学假说的形成没有固定的模式,有些假说的形成甚至有非理性因素的参与。尽管如此,并非所有的假说都是"科学的"。科学假说至少应该具备以下几个特征。

经验性。科学假说需要经验证据的支撑,而不能仅凭推理或者想象。即使是理论科学家提出的假说,也是建立在已知的经验的基础上。

可证伪性。科学假说必须能够在原则上被经验证据所推翻。例如,我们发现高原上鸡蛋煮不熟这个现象,假设"有一个调皮的精灵在干扰我们的活动"就不是科学的。因为这个假设推导不出任何可供我们检验的事实,也就不可能被任何证据所推翻。可证伪性要求假说必须具有经验预测性。

与科学共识的一致性。科学假说应该与现有的科学知识体系相一致,除非有非常强的证据支持新假说。因此,一些民间人士动辄推翻相对论的"理论"无法得到科学共同体的重视。

科学假说可以简单到只是一个命题,例如"收入与受教育程度相关"就是一个关于教育和收入之间关系的社会科学假说。科学假说也可以很复杂,例如牛顿力学这样的"宏观理论",是由多个命题组成的系统。不同的科学假说形成的过程各不相同,大致有以下几种模式。

(1) 归纳模式。

通过观察大量经验材料,从中发现重复性的模式是形成假说的重要方法。弗朗西斯·培根的"三表法"、前面提到的"穆勒五法"是归纳模式的代表。社会学中的质性研究方法也是通过归纳建构假说。科学史上,达尔文在对世界各地的生物进行观察后,通过归纳推理提出"自然选择"假说;门捷列夫通过研究已知元素的性质,归纳出元素性质具有周期性的特征;孟德尔通过观察豌豆性状的特征,归纳出遗传定律等,都属于归纳模式。

(2) 演绎模式。

通过已知的理论,演绎推理出新的命题,也是科学假说的一种形成模式。这种模式既可以理解为对理论的发展,也可以理解为对理论进行检验的第一步。例如,杰索(Guillermina Jasso)从"比较的公理"(axiom of comparison)[13]开始,演绎出一系列推论,这些推论是抽象公理的具体化,但本身仍然属于假说。其具体形式如下:

比较的公理:人们有关自己在生活中是否受到公平对待的感觉是和别人比较后的结果。

演绎推论(假说):

①在其他条件不变的情况下,人们宁可对同辈团体的成员行窃,而不愿对外人行窃。

②当社会财富增加时,社会更容易产生赤字性支出。

可见,演绎的推论仍然具有假说性质,需要进一步操作化并导出预测才可以进行验证。

(3) 溯因推理与最佳说明推理。

溯因推理(abductive reasoning)是美国哲学家C. S. 皮尔士提出的科学研究方法,它试图找到能够解释已知事实或观察到的现象的理论。它是科学研究中常用的推理方法,特别是在形成假设和理论的初期阶段。其经典表述是:

令人惊讶的事实C被观察到。如果A是真的,那么C一定是真的。有理由认为A是真的。不难看出,该推理模式本身允许产生不同的竞争性假说A。但何者为真,需要对假说进一步评估,并最终选择最能合理解释现象的假设。因此,最佳说明推理(inference to the best explanation, IBE)可以被看作是溯因推理的一种形式。它侧重于从一系列候选解释中选择出一个最佳的解释。其过程如下:

①列出所有可能的解释。

②根据各种标准(如解释力、预测力、简洁性等)来评估这些解释。

③选择综合各种标准后最有说服力的解释。

④进一步演绎出可检验的预测。

3. 假说的检验：证实与证伪

评判一个科学假说的效力有两种相反的思路：证实主义和证伪主义。证实主义主张科学假说的可靠性来源于经验证据的正面支持；而证伪主义认为科学假说不能通过积累正面证据来证实，因为无论多少正面的例子也不能证明一个普遍的命题，但一个反例就足以使它不可信。

证实的过程是：从假说中演绎出可检验的命题，然后通过观察、实验等方法确定该命题符合事实。其推导模式是：如果假说 H 为真，则会出现经验 P；经验 P 出现了；因此，H 为真。不难看出这种推理模式是演绎上无效的：无论 H 能推出多少经验，即使它们都出现了，也不能保证 H 是真的。波普尔抓住了这个致命缺陷，认为唯一有效的检验科学假说的方式是证伪，其推导模式是：如果假说 H 为真，则会出现经验 P；经验 P 没有出现；因此，H 为假。证伪模式显然是演绎有效的，但是不符合科学发展的真实场景。因为绝大多数科学假说都是一个命题的系统，里面包含核心假说和非核心假说。当出现反例时，科学家并不会轻易放弃假说，而是首先修改假说中的非核心部分，以消解反例。更何况，反例也是观察、实验的产物，其本身可能依赖一系列的理论。特别是在现代科学中，很多现象都无法直接观察，需要使用各种仪器设备以及复杂的实验设计，而这些过程也可能出错。不过，当假说确实已经无法通过修正以适应反例时，科学家也不得不放弃该理论。因此，尽管证伪不是科学发展的常态，但是在一些关键的节点上，确实能够推翻一个理论。而证实尽管在逻辑上是无效的，但正如我们已经提到的，只要我们放弃科学假说必须成为绝对真理的虚妄想法，那么每一次证实确实能够加强我们对于假说正确性的信念。如今的科学哲学家很多已经放弃了证实或者证伪的说法，而转向拉卡托斯的"研究纲领"、库恩的"范式"或者实用主义等理念。尽管如此，它们所蕴含的思想依然影响着科学假说的检验和选择。

思 考 题

1. 为什么论证在科研中如此重要？请举例说明。
2. 如何识别论证中的前提和结论？
3. 请解释归纳推理和演绎推理的区别，并举例说明。
4. 请解释图尔敏模型的各个组成部分，并举例说明如何使用该模型构建论证。
5. 什么是 D-N 模型？为什么 D-N 模型在某些情况下可能提供荒谬的解释？

6. 什么是科学假说？科学假说应该具备哪些特征？

参 考 文 献

[1] （加）董毓.批判性思维十讲——从探究实证到开放创造[M].上海：上海教育出版社，2019.

[2] 杨振宁.我的治学经历与体会.见：中国大学人文启思录（第1卷）[M].武汉：华中理工大学出版社，1996.

[3] （美）赫尔利.逻辑学基础[M].郑伟平，刘新文，译.北京：中国轻工业出版社，2017.

[4] Neil M. Browne, Keeley M. Stuart Asking the Right Questions: A Guide to Critical Thinking[M]. 10th ed. Pearson, 2011.

[5] 武宏志，周建武.批判性思维——论证逻辑视角（修订版）[M].北京：中国人民大学出版社，2010.

[6] S. E. Toulmin. The Uses of Argument[M]. Cambridge University Press, 2003.

[7] 陈尚宾，都建颖.图尔敏论证模型的命题作业对批判性思维教学的作用[J].批判性思维教育研究，2022(00)：116-121.

[8] https://www.tylervigen.com/spurious-correlations.

[9] C. G. Hempel, P. Oppenheim. Studies in the logic of explanation[J]. Philosophy of Science, 1948, 15(2): 135-175.

[10] C. G. Hempel. Aspects of Scientific Explanation and Other Essays in the Philosophy of Science[M]. The Free Press, 1965.

[11] 张华夏.科学解释标准模型的建立、困难与出路[J].科学技术与辩证法，2002(01)：29-33.

[12] W. C. Salmon. Causality and Explanation[M]. Oxford University Press, 1998.

[13] （美）艾尔·巴比.社会研究方法[M].10版.邱泽奇，译.北京：华夏出版社，2005.

第五章　科研中的批判性阅读

陈尚宾(华中科技大学)　刘芳(中国地质大学)

科研文献阅读是科研的基本工作。如何高效地阅读科技文献资料？批判性阅读尤其重要。通过阅读，我们可以发现科技论文中的论证、评价以及发展论证；这也就是我们理解现有科研工作并发展改进的开始。

第一节　科技文献阅读

科学研究是一项系统性的探索和发现的过程，而科技文献阅读则是这个过程中不可或缺的一环。通过阅读科技文献，研究人员可以了解现有的研究进展、理论基础和方法，从而指导和推动自己的研究工作。本节将从科研离不开文献阅读的角度，探讨科技文献阅读的重要性，并提供一些实用的方法和技巧，以帮助研究人员更好地进行科技文献阅读。

一、科技文献简介

科技文献(scientific and technical literature)是指记录和发布科学研究成果的各种文本资料，包括科技图书、学术期刊论文、会议论文、学位论文、研究报告、专利文献等形式。[1]它是科学研究的基础和重要组成部分，用于传播和分享研究结果，推动学术交流和科技进步。现将科技文献的主要种类介绍如下。

科技图书：科技图书通常对某一领域的知识、研究成果及生产经验等进行系统的论述。正式出版的图书拥有唯一的国际标准书号 ISBN（international standard book number），这个编号有助于图书的国际识别和检索。科技图书通常具有较高的学术价值，它们可能包括专著、教科书、综述、评论、字典、百科全书等。科技图书覆盖的领域非常广泛，从基础科学到应用技术，从理论研究到实践操作，几乎涵盖了所有科技领域，是传播科学知识和技术信息的重要媒介，对学术界和工程实践都有重要影响。虽然科技图书的出版周期通常较长，但它们在阐述理论、总结研究成果方面具有不可替代的作用,是知识积累和传承的重要形式。科技图书在学术交流、知识传播和技术发展中扮演着关键角色,是科研人员、学生和广大读者获取系统知识的重要资源。

学术期刊论文:学术期刊是学术界重要的出版载体之一,它以专业领域为刊定范围,向学术界和研究人员提供高质量的研究成果。学术期刊涵盖了各个学科领域,包括自然科学、社会科学、人文科学等。根据统计,目前全球有数十万种学术期刊,每年发表的论文数量也呈指数级增长。其中,进入科学引文索引(Science Citation Index,简称SCI)的论文被称为SCI论文;相似地,进入社会科学引文索引(Social Sciences Citation Index,简称SSCI)的论文被称为SSCI论文。2022年,全球共发表SCI论文287万余篇、SSCI论文48.9万余篇。

会议论文:学术会议通常是研究人员进行学术交流和展示研究成果的重要平台。会议论文是研究人员在学术会议上发表的短篇论文,通常经过同行评审,质量较高。会议论文的数量较大,覆盖广泛的学科领域,对于及时传播最新研究成果和促进学术交流起到重要作用。会议论文也会被收录进一些专业数据库,比如,EI、CPCI(原ISTP)以及SCOPUS数据库,甚至一些高学术价值的会议论文会被SCI数据库收录。

学位论文:学位论文是研究生在完成学位申请过程中提交的研究成果,包括硕士学位论文和博士学位论文。学位论文通常包含对某一具体课题的深入研究和分析,是学术界的重要参考资料。学位论文数量相对较少,但质量较高,对于特定领域的研究具有重要意义。截至2024年1月22日,中国知网中的学位论文库(包括中国博士学位论文全文数据库和中国优秀硕士学位论文全文数据库)共收录博士学位论文56万余篇,硕士学位论文583万余篇,覆盖基础科学、工程技术、农业、医学、哲学、人文、社会科学等各个领域。

研究报告:研究报告是科研机构和研究团队发布的研究成果和技术报告,用于向同行和利益相关方传播研究进展。研究报告通常包含研究背景、方法、实验结果和结论,具有较高的可读性和实用性。举例来说,美国科学家范内瓦·布什的著作《科学:无尽的前沿》,主体就是1945年其给时任总统罗斯福的一份有关科技政策的研究报告。[2]《科学:无尽的前沿》已被认为是美国科学政策的"开山之作"——不仅使美国摆脱了第二次世界大战前对欧洲基础研究和科研人才的依赖,而且造就了今日美国的科技强国地位。

专利文献:专利文献是发明创造的法律保护和技术交流的重要方式。研究人员可以通过申请专利来保护自己的研究成果,同时专利文献也为其他研究人员提供了有价值的技术信息。专利文献数量相对较少,但对于特定领域的技术创新具有重要作用。在我国国家知识产权局网页上可以找到专利检索及分析的入口

https://pss-system.cponline.cnipa.gov.cn/，进行检索就可以找到感兴趣的专利文献。

总体来说，科技文献的数量巨大且多样化，每年都有大量的研究成果被发表和记录。随着科技的发展和全球科研投入的增加，科技文献数量呈现出持续增长的趋势，为学术界和研究人员提供了丰富的资源和参考依据。

二、科研离不开文献阅读

科研离不开文献阅读！为什么这么说？其实我们可以想想：人的正确认识从哪里来？科研是站在巨人的肩膀上。科技文献阅读的重要意义体现在以下几个方面。

掌握研究进展：科技文献是前人研究成果的记录和总结，也是学术界和科研领域知识的重要来源；通过阅读文献，研究人员可以了解当前领域的研究进展、实践经验，了解前人的工作和发现；获取全面信息，有助于研究者深入理解问题，从而建立自己的研究框架和问题意识。

建立理论基础：科技文献是科学理论的重要来源，通过阅读文献，研究人员可以接触到不同学者、不同学派的观点和观念，了解各种理论模型的优劣之处；通过与他人的观点进行对比和交流，研究者能够提出自己的新想法，推动学科的发展，并为自己的研究提供新的思路和框架；了解和掌握相关领域的理论体系，深入理解科学问题的本质和背后的机制，从而为自己的研究提供坚实的理论基础。

获取方法和技术：科技文献中常常包含研究方法和实验技术的详细描述。通过阅读文献，研究人员可以学习和借鉴前人的方法和技术，帮助自己合理设计实验方案并提高数据处理能力，提高研究的可靠性和有效性。

避免重复劳动：科技文献是科研工作的积累和沉淀，通过阅读文献，研究人员可以了解已经完成的类似研究，避免重复劳动和浪费资源，同时也可以发现前人研究中的不足和问题，为自己的研究提供改进和创新的思路；通过阅读他人的研究成果和观点，研究者能够与其他学者展开讨论、交流意见，形成学术互动与合作的机会；科技文献为研究者提供了共同语言和参考价值，促进学术界的合作与进步。

综上所述，科技文献阅读对于研究者来说具有重要的意义。它不仅为研究者提供了知识的更新和获取途径、研究方法的指导、理论发展的启示，还促进了学术界的交流合作和学科的进步。因此，积极进行科技文献阅读是每位研究者必备的重要能力和习惯。

三、如何做好科技文献阅读

科技文献浩如烟海，如何选择有益文献并做有效的文献阅读就成为非常重要的学问。通常，做好科技文献阅读（也包含文献管理）要注意以下几个方面：

系统化的搜索：科技文献众多，研究人员需要学会使用科学的方法进行文献搜索。可以利用学术搜索引擎、数据库和专业期刊进行检索，通过选择关键词、筛选文献类型、设定时间范围等来精确定位需要的文献。其中，科学引文数据库 Web of Science 网站就是权威的科技文献检索工具。

精确阅读和筛选：在阅读之前，明确你的目标和重点。科技文献繁多，为了高效管理，可以制订一个阅读文献计划。根据你的需求和时间安排，合理规划阅读时间，确保按时完成阅读任务。确定你要回答的问题或要获得的特定信息，这样可以帮助你更有针对性地进行阅读。以问题导引将是非常有效的阅读方式。在阅读文献时，研究人员应该注重阅读的质量而非数量。可以先从摘要、关键词和引言入手，快速了解文献的主要内容和关注点，再决定是否深入阅读全文。同时，要有批判性思维，辨别文献的可信度和科学价值，避免引用低质量的文献。开展批判性阅读，不单纯接受文献中的观点和结果。仔细分析实验设计、数据的可靠性和合理性，质疑并寻找其他可能的解释。作为技术补充，推荐文献计量分析——运用计量学和信息学的理论和方法，对文献进行数量和质量分析，并通过对文献出版的时间、作者、引用、机构等因素进行量化和分析，系统反映文献的数量、质量和影响力等。该方法有助于分析学科的发展趋势、前沿、热点以及作者合作和影响力等，从而为科研选题、学术研究服务。这里，推荐使用 Bibliometrix 工具(https://www.bibliometrix.org/home/)。

建立文献管理系统：科技文献数量庞大，建立一个有效的文献管理系统可以帮助研究人员整理和归档文献，方便后续查找和引用。可以利用文献管理软件或者云端服务，对文献进行分类、标注和备份。采用文献管理软件（如 EndNote、Zotero、Mendeley）来管理和组织文献。它们可以帮助你整理引用文献、自动生成参考文献列表，并提供关键词搜索和标签分类等功能。创建一个个人文献库，将下载的文献分门别类，以便随时查找和访问。将文献按照研究主题或关键词进行组织和标记，以简化后续查找和阅读。定期整理文献库，删除过时或不再需要的文献。同时，及时更新你的文献库，添加新的文献，并确保文献的完整性和准确性。

阅读笔记和总结：在阅读文献时，研究人员应该养成做好阅读笔记的习惯。可以记录关键观点、重要实验设计、数据结果和自己的思考，方便后续回顾和整理。同时,要进行文献综述和总结,将不同文献间的联系和差异整理出来,为自己的研究提供思路和指导。在阅读过程中,积极记录重要信息、主要观点、关键数据等。可以使用电子工具如 EndNote、Zotero 等进行文献管理和摘录,或使用纸质笔记本。现在,我们也可以借助人工智能工具来整理科技论文的核心内容。我们还是以 Kimi 为例来阅读著名的 EPR 佯谬文章——爱因斯坦-波多尔斯基-罗森佯谬(Einstein-Podolsky-Rosen paradox,简称 EPR 佯谬),其论文标题为 Can Quantum-Mechanical Description of Physical Reality Be Considered Complete?[3]。只需要将这篇文章的 PDF 文稿拖拽进 Kimi 界面,就可以获知这篇文章的核心内容(见图 5-1)。

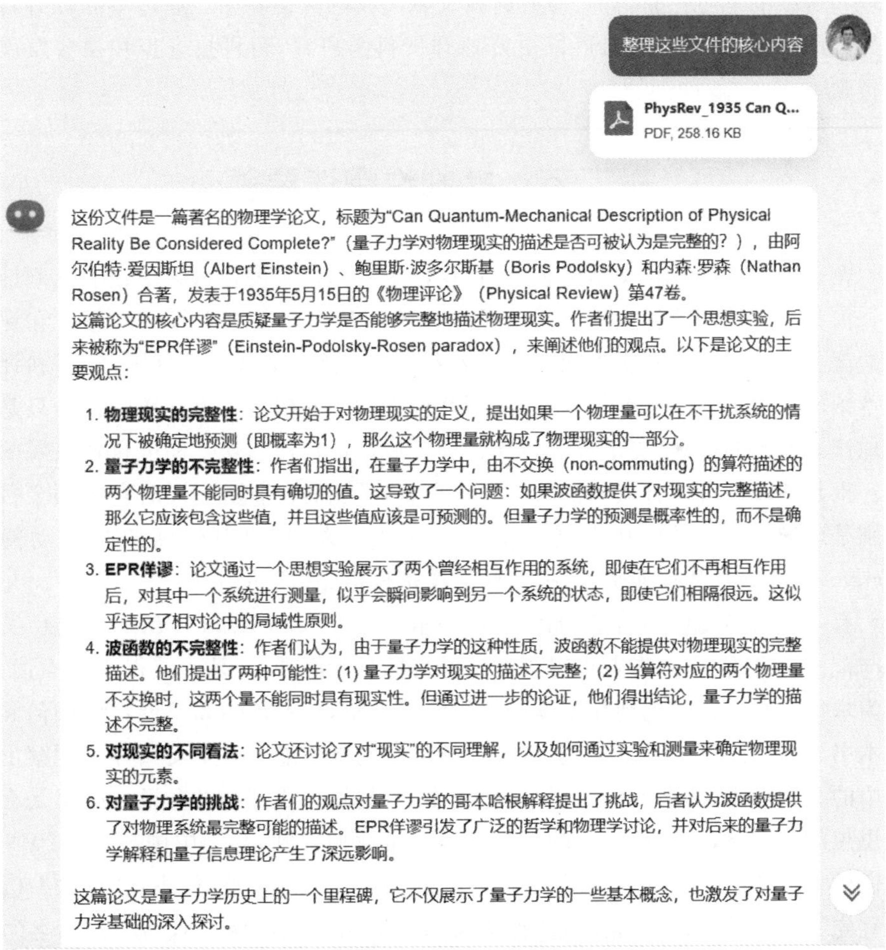

图 5-1 AI 工具 Kimi 整理的科技文献核心内容

不断更新和扩展:科学研究是一个不断进步的过程,研究人员应该保持学习的态度，持续更新和扩展自己的文献阅读范围。可以定期关注领域内的重要期刊、会议和学术机构的动态，及时获取最新的研究成果和进展。将所阅读的文献与其他相关资料（如书籍、文章和评论）相结合，获取更广泛的背景信息和观点。有时需要对某一个文献做到书读百遍，常常还需要纵横交织、旁征博引相关文章获取更多知识和方法。积极参与学术社群和学术会议，通过交流和分享，获得最新的科技文献信息。选择合适的学术网络平台参与讨论和获取相关文献推荐。

综上，科技文献阅读对于科学研究的重要性不可忽视。通过系统阅读和分析文献，研究人员可以了解前人研究的成果和进展，建立自己的理论基础和研究框架，提高研究的科学性和有效性。合理的文献搜索、精确的阅读筛选、科学的文献管理和持续的学习更新，都是做好科技文献阅读的关键要素。通过不断提升自己的文献阅读能力，研究人员可以更好地开展科学研究，为科技进步和社会发展做出贡献。

第二节　批判性阅读要领

在一般性了解科技文献阅读之后，我们更加坚定需要在科研中提倡批判性阅读。何为批判性阅读？批判性阅读是围绕论证从而对文本进行深入思考和评估的阅读方式。它不是对文本内容的被动接受和理解，而是通过分析、解释和评判文本中的观点、论证、证据等，培养批判性思维和判断能力。批判性阅读不只是理解地读出作者的论证，更重要的是评估和发展论证；自然，这是促进科技发展的方式。批判性阅读可以分成两个阶段——理解地读和批判地读；同时它的两个目标分别是理解论证、评估和发展论证。[4,5] 从态度来说，批判性阅读是主动阅读（active reading）；从技能来说，批判性阅读是分析阅读（analytical reading）。

有一本指导阅读的名著《如何阅读一本书》（*How to Read a Book*），是由艾德勒与范多伦合著的。[6] 作者将阅读的主要目标分为两种：一是为获得资讯而读，二是为求得理解而读。批判性阅读的目标除了理解，还有评估和发展，比《如何阅读一本书》的目标是更上层楼。萨特说："阅读中的批判能够从正反两方面洞察出文本中的真知和谬误，最终超越文本，超越作者，超越自我。"鲁巴金说："读书是在别人思想的帮助下，建立起自己的思想。"第二章我们提到《乡土中国》一书，2019年温儒敏教授特意为该书撰写了导读。[7] 其要点有：①书的"类型"决定"读法"；②读书宜先"粗"后"细"；③要紧的是"抓概念"；④厘清论证理路："对话"与"命名"；⑤材料上升为"现象"分析。虽然其主旨是讨论如何读社会科学著作，却完全符合我们科研中提倡的批判性阅读。

批判性阅读的第一阶段，重在理解。读者首先要全面理解文本的内容，包括主题、观点、论证、证据等。读者需要站在作者的立场,和作者对话,了解作者为什么这么说。通常,读者可以先采用通读方式收集一些文本的背景信息,如作者情况、文献来源、论题起源等。进一步,可以采用精读方式:仔细阅读、分析和梳理文本的各个部分,确保对文本的意思有准确的理解,从而发现论证——找出作者的结论和根据。这一阶段,"不动笔墨不读书"——提倡做标注和笔记,力求能够按照从前提到结论的顺序整理出论证的树式结构图(见图 5-2)。

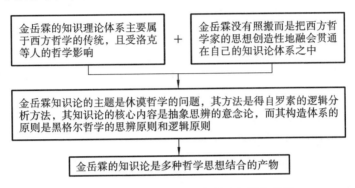

图 5-2　以批判性阅读对文本做论证结构分析

下面举一个例子,来自胡军教授撰文《中国哲学的现代化与金岳霖的〈知识论〉》[8]:

从《知识论》一书上述的这些主要特点,我们可以看到,金岳霖的知识理论体系主要是属于西方哲学的传统。洛克、休谟、康德、黑格尔、摩尔、罗素、刘易斯等人的哲学都程度不同地影响了他的知识论。但是,金岳霖没有照搬他们的思想。学习是为了借鉴,继承是为了创新。他把上述哲学家的思想都创造性地融会贯通在自己的知识论体系之中。可以说,金岳霖知识论的主题是休谟哲学的问题,其方法是得自罗素的逻辑分析方法,其知识论的核心内容是抽象思辨的意念论,而其构造体系的原则是黑格尔哲学的思辨原则和逻辑原则。他的知识论是多种哲学思想结合的产物。

批判性阅读第一阶段是基础要求,第二阶段批判地读是高阶要求——评估和发展论证。读者深入分析文本中的观点、论证和证据,评估其逻辑性、可信度和说服力。这包括识别作者使用的逻辑推理、比较不同观点的优劣、检查证据的可靠性等。读者需要对文本进行评价,判断其价值和可信度。这包括评估作者的立场和偏见、文本的可靠性和可信度、文本对现有知识的贡献等。读者还要反思自己对文本的理解和评估,思考自己的观点和偏见对阅读的影响,以及如何进一步深化自己的理解和分析。这一阶段,提倡按照批判性思维路线图来进行合理质疑,包括对概念、证据、推理、假设、辩证五个方面的合理提问,从而对论证的优劣做出综合、客观的判断;也正是可以在此基础上查漏补缺、另辟蹊径来发展自己的论证——形成自己的观点和见解。举一个例子,马基雅维利在《君主论》中写道:"因为没有优良的军队,就不可能有良好的法律;有优良的军队,就一定会有良好的法律。"这个论证是否合理,大家可以评估一下。

批判性阅读分成两个阶段只是相对的,在实际过程中两个阶段可以是交替或者并行的。一般地,批判性阅读需要遵循以下要领:

提问思考:在阅读过程中,要时刻提问和思考,激发自己的批判性思维。问自己为什么作者这样说,有哪些证据支持这个观点,是否有其他观点与之相反?

分析论证:仔细分析文本中的论证过程,判断其是否具有逻辑性和合理性。检查论证中的假设、推理、概念定义等是否完整和准确。

找出证据:寻找文本中的证据和例子,评估其可信度和相关性。注意证据的来源、数据的可靠性、样本的代表性等。

辨别偏见:警惕作者的偏见和利益相关,评估其对文本的影响。检查作者是否有特定的立场或目的,并思考这些因素对文本的可信度和可靠性产生的影响。

挑战假设:审查论文中的假设和论证,质疑并尝试寻找其他解释或观点。

辩证思考:整合文献中的观点和结论,考虑其所依据的证据和可能的局限性,注意文本与现有知识的一致性、新观点的创新性等,进行综合分析和评估。

第三节 科技文献的批判性阅读

一、批判性阅读科技文献的重要性

我们越是了解批判性阅读的基本原理,越发觉得科技文献应该进行批判性阅读——仔细阅读、分析评估、挑战假设和辩证思考。批判性阅读科技文献的目标是全面理解和评估文献内容的可靠性、偏见以及局限性,并为研究和学术工作提供指导和引导。科技文献的批判性阅读是一种深入分析和评估科学研究论文的方法,其重要性体现在以下几个方面:

(1) 评估方法和实验设计:批判性阅读帮助研究者评估研究论文中使用的方法和实验设计的可靠性和有效性。研究者可以审查研究论文中所述的方法是否适当、合理,并考虑其是否可以重复。通过评估实验设计的科学性,研究者能够判断研究的结论是否可靠。理解论文,确保对文献内容的准确理解,包括研究目的、方法和结果。

(2) 识别实证证据和偏见:批判性阅读有助于识别研究论文中所引用的实证

证据和数据的质量。研究者可以评估实验结果的统计显著性、样本大小和实证证据的一致性。此外,批判性阅读还可以帮助研究者识别和评估研究中可能存在的偏见,例如作者可能的利益相关或研究设计中的隐含偏见。

(3)挑战理论观点和结果解释:批判性阅读使研究者能够挑战研究论文中的理论观点和结果解释。研究者可以比较不同论文之间的观点和结论,并评估其合理性和一致性。通过批判性阅读,研究者可以提出自己的疑问和替代解释,并探索其他可能性。

(4)识别研究的局限性:批判性阅读帮助研究者识别和理解研究论文所述研究的局限性。研究者可以评估实验过程中的潜在局限、样本选择的限制、数据收集的偏差等,从而对研究结果的解释提出合理的保留和建议。

(5)挑战观点:质疑、寻找其他可能的解释,并进行辩证思考;为自己的研究和学术工作提供指导,通过文献的批判性阅读来推动知识的进步。

二、批判性阅读科技文献的方法

有人认为,做科研就是进入实验室,进实验室第一要事就是读科技文献。南方科技大学刘泉影老师曾经发出一则短文《优秀的学生》,很有代表性。

出去开会,晚宴的时候,旁边坐着一位北大的老师。
我向他请教:指导北大的孩子是啥感觉?
他说:非常省心的感觉,学生非常优秀。
我问:优秀体现在哪里呢?
他说:有个学生说对我的方向感兴趣,我给他发了一堆论文。一周后,学生跟我预约见面。见面后,学生说:
1. 论文读完了。
2. 总结了这些论文的主要内容。
3. 尝试跑了论文里的算法,复现了结果。
4. 发现了一些问题,有些新想法和猜想。
5. 根据这些想法,实现新的算法。
6. 做了一些测试,得到了preliminary(初步)结果。
7. 针对这些结果,做了一些未来的实验规划。现在来讨论这些规划合不合理,如何优化。
我感叹:能达到第3重境界的学生已是非常优秀了。他能到第7重,已经优秀到超出我的想象了。为什么学生能这么优秀呢?
他说:因为优秀的学生有自己的思维范式,有良好的学习论,且有极高的执行效率。

　　我问:为什么效率这么高?一周能做完这么多事?

　　他说:因为专注。

　　上面的例子,很好地诠释了读科技文献的重要性,更重要的是印证了如何进行批判性阅读。1~3步,有通读、总结、复现算法,可以说是学生忠实于原文、理解了原文;4~7步,有新的想法、构建算法、验证、考虑优化,则是典型的评估和发展原文。我们猜测,北大老师指出该优秀学生有自己的思维范式应该就是指批判性思维。

　　华中科技大学曾绍群教授要求研究生经常反问自己五句话:"为什么要做这件事?事情的现状和难点是什么?用什么思路去解决?结果是什么?结果有什么意义?"这五个问题,对科研工作者有着共性意义。这是很明显的自我反思,以批判性思维来指导自己的行动。为什么要做这件事,强调科研要创新,要有智力贡献。确定事情的现状和难点是什么、讨论结果有什么意义,则需要做调研和文献阅读才能确定。曾绍群教授还强调学生需要具备三方面的素质:科研视野、动手解决实际问题的能力、跨学科学习的能力。同样,这是需要建立在科技文献阅读基础上,才能确定什么科研方向重要并为之努力。正所谓,成功者找方法,失败者找借口。

　　SCI期刊 *Integrative Biology* 曾把"见解、创新和整合"(insight, innovation and integration)作为该刊的座右铭、出版文章的基本评估标准。见解:这篇论文对我们深入了解所探索的生物学机制/过程/现象有什么贡献?创新:所使用的技术在多大程度上能够获得生物见解?整合:论文在多大程度上展示了技术和生物学的整合?另一个期刊 *PLOS Biology* 的出版标准则是除了研究符合伦理且科学上有效外,还应包含以下特色:独创性、对该领域研究人员的重要性(importance)、领域外科学家的兴趣(interest)、严谨的方法论及其结论的实质性证据。我们认为,上面提到的"5I"可以作为我们评估科技文献的参考;当然,也可以作为我们自己开展科研工作的指南。

　　批判性阅读重要的一环就是善于提出问题,针对科技文献大约应该提出如下问题:作者有何研究结论?采用了何种研究方法和技术?原文中假设是否合理?方法是否有局限性?结论是否坚实?你是否有其他研究方法?你有何建议?你将如何证实你的结论?即使不提这些问题,按照一定结构整理阅读文献信息也是非常有必要的。兹举一例如下:

　　2014年,我收到学术团队负责人龚辉教授的邮件:

　　请你先准备 *Nature*(Allen) 和 *Cell*(董红卫)以及去年 *Science*(人脑)这三篇

文章是如何对获得数据进行分析的,结果图是以什么角度给出的,之后在图像处理组会里讲一下,带领学生们从生物信息学角度去思考提升工作的意义。

这是我一次完整的顶刊阅读和报告经历,在学术团队做过题为《四篇CNS文章阅读交流》的报告。按照我们团队的惯例,我们会整理一个文献阅读列表(见表5-1)。下文以一篇 Science 文章[9]为例:

表 5-1 文献阅读主要信息整理列表

文献信息	Katrin Amunts, Claude Lepage, Louis Borgeat, et al. BigBrain: An ultrahigh-resolution 3D human brain model. Science,2013,340(6139):1472-1475. 作者主要来自德国尤利希神经科学和医学研究所(作者、文献名称、期刊、单位等)
数据样本	65岁女性全脑,MRI成像;石蜡包埋,20微米冠状切片7404张,10微米像素大小;总数据1 TB
整体思路	(1) 全脑MRI和Merker染色切片成像; (2) 图像预处理及配准(各向同性低采样); (3) 脑区及边界识别(马氏距离方法); (4) 分析细胞构筑边界与宏观特征标志的关系; (5) 数据公开,展望未来工作(近细胞分辨标准)
重要结论	(1) 20微米数据可用于脑区边界识别; (2) 细胞构筑边界与宏观特征标志存在非均匀特性; (3) 支持大脑拓扑结构并不仅是简单几何现象
创新点	首次人脑全脑高分辨光学成像,人脑3D重建及分析
可取之处	数据的简化、方法的创新、思路的深化

三、批判性阅读科技文献实践

科学研究中有必要进行系统性文献阅读,特别是就某一主题选择多篇文献进行阅读是熟悉某一学科领域的重要手段。从训练批判性思维的角度来看,无论是一篇文章的摘要、文中一段话,还是一本书的前言、一篇演讲稿都可以是非常好的批判性阅读素材。

如何选择合适的文献进行阅读?根据标题和摘要内容快速从海量文献中选定合适的文章是明智之举。假定我们对神经科学感兴趣,在权威期刊 Neuron 上找到一篇综述文章[10],其标题、作者以及摘要等信息如图5-3所示。文章标题清晰指出这是有关21世纪分子神经生物学的个人展望。作者为托马斯·苏德霍夫(Thomas Südhof),稍微调研一下就知道其是2013年诺贝尔生理学或医学奖得主。这个背景信息,自然值得我们加大对文章的关注。不过,我们不能直接迷信权威,还是认真读读摘要比较稳妥。

Molecular Neuroscience in the 21st Century: A Personal Perspective

Thomas C. Südhof[1],*
[1]Department of Molecular and Cellular Physiology and Howard Hughes Medical Institute, Stanford University Medical School, 265 Campus Drive, CA 94305-5453, USA
*Correspondence: tcs1@stanford.edu
https://doi.org/10.1016/j.neuron.2017.10.005

Neuroscience is inherently interdisciplinary in its quest to explain the brain. Like all biological structures, the brain operates at multiple levels, from nano-scale molecules to meter-scale systems. Here, I argue that understanding the nano-scale organization of the brain is not only helpful for insight into its function, but is a requisite for such insight. I propose that one impediment to a better understanding of the brain is that most of its molecular processes are incompletely understood, and suggest a number of key questions that require our attention so that progress can be achieved in neuroscience beyond a description of the activity of neural circuits.

图 5-3 *Neuron* 期刊一篇综述文章的部分快照图

摘要译文如下:

神经科学在解释大脑方面本质上是跨学科的。与所有生物结构一样,大脑在多个层面上运作,从纳米级分子到米级系统。在这里,我认为理解大脑的纳米级组织不仅有助于深入了解其功能,而且是深入了解的必要条件。我认为,更好地理解大脑的一个障碍是,它的大多数分子过程都不完全被理解,并提出了一些需要我们关注的关键问题,以便在神经科学中取得超越神经回路活动描述的进展。

通读上面的摘要,虽然我们没有看到 Südhof 再提标题中的"molecular neuroscience"一词,但是可以读出文章是在有理有据地强调分子神经科学在整个神经科学中的重要性;而且,他还将提出分子神经科学中一些值得关注的问题。前提是"大脑是在从纳米级分子到米级运行的系统",推理关系是"理解大脑的纳米级组织是了解其功能的必要条件";既然我们都知道"大脑的纳米级组织"就是"分子神经科学"对应的范畴,那么就易于认同 Südhof 的结论:"分子神经科学在整个神经科学中重要且值得关注。"的确,我们不难发现这样一个论证;由此,我们也达成了批判性阅读第一个阶段的目的:理解。

俗话说:看报看题,看书看皮。我们会借鉴这一看法,并且有一定的扩展。对于一本科技书籍,哪怕是偏科普一点的,我们通读全书往往是繁重任务。但是,目标书籍的序言可能是一个轻松的台阶。这里,我们选取诺贝尔物理学奖得主薛定谔的名著《生命是什么》[11]一书的序言来做分析。

第五章　科研中的批判性阅读

人们普遍认为，科学家总是对某一学科具有广博深邃的第一手知识的，因而他不会就并不精通的论题去著书立说的。这就是所谓的尊贵者负重任。可是，为了目前这本书的写作，我恳请放弃任何尊贵——如果有的话，从而也免去随之而来的重任。我的理由是：

我们从先辈那里继承了对于统一的、无所不包的知识的强烈渴望。最高学府（大学，大学一词在英文中和普遍性同字根）这个名称使我们想起了从古到今多少世纪以来，只有普遍性才是惟一可打满分的。可是近100多年来，知识的各种分支在广度和深度上的扩展使我们陷入了一种奇异的两难境地。我们清楚地感到，一方面我们现在还只是刚刚开始在获得某些可靠的资料，试图把所有已知的知识综合成为一个统一的整体；可是，另一方面，一个人想要驾御比一个狭小的专门领域再多一点的知识，也已经是几乎不可能的了。

除非我们中有些人敢于去着手总结那些事实和理论，即使其中有的是属于第二手的和不完备的知识，而且还敢于去冒把自己看成蠢人的风险，除此之外，我看不到再有摆脱这种两难境地的其他办法了。要么，我们的真正目的永远不可能达到。

在批判性阅读第一阶段，我们很容易确定薛定谔的主旨结论：为了《生命是什么》这本书的写作，他请求放弃"尊贵"的束缚——科学家不应在其不精通的任何主题上写作。而且，也容易梳理出其三个方面的根据和理由：

(1) 放弃"尊贵"则解除"重任"。

(2) 唯一摆脱两难困境的选择：一方面，我们现在才开始获得某些可靠的资料，并试图将所有已知内容综合成为一个整体；但另一方面，一个人的思维能力已经几乎不可能完全掌握一个狭小的专业领域。

(3) 愿意承担成为傻瓜的风险，以免我们真正的目标永远丧失。

我们对薛定谔这样的大科学家当然是非常钦佩的，但是，我们在批判性阅读中依然可以质疑，只有这样，我们才能达到评估和发展论证的更高目标。放弃"尊贵"则能解除"重任"吗？人类所面临的两难境遇是真的吗？证明呢？和祖先情况一样吗？愿意承担成为傻瓜的风险，就能避免真正的目标丧失吗？真正的目标是什么？只要问出上面的问题，我们就容易发现薛定谔的一些"疏忽"："尊贵者负重任"中否定前件不是有效推理；"两难境地"不一定为真；"冒把自己看成蠢人的风险"只是必要而非充分条件；"真正目的"并没有澄清。即便这样，我们依然为从本书序言了解到作者的主旨而高兴，依然敬佩薛定谔在科学上求实、开创的精神和行动！

类似地，我们也可以对一篇科技相关的完整文章做批判性阅读。这样的文章可以是研究性论文、综述性文章,甚至也可以是一篇演讲稿。我们以伟大科学家爱因斯坦于 1918 年在庆祝普朗克 60 岁生日演讲会上的演讲《探索的动机》[12]为例。

在科学的庙堂里有许多房舍,住在里面的人真是各式各样,而引导他们到那里去的动机也实在各不相同。有许多人所以爱好科学,是因为科学给他们以超乎常人的智力上的快感,科学是他们自己的特殊娱乐,他们在这种娱乐中寻求生动活泼的经验和雄心壮志的满足;在这座庙堂里,另外还有许多人所以把他们的脑力产物奉献在祭坛上,为的是纯粹功利的目的。如果上帝有位天使跑来把所有属于这两类的人都赶出庙堂,那末聚集在那里的人就会大大减少,但是,仍然还有一些人留在里面,其中有古人,也有今人。我们的普朗克就是其中之一,这也就是我们所以爱戴他的原因。

我很明白,我们刚才在想象中随便驱逐了许多卓越的人物,他们对建设科学庙堂有过很大的也许是主要的贡献;在许多情况下我们的天使也会觉得难于作出决定。但有一点我可以肯定:如果庙堂里只有我们刚才驱逐了的那两类人,那末这座庙堂就决不会存在,正如只有蔓草就不成其为森林一样。因为,对于这些人来说,只要有机会,人类活动的任何领域他们都会去干;他们究竟成为工程师、官吏,商人,还是科学家,完全取决于环境。现在让我们再来看看那些为天使所宠爱的人吧。他们大多数是相当怪癖、沉默寡言和孤独的人,尽管有这些共同特点,实际上他们彼此之间很不一样,不象被赶走的那许多人那样彼此相似。究竟是什么把他们引到这座庙堂里来的呢?这是一个难题,不能笼统地用一句话来回答。首先我同意叔本华(Schopenhauer)所说的,把人们引向艺术和科学的最强烈的动机之一,是要逃避日常生活中令人厌恶的粗俗和使人绝望的沉闷,是要摆脱人们自己反复无常的欲望的桎梏。一个修养有素的人总是渴望逃避个人生活而进入客观知觉和思维的世界;这种愿望好比城市里的人渴望逃避喧嚣拥挤的环境,而到高山上去享受幽静的生活,在那里,透过清寂而纯洁的空气,可以自由地眺望,陶醉于那似乎是为永恒而设计的宁静景色。

除了这种消极的动机以外,还有一种积极的动机。人们总想以最适当的方式来画出一幅简化的和易领悟的世界图象;于是他就试图用他的这种世界体系(cosmos)来代替经验的世界,并来征服它。这就是画家、诗人、思辨哲学家和自然科学家所做的,他们都按自己的方式去做。各人都把世界体系及其构成作为他的感情生活的支点,以便由此找到他在个人经验的狭小范围里所不能找到的宁静和安定。

理论物理学家的世界图象在所有这些可能的图象中占有什么地位呢?它在

描述各种关系时要求尽可能达到最高标准的严格精确性,这样的标准只有用数学语言才能达到。另一方面,物理学家对于他的主题必须极其严格地加以控制:他必须满足于描述我们的经验领域里的最简单事件;企图以理论物理学家所要求的精密性和逻辑完备性来重现一切比较复杂的事件,这不是人类智力所能及的。高度的纯粹性、明晰性和确定性要以完整性为代价。但是当人们畏缩而胆怯地不去管一切不可捉摸和比较复杂的东西时,那末能吸引我们去认识自然界的这一渺小部分的究竟又是什么呢?难道这种谨小慎微的努力结果也够得上宇宙理论的美名吗?

我认为,是够得上的;因为,作为理论物理学结构基础的普遍定律,应当对任何自然现象都有效。有了它们,就有可能借助于单纯的演绎得出一切自然过程(包括生命)的描述,也就是说得出关于这些过程的理论,只要这种演绎过程并不太多地超出人类理智能力。因此,物理学家放弃他的世界体系的完整性,倒不是一个有什么基本原则性的问题。

物理学家的最高使命是要得到那些普遍的基本定律,由此世界体系就能用单纯的演绎法建立起来。要通向这些定律,并没有逻辑的道路;只有通过那种以对经验的共鸣的理解为依据的直觉,才能得到这些定律。由于有这种方法论上的不确定性,人们可以假定,会有许多个同样站得住脚的理论物理体系;这种看法在理论上无疑是正确的。但是,物理学的发展表明,在某一时期,在所有可想象到的构造中,总有一个显得比别的都要高明得多。凡是真正深入地研究过这问题的人,都不会否认唯一地决定理论体系的,实际上是现象世界,尽管在现象同它们的理论原理之间并没有逻辑的桥梁;这就是莱布尼兹(Leibnitz)非常中肯地表述的"先定的和谐"。物理学家往往责备认识论者对这个事实没有给予足够的注意。我认为,几年前马赫同普朗克之间所进行的论战的根源就在于此。

渴望看到这种先定的和谐,是无穷的毅力和耐心的源泉。我们看到,普朗克就是因此而专心致志于这门科学中的最普遍的问题,而不使自己分心于比较愉快的和容易达到的目标上去。我常常听到同事们试图把他的这种态度归因于非凡的意志力和修养,但我认为这是错误的。促使人们去做这种工作的精神状态是同信仰宗教的人或谈恋爱的人的精神状态相类似的;他们每天的努力并非来自深思熟虑的意向或计划,而是直接来自激情。我们敬爱的普朗克就坐在这里,内心在笑我象孩子一样提着第欧根尼的灯笼闹着玩。我们对他的爱戴不需要作老生常谈的说明。祝愿他对科学的热爱继续照亮他未来的道路,并引导他去解决今天物理学的最重要的问题,这问题是他自己提出来的,并且为了解决这问题他已经做了很多工作。祝他成功地把量子论同电动力学和力学统一于一个单一的逻辑体系里。

读完《探索的动机》一文，我们可以得出爱因斯坦论证的结论：人们探索科学的动机有三种——享受科学带来的智力上的快感，追求功利，逃避世俗；其中，科学家普朗克属于第三类且富有激情地探究物理学基本定律，值得敬仰和爱戴。如果我们按照批判性思维路线图来合理质疑，包括对概念、证据、推理、假设、辩证五个方面的合理提问，我们依然可以发现这篇演讲稿在论证上的不完美之处。

（1）重要概念"科学庙堂"并没有得到澄清，建立"科学庙堂"的充分条件并没有陈述。

（2）"（被驱赶的）这两类人对职业是没有选择的……环境决定他们的命运"缺乏证据。

（3）以"被驱逐的那两类人，绝对搭建不起来科学庙堂"并不能推理普朗克等第三类人能建立起科学庙堂。

（4）假设"既然是理论物理学结构基础的普遍定律，那么就应该适合于任何自然现象"似乎并不合理——没有普适性的物理原理。

（5）将探索的动机严格分为三种并否定了前两种，忽视了思想动机的复杂性从而缺乏辩证性。

综合考虑，《探索的动机》是在著名物理学家普朗克60岁生日庆祝大会上的祝贺演讲，虽然不是完美的论证，但依然可以称为完美的演讲。这篇演讲的内容远远超出了对一位物理学家的肯定与赞扬，还给读者传递了一个具有普遍意义的议题：人们在科学领域进行探索的动机是什么？

总而言之，批判性阅读科技文献有助于研究者深入理解研究的价值和质量，评估研究的可靠性和有效性，并为自己的研究提供指导。通过批判性阅读，研究者能够发现文献中的潜在问题、意见冲突和改进的机会，从而推动学术界的知识进步和科学研究的发展。

思 考 题

1. 我们常常会提到 SCI 论文，谈谈什么是 SCI 论文及如何评价一篇学术论文。

2. 2023年3月，澳大利亚战略政策研究所发布报告称"中国在44项尖端科技领域有37项领先于美国"，请问你对这一报告有何想法？

3. 2013年董毓的文章《批判性思维教育是培养领军人才的必要手段》[13]发表在《世界问题研究》，请按照批判性阅读方式找出论证，并进一步评估和发展论证。

参 考 文 献

[1] https://baike.baidu.com/item/%E7%A7%91%E6%8A%80%E6%96%87%E7%8C%AE/56105856.

[2] (美)范内瓦·布什,拉什·D.霍尔特.科学:无尽的前沿[M].崔传刚,译.北京:中信出版社,2021.

[3] A. Einstein, B. Podolsky, N. Rosen. Can quantum-mechanical description of physical reality be considered complete? [J]. Physical Review,1935,47(10):777-780.

[4] (加)董毓.批判性思维十讲——从探究实证到开放创造[M].上海:上海教育出版社,2019.

[5] (加)董毓.批判性思维原理和方法——走向新的认知和实践[M].2版.北京:高等教育出版社,2017.

[6] (美)莫提默·J.艾德勒,查尔斯·范多伦.如何阅读一本书[M].郝明义,朱衣,译.北京:商务印书馆,2004.

[7] 费孝通.乡土中国[M].北京:人民文学出版社,2021.

[8] 胡军.中国哲学的现代化与金岳霖的《知识论》[J].理论探讨,1994(03):75-79.

[9] Katrin Amunts, Claude Lepage, Louis Borgeat, et al. BigBrain:An ultrahigh-resolution 3D human brain model[J]. Science,2013,340(6139):1472-1475.

[10] T. C. Südhof. Molecular neuroscience in the 21st century:A personal perspective[J]. Neuron,2017,96(3):536-541.

[11] (奥)埃尔温·薛定谔.生命是什么[M].罗来鸥,罗辽复,译.长沙:湖南科学技术出版社,2007.

[12] 许良英,范岱年.爱因斯坦文集(第一卷)[M].北京:商务印书馆,1976.

[13] 董毓.批判性思维教育是培养领军人才的必要手段[J].世界问题研究,第290、291期,2013年10月11日.

第六章 科研中的批判性写作

吴疃勃(华中科技大学)

科学论文是科研的基本成果形式。如何有效地组织科学论文写作？如何针对不同类型科学论文开展写作？借助批判性思维,我们对科研写作将会更加得心应手;科研成果的推广和应用才会更加成功!

第一节 科学论文概述

科学论文是科学研究成果的正式文献形式,通过书面语言系统地呈现科学问题、研究方法、实验结果、分析和结论。科学论文通常包括摘要、引言、方法、结果、讨论、结论和参考文献等部分。它是科学研究者将研究成果向其他研究人员传递和分享的主要方式,也是科研成果获得认可和承认的重要形式。

一、科学论文写作的重要性

科学论文通常要经过同行评议等程序,确保论文的内容和结论具有科学性、可信度和可靠性。科学论文的发表是研究人员进行学术交流、分享成果、传播知识、促进学科发展的重要手段。科学论文写作是科研工作者必不可少的一项任务,主要发挥的作用如下:

(1) 传递和分享研究成果。科学论文是科研人员将研究成果进行系统和全面呈现的重要形式。通过发表论文,研究人员可以向同行、学术界和社会传递自己的研究成果,促进知识的共享和传播。

(2) 学术交流与影响力。科学论文的发表是科研人员参与学术交流的重要方式之一。通过发表论文,研究人员可以参加学术会议、研讨会等学术活动,与其他研究人员进行交流和讨论,增加自己的学术影响力,促进学术界的发展和进步。

(3) 为后续研究提供基础和参考。科学论文的发表为后续研究提供了基础和参考。其他研究人员可以借鉴前人的研究成果和方法,拓展研究领域,推动科学知识的进一步积累和发展。

（4）完善研究方法和结果的审查和验证。科学论文的发表要经过同行评审等过程，可以帮助研究人员审查和验证自己的研究方法和结果的科学性和可靠性，从而提高研究的质量和可信度。

（5）职业发展和学术地位。科学论文的发表对于科研人员的职业发展和学术地位都具有重要意义。论文的数量和质量在一定程度上反映了研究人员的研究能力和学术水平，对职业晋升和评价具有直接影响。

综上所述，进行科学论文写作能够促进知识交流和共享，提高学术影响力，推动科学研究的发展和进步。同时，对研究人员的职业发展和学术地位也具有重要的影响。

科技史上有许多重要的论文发表，它们对科学进步和人类社会产生了深远的影响。同时，也有一些论文由于各种原因未能及时发表，错失了对科学发展做出贡献的机会。以下是一些著名的例子：

DNA双螺旋结构的发现：沃森和克里克关于DNA双螺旋结构的论文在1953年发表于《自然》杂志。这一发现开启了分子生物学时代，对遗传学、医学和生物技术产生了革命性的影响。

万有引力定律：牛顿的《自然哲学的数学原理》在1687年发表，其中包含了万有引力定律。这一定律是经典力学的核心，对天文学、航空航天等领域产生了深远的影响。

广义相对论：爱因斯坦的广义相对论论文在1915年发表于《普鲁士科学院会议记录》。这一理论改变了我们对时空和引力的理解，对物理学和宇宙学产生了深远的影响。

量子力学的建立：海森堡、薛定谔、狄拉克等人在20世纪20年代发表的一系列论文奠定了量子力学的基础。量子力学是现代物理学的基石之一，对材料科学、化学、电子学等领域产生了重要影响。

未发表的论文：有些重要的科学发现由于种种原因未能及时发表。物理学家赵忠尧在1930年首次发现了正电子的存在，这是一项重大的科学发现。然而，由于当时有些人在重复赵忠尧的实验时未能得出相同的结果，这导致了科学界对赵忠尧的发现产生了怀疑。1936年，诺贝尔物理学奖授予了观测到正电子轨迹的安德森，而赵忠尧尽管最先发现正电子，却因论文发表不及时而错失了诺贝尔奖。吴健雄是一位著名的美籍华裔核物理学家，她在物理学领域有着重要的贡献。特别是在1957年，她领导的实验小组进行了验证宇称不守恒的关键实验。然而，由于她的论文发表时间错过了当年诺贝尔奖的提名截止日期，加上实验验证的优先权受到了争议,吴健雄未能获得当年的诺贝尔物理学奖提名。尽管她的工作对物理学领域产生了深远的影响,但她最终未能获得诺贝尔奖的荣誉。还有,罗莎琳德·富兰克林的 DNA 衍射数据对沃森和克里克的发现至关重要,但她的工作当时并未得到充分的认可和发表。还有玻尔和爱因斯坦关于量子力学的辩论,如果相关论文能更早发表,可能会对量子力学的发展产生不同的影响。

二、科学论文写作和发表方式的发展变化

未来,随着科学研究领域的不断发展,科学论文写作和发表的方式可能会出现一些变化,以适应新的科研需求和技术发展。

1. 开放获取(open access)的普及和推广[1]

随着对科学研究成果公开获取的需求增加,开放获取期刊和平台可能会得到更广泛的应用。研究人员可能更倾向于选择开放获取期刊发表论文,以扩大研究成果的可及性和影响力。然而,高额的文章处理费和掠夺性期刊也为开放获取论文的发展带来了阴影。

2. 多媒体论文形式的应用

未来科学研究可能会更加注重跨学科合作和综合性研究,届时,除了传统的纯文字形式之外,科学论文可能会更加倾向于包含图像、视频、动画等多媒体内容,以更好地展现研究成果和方法。目前,已经有 *Journal of Visualized Experiments*[2] 等登载多媒体形式论文的期刊。

3. 开放评审的推广[3]

现有评审通常使用单盲或双盲评审。开放评审模式在论文发表后公布审稿人的审稿意见及作者对审稿意见的回复,这将使评审过程公开化,加强学术交流和合作。此外,可能会有更多的实验性评审模式被尝试。

4. 数据共享和重复性研究的重视

未来可能会更加重视对研究数据和重复性研究的需求,研究人员可能会更加注重数据的共享和开放,以促进科学研究的可复制性和透明度。

5. 人工智能辅助论文写作

随着人工智能技术的不断发展,可能会有更多的人工智能软件被应用到论文写作中,帮助研究人员进行文献检索、数据分析和论文写作。目前多数出版商同意使用人工智能对论文语言进行润色,例如爱思唯尔出版社要求"如果作者在写作过程中使用生成式人工智能(AI)和 AI 辅助技术,作者应仅使用这些技术来提高可读性和语言。该技术的应用应该在人类的监督和控制下进行,作者应该仔细

审查和编辑结果"[4]。对于人工智能深度辅助论文写作甚至参与部分研究的边界还有待进一步规范。

三、科学论文质量评价

无论是传统科学论文,还是融入新的发表方式的科学论文,质量是科学论文的最重要的一环[5],评价科学论文的质量通常涉及以下几个方面:

1. 学术原创性和创新性

论文的质量取决于研究成果是否具有原创性和创新性。原创性和创新性可以体现在问题选择、研究方法、实验设计、数据分析和结果推导等方面。

2. 科学性和可靠性

论文的质量取决于研究是否合乎科学的规范和要求。这包括实验设计是否恰当、数据是否可靠、推理是否严谨、结论是否合理等因素。

3. 学术贡献和意义

论文的质量还取决于其在学科领域内的贡献和意义。这可能包括填补研究空白、提供新的理论模型或框架、解决实际问题、推动学科发展等方面。

4. 结构和组织

评价论文质量还需要考虑论文的结构和组织是否合理、清晰,包括摘要、引言、方法、结果、讨论、结论等部分的组织是否科学合理,论述是否连贯、条理清晰。

5. 可读性和表达

好的科学论文应该具备良好的可读性和表达能力,包括语言流畅性、叙述清楚度、术语使用准确性、图表清晰度等。

6. 引用和参考文献

论文对相关文献的引用和参考文献的质量也是评价其质量的重要因素。引用和参考文献的准确性、恰当性、权威性和广度等可以反映论文作者的学术深度和广度。

7. 影响力和引用频次

论文的影响力和被引用率也是评价论文质量的重要指标。它们可以反映论文对学术界和实际应用的影响程度,以及研究成果的学术价值。

第二节　科学论文的组织结构

科学论文可以根据学科领域、研究类型、文献形式、出版状态等多个维度进行分类。例如,根据论文的内容和目的可以分为研究性论文和综述论文。研究性论文侧重于报告原创性的科研成果,而综述论文则致力于综合分析和评价已有的研究成果。本章主要讨论的是研究性论文的写作。以下各部分不一定都是必需的,不同学术期刊或者不同学科领域的要求可能有所差异,但通常它们构成了一篇完整的科学论文的基本组成部分。

一、标题(title)

科学论文的标题需要兼顾准确性、简洁性和吸引力,确保读者能够迅速理解论文的核心内容并产生兴趣。通常一个好的标题具有以下特点:

(1) 明确研究主题。标题应清晰传达论文的主要研究内容和主题,让读者一目了然。

(2) 简洁有力。避免冗长复杂的句子,标题应尽可能简短,但也不能太过简单,导致信息不足。通常15个字以内是比较理想的长度。

(3) 具体和详细。提供足够的信息,确保读者能从标题中获得研究的关键信息。例如,标题可以包括研究对象、方法、结果等。

(4) 避免缩写和行话。除非是非常常见的缩写,否则应避免使用,确保标题对广泛的读者群体友好。

(5) 突出创新性。如果研究有独特的创新点或重要发现,可以在标题中突出显示,以吸引读者的注意。

二、作者信息(author information)

作者信息包括作者的全名、所属单位、联系方式等。通常按照贡献的大小或者字母顺序排列多名作者。其中通讯作者(corresponding author)通常是实际统筹处理投稿和承担答复审稿意见等工作的主导者,也常是稿件所涉及研究工作的负责人。

三、摘要(abstract)

科学论文的摘要需要兼顾简明、全面和结构合理,确保读者能够快速理解论文的主要内容和贡献。在摘要中,简要陈述整篇论文的背景、目的、方法、结果和结论等。摘要通常在150～250字之间,确保在有限的字数内传达所有重要信息。摘要应独立于论文正文,读者无须查阅正文即可了解论文的核心内容。有些期刊还需要提供图形摘要(graphic abstract),可以让读者更直观了解整篇论文的研究内容。

四、关键词(keywords)

关键词是指描述论文主题内容的关键词语或短语。一般使用专业术语和通用术语相结合的方式,选择与论文主题密切相关的关键词,有助于检索和分类论文。

五、引言(introduction)

现代科学研究由"观察、假说、实验和确证"四个阶段构成。引言对应于科学方法中的"观察"和"假说"阶段,需要"引"出科学问题;"引"出论点主导式写作中的论点;"引"出创新思路与逻辑[6]。在引言中,首先提出研究的问题和目的,明确研究的重点。其次对相关研究文献进行梳理和总结,阐述前人的研究成果和基础,指出研究贡献、不足和研究空白。最后概述论文的主要观点和研究方法。引言通常不要有过多细节,只介绍必要的背景知识。

六、方法(methods)

方法对应于科学方法中的"实验"阶段[6],详细描述论文使用的实验材料与仪器、研究方法、实验设计和数据采集过程,提供充分、准确的实验和数据收集细节,便于读者重复研究。

七、结果(results)

结果是对研究数据、实验结果、统计分析等进行清晰、详细的陈述,是展示研究发现的关键,需要做到清晰、准确、简洁,并且与研究问题和假设紧密相关。可以将结果部分按研究问题或假设进行组织,确保结果的逻辑性和连贯性。使用图表、数据、统计分析等形式进行结果展示,可以使复杂的信息更易于理解。但要确保图表清晰,并在正文中解释图表的关键点。

结果部分应简明扼要,避免不必要的解释和讨论,应尽量客观,避免主观解释和推断,这些内容应放在讨论部分。

八、讨论(discussion)

讨论部分对结果进行解释、分析和比较。在讨论部分的开头,简要叙述研究的主要发现,确保读者能迅速了解论文的主要结果。之后可详细解释研究结果,讨论其意义和潜在的机制,将结果与既有文献和理论联系起来,指出相似之处和不同之处,解释论文的发现如何支持或挑战现有知识。在讨论中,坦诚地讨论研究的局限性和潜在的偏差，解释这些局限性如何可能影响论文的结果和结论，增强研究的可信度和透明度。最后，提出未来研究的方向和建议，讨论哪些问题尚未解决，哪些方面可以进一步研究。

有时候结果和讨论之间没有明显的界限，可以放在一起撰写，它们共同对应于科学方法中的"确证"阶段[6]。

九、结论（conclusion）

结论部分是对研究的总结和升华，它应当简洁有力地重申研究的核心发现和结果，确保读者能够快速回顾研究的关键点；说明研究的理论或实际意义，强调其对学术领域或实际应用的贡献；讨论未来研究可以探索的方向和问题，指出当前研究的局限性并提供改进建议；最后给出一个简洁有力的结论，突出研究的整体价值和重要性。

十、致谢（acknowledgments）

对在写作过程中提供帮助和支持的个人、组织或机构表示感谢，包括资金、设备、技术支持等方面。避免过度致谢，保持简洁和实用。

十一、参考文献（references）

引用和列举本论文中所参考的文献资料、数据来源。要根据期刊或出版社要求，使用规范的引文格式，按顺序列举参考文献。

第三节 探究型科学论文的批判性写作

2024年，国家自然科学基金委面上项目试点开展基于两类研究属性的分类评审工作，即在"自由探索类基础研究"和"目标导向类基础研究"中选择一类研究属性。其中，"自由探索类基础研究"是指选题源于科研人员的好奇心或创新性学术灵感，且不以满足现阶段应用需求为目的的原创性、前沿性基础研究；"目标导向类基础研究"是指以经济社会发展需要或国家需求为牵引的基础研究[7]。我们可以据此粗略地将科学论文分为探究型和应用型两类。本章第三节和第四节将分别讨论批判性思维在这两类科学论文写作中发挥的重要作用。

一、探究型科学论文的结构

在探究型科学论文中，研究者通过实验发现了新现象或性质等，从而对其进行报道。根据本章第二节介绍的组织结构,可以安排不同的具体写作内容。

在引言中,可具体介绍:①本论文报道的现象/性质是什么;②该现象/性质为什么在所属领域很(较)重要。

在结果和讨论中,可具体讨论:①论文如何用实验数据推导、证明发现了这些现象/性质;②对现象/性质背后机理的合理推测(和证明)。

在方法和结论中,可主要介绍实验使用的手段以及结论。

二、利用批判性思维的因果论证指导探究型科学论文的写作

一篇好的探究型科学论文,不仅需要告诉读者研究者发现了什么,更重要的是对发现的现象、性质等背后的机理进行讨论和验证,即完成从现象/性质观察到科学假说的归纳,通过机理讨论进一步启发读者对新现象/性质进行深入探讨和潜在应用开发。其中,最为关键的是对机理进行因果论证,这需要利用批判性思维的思想和工具。

在批判性思维中,从原因 A 到结果 B 的因果论证要满足四个要求[8]。①对提出的假说要有实验证实。对因果链条上的关键环节,要有证据或者理由说明。②排除其他可能的替代性假说。通过实验验证排除其他可能的干扰因素。③描述从 A 到 B 的机制。描述要具体、详细、直接,不能断裂、不能空洞、不要牵强附会。④考虑假说存在的反例、问题、局限性等。通过考虑反驳进行讨论,对假说的适用范围进行合理的限定。因此,可以围绕以上因果论证的四个方面"实验、排除、机制、反驳"进行探究型科学论文的写作。

三、探究型科学论文的写作示例

笔者曾以第一作者身份在《核酸研究》上发表过一篇探究型科学论文[9],作为写作示例,仅供一观。《核酸研究》是开放获取期刊,感兴趣的读者可以从此链接下载查看原文:https://academic.oup.com/nar/article/46/6/3119/4911552。这篇论文报道了两个新性质,其中一个是 lambda 核酸外切酶(λ exo)对 5′非磷酸末端底物的水解偏好性,即 5′疏水末端修饰和两碱基突出结构的双链 DNA (dsDNA)可以被 λ exo 水解。下面主要对这个新性质的写作展开讨论。

在引言中,主要介绍领域的发展背景。本论文关注的是 λ exo 的新性质,因此,在引言的第一段介绍了 λ exo 的基本信息和应用场景,突出 λ exo 的重要性;第二段介绍了 λ exo 的工作机理,即其作用底物是 DNA 双链(dsDNA),可以水解其中具有 5′磷酸末端的 DNA 单链,而对 5′非磷酸末端的 dsDNA 水解速率很慢。之后提出我们发现的新性质,从而突出其与众不同之处。

在结果中,围绕因果论证的四个方面展开。新性质可以通过归纳法发现,因此在论文的 Figure 1 中对比了不同结构的 dsDNA 底物,归纳总结出相较于其他

结构的 dsDNA 底物,具有两碱基突出结构的 dsDNA 底物可以更快速地被 λ exo 水解。论文的 Figure 2、Figure 3 及 Table 1 进一步验证了 λ exo 水解具有 5′疏水末端修饰和两碱基突出结构的 dsDNA 与水解传统的 5′磷酸 dsDNA 底物的速率几乎相同。利用荧光分析和凝胶电泳分析的实验结果证实了提出的新性质,同时排除了序列、修饰基团等其他因素的影响。

在讨论中,基于之前对 λ exo 单分子动力学和晶体学的研究,提出了这一新性质背后可能的机制,即传统 dsDNA 底物中的 5′磷酸与 λ exo 中的氨基酸残基(如赖氨酸残基 R28)形成的正电口袋产生静电作用,主要负责帮助 λ exo 将 dsDNA 底物末端的前两个碱基解旋并定位到活性中心被水解。水解产生新的 5′磷酸基团可以通过静电作用引导 λ exo 持续水解 DNA 链。考察 λ exo 的晶体结构,发现在其正电口袋附近还存在疏水作用区。因此,猜测用疏水基团替代磷酸基团时,疏水基团也可以引导已经被解旋的 dsDNA 底物定位到活性中心,底物被水解后产生新的磷酸基团,即可持续反应。但疏水基团不能发挥辅助解旋的作用,因此 5′疏水修饰的 dsDNA 底物具有两碱基突出结构时才能被 λ exo 快速水解。

为了验证上面提出的机制(假说),论文设计了 Figure 4 中的实验(见图 6-1)。

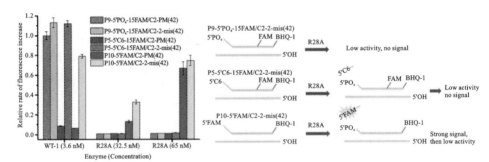

图 6-1 论文中对于机制验证的实验设计和结果

将 λ exo 中正电口袋的关键赖氨酸残基 R28 突变为丙氨酸得到 λ exo 突变体 R28A。由于正电口袋被破坏,λ exo R28A 无法水解 5′磷酸 dsDNA 底物。如果本文提出的疏水作用区存在,λ exo R28A 中的疏水作用区应该辅助 5′疏水基团修饰的两碱基突出结构 dsDNA 底物定位到 λ exo 的活性中心,并使得第一个碱基被水解。水解后产生的 5′磷酸底物依旧无法与 λ exo R28A 相互作用,因此 λ exo R28A 不能持续水解 dsDNA。Figure 4 的实验设计了 5′磷酸底物、5′疏水基团(C6)底物和 5′疏水基团(FAM)底物。根据上述机制做出预言:前两个底物不能产生荧光信号(因荧光基团 FAM 修饰在 DNA 链中部),而第三个底物可以产生荧光信号(因 FAM 在 DNA 链末端,而 λ exo R28A 可以水解第一个碱基)。Figure 4 的实验结果与预言是一致的。因此通过上述实验,本文不仅提出了可能的机制解释,还对机制进行了进一步的实验验证,使提出的新性质更加可信。

本文对于因果论证的第四个模块"反驳"没有专门进行讨论。一方面,对于机制的实验验证使得其他替代性假说的可能性变小。另一方面,本文的局限性也较为明显,即虽然提出了存在疏水口袋,但具体包含哪些氨基酸残基、怎么与疏水基团相互作用还不清楚,可能需要后续晶体学实验来确证。不过,如果补充了反驳模块可以使本文的论证更加完整。

根据上述内容,我们可以利用因果论证的四个模块对论文的结构进行总结,如图 6-2 所示。

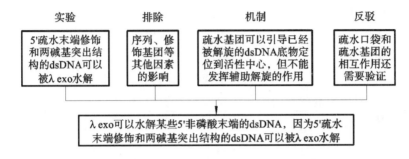

图 6-2　从因果论证的四个模块分析论文的结构

第四节　应用型科学论文的批判性写作

一、应用型科学论文的结构

在应用型科学论文中,研究者通过实验和方法设计解决某个科学问题或技术问题。根据本章第二节介绍的组织结构,可以安排不同的具体写作内容。

在引言中,可具体介绍:本论文拟解决的科学问题是什么;该科学问题为什么在所属领域很重要;为什么难以解决。

在结果和讨论中,可具体讨论论文如何用实验数据推导、证明"该科学问题得到了解决"。

在方法和结论中,可主要介绍实验使用的手段以及结论。

二、利用批判性思维路线图指导应用型科学论文的写作

一篇好的应用型科学论文,一定解决了某个重要的科学问题或技术问题,此问题的解决可以满足具体的应用需求。在应用型科学论文中,首要任务是提出问题,阐述问题是什么、为什么重要、为什么难以解决。之后提出解决的方案,并

论证论文确实解决了最初提出的问题。因此,一篇应用型论文的写作就如同进行一个完整的论证。想要得到好的论证,也需要利用批判性思维的思想和工具。

批判性思维路线图在第一章中已有介绍,主要包括八大步骤或任务[10]。在应用型科学论文写作中,首先要明确论文解决的问题到底是什么,即对应思维路线图中的"理解主题问题"。问题写得过大,但实际上并没有解决,就有吹嘘之嫌,且容易被读者或审稿人质疑;问题写得过小,但实际上的实验论证不止于此,则会损失应有的关注,使得科学研究成果不能更好惠及大众。研究者在研究初始一般会提出对要解决的问题的初步想法,但研究结果可能不会向预想的方向发展,或者在研究中发现了更多有意思的内容,这时需要根据最后得到的实验结果来判断整个研究到底真正解决了什么问题,从而挖掘研究最合适的价值。当然,在科学论文写作中,对解决的问题的包装或夸大时有发生,作为读者的我们也可以利用批判性思维对其进行评估,从而甄别论文解决的问题到底是什么。

明确了解决的问题,就需要讨论这个问题为什么重要。一个问题的存在,很可能限制了某个或某些领域的发展,使得应用需求无法被满足,这样可以突出论文的研究意义。之后可以讨论为什么这个问题难以解决,或者之前的研究提出了什么解决的方案,还存在怎样的不足,即对应思维路线图中的"考虑多样替代"。这些讨论一方面可以将论文解决的问题进一步限定在合适的范围,另一方面也为后文提出解决问题的思路做铺垫。

上述内容一般安排在引言的前几段。在引言的最后,可以提出该论文的解决方案。后文所有的实验内容,都是在论证这个方案确实解决了提出的问题。因此,在写作前应该规划好具体的论文结构是怎样的,即对应思维路线图中的"分析论证结构"。如果不围绕问题的解决组织写作,容易东一榔头,西一棒槌,让读者抓不住重点。在论证的过程中,还需要对概念进行适当定义(对应思维路线图中的"澄清观念意义"),思考有哪些隐含的条件需要论证(对应"挖掘隐含假设"),保证实验结果的可靠性(对应"审查理由质量"),让实验结果能够充分有效地支持解决提出的问题(对应"评价推理关系")。最后,在讨论或者结论中,和已有方法进行对比,判断论文提出的方法真正(甚至更好地)解决了提出的问题(对应"综合组织判断")。

三、应用型科学论文的写作示例

笔者曾作为通讯作者在《核酸研究》上发表过一篇应用型科学论文[11],作为写作示例,仅供一观。《核酸研究》是开放获取期刊,感兴趣的读者可以从此链接下载查看原文：https://academic.oup.com/nar/article/50/15/8431/6651866。这篇论文主要解决了 DNA 电路中编码器（encoder）构建困难的问题。

在引言中，前两段主要介绍了 DNA 电路和编码器的重要作用。编码器能够将生物环境中的信号（如 DNA 链、RNA 链或蛋白质）转换为 DNA 电路能够进行逻辑操作的二进制代码，是链接生物信号与 DNA 电路的桥梁。然而，现有的 DNA 编码器以荧光或者化学发光信号为输出，而不是以 DNA 链为输出，使得编码器无法与 DNA 电路衔接，限制了编码器和 DNA 电路的应用。这便是在讨论本文提出的科学问题，以及该问题为什么重要。

之后讨论为什么这个科学问题难以解决。编码器的构建需要有可以响应 n 个输入，并产生 n 个输出的反应平台。这样的 n-n 反应平台（这两个 n 可以不相等）可以由 SSG 或 EXPAR 等方式构建。然而 SSG 和 EXPAR 体系中都存在大量的具有 $3'$-OH 末端的单链 DNA，很容易产生信号串扰和泄露，从而使编码器不能正常工作。因此，我们提出了 TJDH 平台，将 SSG 和 EXPAR 中大量的 DNA 链整合成一个 DNA 链，从而解决信号串扰和泄露的问题。TJDH 平台除了可以构建编码器外，还可以用于构建解复用器（demultiplexer）和多重或门（multi-input OR gate）。

在结果与讨论中，详细论证了 TJDH 平台可以解决提出的科学问题。Figure 1 介绍了 n-n TJDH 平台的工作机理。Figure 2 对比了 1-2 TJDH、1-2 SSG 和 1-2 EXPAR 的表现，可以看出 SSG 和 EXPAR 明显受到信号串扰和泄露的影响，表现不佳；同时 TJDH 还可以应对输入信号衰减的问题。Figure 3 和 4 利用 TJDH 构建了解复用器和多重或门。Figure 5（见图 6-3）利用 1 个 1-2 TJDH 和 2 个 1-1 TJDH 构建了 4-2 编码器。这样构建出的编码器可以实现 DNA 链的输出，可以与下游的 DNA 电路反应，从而解决了最初提出的科学问题。

在组织整个论证的过程中，除了要证明能够实现编码器的构建（图 6-3 中 A～D），还需要对应最初提出的科学问题中的应用部分，即编码器以 DNA 链为输出并与 DNA 电路衔接，因此图 6-3 中 E～I 的数据也是必不可少的。这样科学问题的解决是因为我们解决了信号串扰和泄露的问题，这也是 TJDH 平台构建的基础和源头。与 SSG 和 EXPAR 的对比既考察了替代方案确实不行，又从侧面印证了为什么科学问题难以解决。对于解复用器和多重或门的讨论虽然和编码器的问题没有直接关联，但体现了 TJDH 平台低串扰、低泄露的优点，也是对解决方案优势的进一步突出。

除了上述提到的正文中的图外，论文还在补充材料中展示了 15 个图和 5 个讨论，它们都是为展示论证过程的可靠性而服务的。

根据上述内容，我们可以对照批判性思维路线图对论文的结构进行总结，如图 6-4 所示。

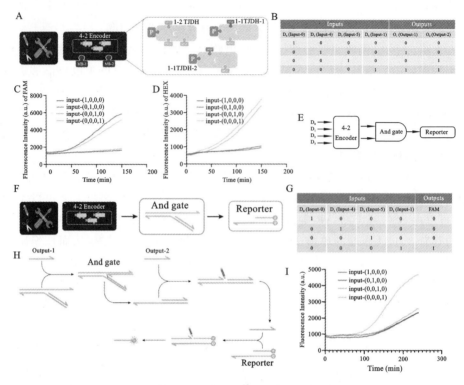

图 6-3 论文中解决提出的科学问题的关键数据

A:4-2 编码器的设计。B:4-2 编码器的真值表。C:不同输入对应的 4-2 编码器 FAM 通道荧光结果。D:不同输入对应的 4-2 编码器 HEX 通道荧光结果。其余为 4-2 编码器与 AND 门构成的三层逻辑电路示意图 E、设计单元 F、真值表 G、反应路径 H 和荧光实验结果 I。

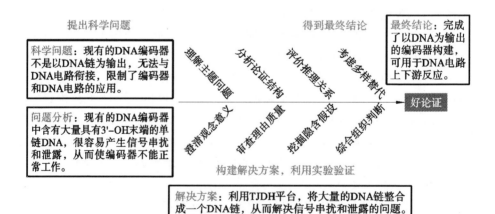

图 6-4 利用批判性思维路线图总结论文的结构

通过本章的讨论，希望读者能够初步了解科学论文写作的结构，并利用批判性思维指导探究型和应用型论文的写作。具体的写作过程，还需要与读者本身的研究内容紧密结合，参考领域内优秀论文的写作方式，结合批判性思维，写出更好的科学论文。

思 考 题

1. 为什么科学论文的写作需要批判性思维指导？
2. 批判性阅读和批判性写作的关系是什么？
3. 如何看待论文写作中的包装或夸大？

参 考 文 献

[1] 王元杰,齐秀丽,王应宽.国内外期刊开放获取出版现状与启示[J].中国科技期刊研究,2020,31(7):828-835.

[2] http://www.jove.com/.

[3] 刘春丽,何钦成.开放同行评审的产生、发展、成效与可行性[J].中国科技期刊研究,2013,24(1):40-44.

[4] https://www.elsevier.com/about/policies-and-standards/publishing-ethics#Authors.

[5] 姚志昌,邓群,李成俊,等.科学论文价值评价的思考[J].中国科技期刊研究,2005,16(6):795-797.

[6] 张仁铎.科学研究的维度：批判性思维的构建与应用[M].北京:科学出版社,2023.

[7] https://www.nsfc.gov.cn/publish/portal0/tab1506/.

[8] (加)董毓.批判性思维十讲——从探究实证到开放创造[M].上海:上海教育出版社,2019.

[9] Tongbo Wu, Yufei Yang, Wei Chen, et al. Noncanonical substrate preference of lambda exonuclease for 5′-nonphosphate-ended dsDNA and a mismatch-induced acceleration effect on the enzymatic reaction [J]. Nucleic Acids Research,2018,46(6):3119-3129.

[10] (加)董毓.批判性思维原理和方法——走向新的认知和实践[M].2

版.北京:高等教育出版社,2017.

[11] Tianci Xie,Yuhan Deng,Jiarui Zhang,et al. DNA circuits compatible encoder and demultiplexer based on a single biomolecular platform with DNA strands as outputs[J]. Nucleic Acids Research,2022,50(15):8431-8440.

实践篇

  本书第三部分将回应几个"什么"(what)问题：什么是真正的科技人才？什么是无尽的科技前沿？什么是基本的创新能力？什么是新颖的研究思路？什么是合理的研究范式？结合案例回应这些问题，就是为了演示什么是批判性思维的应用，什么是批判性思维的价值。显然，应用批判性思维就是最好的实践，这也是我们笃行不息的研究性学习。

第七章　冷核聚变电池：科学思想还是"民科"幻想？——依据批判性思维路线图进行的判断[①]

吴妍（四川外国语大学）　董毓（华中科技大学）

如何依据批判性思维路线图对真实生活中的案例进行分析？以下对网络流传甚广的"冷核聚变电池"案例进行基于批判性思维路线图的探究实证，系统地展示如何以批判性思维的原则和方法来辨别科学思想和"民科"[②]幻想，以及判断科学研究设想的科学性、可行性。

第一节　"失意博士"刘本良的美国"逆袭"

2022年8月，一则网络消息突然引起广泛关注。消息中播放了2018年录制的一个电视求职节目的视频，求职者叫刘本良，拥有香港中文大学博士学位。他在节目中称自己在无数次挫败后得出了一条新的物理定律，它将像麦克斯韦方程一样影响世界，未来一块五号电池，一次充电足以驱动一个家庭数十年之久；不过现在他因养家的负担，寻求一份月薪5000元的工作，以便使自己继续投身这项改变人类的伟大事业。然而，节目中的嘉宾，有的质疑他的学历身份，有的问他记不记得香港的路名，最后没有一个给他提供工作机会。然而，该消息指出，刘本良目前在美国纽约冷核聚变研究所继续做研究。还有人说他年薪1.2亿美元，而且已研制出一种"冷核聚变电池"，充一次电能用2.8万年。

看起来，这是一个胸有大志身怀绝技的科学天才怀才不遇，被迫出走海外终获伟大成功的故事。天价年薪和神奇的电池让人们惊叹不已，消息像野火一样蔓延网络，评论区发出了几乎一边倒的叹息声音。

[①] 感谢孟皓、何耀华、陈山泉对本文写作的贡献。
[②] "民科"指那些从事缺乏科学的精神、方法和手段的业余"研究"，并自称得到重大科学发现和突破的"民间科学家"。注意，他们并不一定是没有受过正规教育或缺乏科研经历的人。

当然,我们历来主张,面对风潮时,有批判性思维素养的思考者应该提醒自己保持警醒和谨慎,至少要问一句:这是真的吗?做一下探究,查一查有无确证再判断。而本案例情况正是如此,上网一搜便知道所谓的"纽约冷核聚变研究所"根本不存在,破绽就显示出来了。

很快,刘本良在接受访问时澄清,他并没有任何出国经历,现在无业在家,独自继续做他的研究。[1]可见,这又是一个只要稍一等待和探究,谣言就会破产的老故事。

不过,分析这个故事,比戳穿一个拙劣的谣言,有更深刻的意义。显然,不管有没有在美国逆袭成功,人们对刘本良已有肯定,认为外行不该压制内行,科学人才不该受到不公正对待。这是该故事被广泛接受和传播的原因。所以,虽然事后证实逆袭部分是假的,这样的判断和不满依然存在。单单辟谣,并没有解决根本原因。一些媒体对刘本良说的惊天动地的宏大科学愿景持同情、支持态度,并提出要给这样的"科研难民"提供一种"救济体系"[1],响应的呼声不少,理由是保护宝贵的梦想和创造力,为科技界的"卡脖子"局面做出突出贡献。

第二节 理解和分析问题

理解和分析问题需要对整个事件的真正问题和症结做出诊断和解决。按照批判性思维,也就是图 7-1 所示的批判性思维路线图(或思维图)的过程,明确问题,分析论证,评估概念、理由、推理、隐含假设、替代论证等,最后进行综合判断。[2]

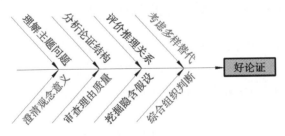

图 7-1 批判性思维路线图

下面,我们就来进行这样的探究、分析、评估和综合判断。按照思维路线图,第一步是"理解主题问题",这是指明确所涉及的论题和问题,确定需要研究的真正问题,而路线图后面的所有步骤都在这个问题确定和分析的指导下展开。

一、确定核心问题,评估问题价值

从现象和反响可知,这个事件包含若干问题。①刘本良在美国逆袭的故事是否属实的问题。②刘本良是否为(杰出)科技人才。③人才是否受难的问题。

那么,这里的关键问题到底是什么?批判性思维首先是看哪一个起到了决定全局的作用。如上所述,是否是人才受难,既是整个事件的起因,也影响到后来人们对逆袭故事的判断。

按照批判性思维的标准,"人才是否受难"是一个更好的问题。判断标准包括:好问题不是只需简单回答的事实性问题,它需要被研究才能知道答案,它值得去研究(答案有助于认识或行动),它可以被研究(问题清晰、具体,可以有不同观点供合理讨论,并且能在自己具备的时间、能力、资源范围内完成)[2]。

按这些判定标准,对逆袭故事的判断只需要去核查事实,所以是一个相对简单的问题。而判断"人才是否受难"包含因素较多,更为复杂。其中,刘本良求职是否算受难,那些嘉宾的表现是否正常,这都是可以讨论的部分,但更为根本的部分是,我们是否真的错过了一个科技天才?那么它的前提性问题是,刘本良真的是杰出科技人才吗?这才是关键问题,也更值得研究。那些提倡给予他资助的声音,目的也是保护人才。如果能够判断刘本良是不是杰出科技人才,就能更好地决定是否应给予他资助。在更高层次上说,如果既能大力鼓励科研创新,又能避免十分普遍的"民科"甚至伪科学现象的干扰,对科技发展的意义不言而喻。

而且,这也是一个能够研究的问题。虽然不是每个人都懂刘本良所说的专业,但批判性思维的方法可以帮助我们对问题进行理性的分析、评估和判断。下面将进行这样的工作。

二、分析核心问题,找到关键的子问题

确定问题后,批判性思维要求对问题进行分析,了解问题的构成(要素、性质等),从而得到更具体的子问题,找到清晰的探究方向。判断杰出科技人才的问题是一个构成复杂的问题,将其分解成具体的子问题,正是批判性探究和解决问题的需要。

批判性思维问题分析法提出从"问题对象"和"对问题的认知"两个方面来分析问题[2]。在此,这主要指科技人才的构成和对"杰出科技人才"的认知两个方面。限于篇幅,这里仅考察科技人才的构成方面。科技人才是在社会科学技术劳动中,以自己较高的创造力、科学的探索精神,为科学技术发展和人类进步做出较大贡献的人。所以,"他是否为杰出科技人才"的问题,又可以分为"什么是他的思想和论证"以及"什么是他的相关资格与背景"这两个构成性的关键子问题。

这两个子问题,针对其要素、性质等,各自还可进一步分解出子问题。比如对思想和论证:它的关键概念清楚具体吗?它的证据可靠吗?它的推理合理吗?有

什么争议吗？等等。如图 7-1 所示，这些正对应着路线图上的后续步骤。下面就对关键子问题进行探究实证。

第三节　探究：主动搜寻各方相关信息

问题分析为我们指示了后续的探究方向——主动去搜集真实、全面的信息是首要任务。因为涉及学术研究领域，除了一般性的网络搜索平台，还应结合知网数据库来寻求有效证据。这里以搜索相关的一手资料为原则，并以媒体对刘本良的采访性报道为佐证，把研究对象本人的科研成果作为直接的判定依据。我们总共找到三项直接相关的信息：一篇刘本良署名的学术论文，一则公布在杭州电子科技大学网站的由刘本良主讲的学术报告，一份由刘本良本人发布在其知乎个人主页中的报告文章。

刘本良署名发表于 2008 年的学术论文，题名为《Ti 及 Ti 合金中氢泡形貌的透射电镜研究》[3]，它没有显示出与他后来从事的"冷核聚变"和"真空正负能量分离"研究有什么直接关联。

杭州电子科技大学网站的由刘本良主讲的学术报告为 2018 年所作，学术报告的题目是"过去几年对理想形式的能源的探索历程"。讲座海报介绍，刘本良的专业方向为材料学，研究领域为"冷核聚变"和"实用级别的真空正负能量分离的技术"[4]。网站关于这场报告的信息不多，但结合其他信息提供的线索说明，刘本良的本硕博阶段均为材料学专业，后来"突然得到灵感"，转向能源领域。那么，他改变研究方向后，对所谓"冷核聚变"或"正负能量分离"这样的高端研究，有过相关的学术背景、研究团队、科研平台、经费支持的经历吗？介绍中没有披露这样的信息。

接下来，探究一下他提到的研究领域。检索"冷核聚变"的相关研究显示，冷核聚变是在相对低温（甚至常温）下进行的核聚变反应，但这种情况是针对自然界已知存在的热核聚变（恒星内部热核反应）而提出的一种概念性"假设"[5]，这一假说在三十年前就已被确定为边缘理论，被国际学界打入"冷宫"。Google 公司 2015 年耗资千万元招募全球多所大学研究人员联合实验，最后判定冷核融合证据不足[6]，相关成果发表在 2019 年的《自然》科学杂志上，结论是"至今还是没能证明冷核聚变真实存在"[7]，称"冷核聚变事件经常被当作科学拥有自我纠正能力的教科书案例"[8]。

后来刘本良在采访中也承认，冷核聚变其实在几年前就已经研究不下去了，现在他转到了"真空正负能量分离"领域，如他在节目中声称的，它能使一块 5 号电池供应一个家庭数十年的用电量[9]。但诸如"负能量""正负能量""正负能量分离"等概念,我们无论是通过学术期刊数据库还是其他互联网平台,基本无法检索出什么信息。另外,从这个采访中他的叙述显示,他的研究方法一直都是一个人独自思考。

我们查到刘本良在个人知乎主页公布的唯一一篇具体展示其"真空正负能量分离"研究思路的文章,名为《真空正负能量分离装置是70年前的晶体管吗?》[10]。他多次发布这篇文章,显然这是他的力作和代表作。尽管其中包含专业术语和技术细节,但我们依然可以对它进行批判性思维的分析和评估,看看它的论证,在概念、证据、推理、假设、替代等方面是否达到合理性的标准。

第四节 关于"真空正负能量分离"的论证分析

依据批判性思维路线图,应先分析这份文献中的论证,即找出它包含的根据和推理。

文章开始解释什么是正负能量分离装置:"一种能够输出能量或者能够输入能量的装置。这跟电池相似,既可以放电也可以充电。电池存储能量的地方在电解液和电极,而正负能量分离装置,存储能量的部分在空间。"但空间怎么能存储能量?因为"量子场论认为空间不空,充满了量子涨落",它是宇宙起源之初的能量来源,所以我们现在所有能量来自大爆炸之初的量子涨落。"空间绝非空无一物,更可能是一个我们没有充分认识的复杂世界。认为空间绝对不能用来存储能量和释放能量是没有足够充分的理由的。"

然后文章解释什么是负能量:"负能量跟正能量相对,是一个统称的概念。"作者承认负能量只是一个根据物质行为的推测,既无法产生它,对其性质、传播等也都无法回答。但作者说,也许和电磁学定律的发现一样,先有实验再产生理论。如果大规模正负能量分离装置实现了,就构成认识和利用负能量的前提。作者又提到,"负能量是指能量的缺失。正能量的粒子和负能量的粒子湮灭,能量就会变为0。似乎人们还没有发现负能量的粒子,现在一般认为负能量的粒子不能孤立存在。"

解释了概念后,文章开始论证这个肩负重担的"正负能量分离装置"是可行的。作者提供了三方面理由。第一是回应可能反对这样装置的观点。首先是关于违反能量守恒的问题,他说"实际上正能量和负能量的概念,并不违背能量守恒定理,当一个装置输出正能量,同时将负能量排出去,整体上能量仍然是守恒的"。其次是关于跟热力学第二定律相矛盾的问题,文章回答说,"热力学第二定律是随着认识不断深化的,并没有绝对的可能说正负能量分离装置是不可能实现的。"如果"实现了正负能量分离装置,对热力学第二定律的认识就能更加深入","也许就能发现"这个装置"也不会违背一般的熵增原理"。"我们对负能量的传播方式也不清楚。因此,不能用一般的知识去推论,真空正负能量(分离)装置是不可能实现的。"他总结说,"各种阻碍正负能量分离装置实现的认知力量,归根到底是因为当前我们对空间的理解还十分有限。""多数物理学概念都是建立在假设的基础上",它们代表我们认识了解有限,不能成为"否定真空正负能量分离装置存在的论据"。

他提供的第二大理由是关于该装置的物质条件已经具备。这里又是运用类比:发现电磁感应定律之前,人们早就掌握了制造导体的技术,早就发现磁铁。"所以一个新的实验手段可能并不需要非常尖端的材料基础,其瓶颈主要在认知。今天我们拥有了各种材料和材料知识,实现正负能量分离装置的物质条件大概率是具备的。"

他的第三大理由是关键,他说正负能量分离装置已经有坚实的逻辑起点和指导理论。逻辑起点就是"微观粒子的量子行为是违反宏观物体运动规律的,有一种特别的控制力量隐含在量子行为背后"。而指导理论是电磁波学中的 k 干涉理论。他说,"k 干涉是说同样频率的电磁波,在同一区域具有不同的波矢 k。发生 k 干涉的结果,就是一个装置输入端能量和输出端的能量未必是相同的。很容易理解,导线的一端输出能量另一端输入能量,如果导线中间具有能量吸收或消耗能力,那么输出端的能量就不等于输入端。"

然后,文章将 k 干涉和"正负能量分离装置"联系起来:因为 k 干涉就是输出能量与输入能量不同的干涉,因此"实现正负能量分离装置,实际就是要实现一种 k 干涉"。就是说:如果实现了 k 干涉,就实现了正负能量分离,就能产生和输入不相等的能量。

文章接着陈述,实现 k 干涉必须是所用的材料要能发生变化,"简单说来就是一段铜线如果中间没有接入任何其他能量发生装置,是不可能独自产生净能量输出的"。也就是说,k 干涉的发生"需要系统的性质发生变化",这样输入端和输出端的能量才能不相等。

在论述了这三大理由后,他进而断言:已经"找到多条可能实现正负能量分离装置的路径"——主要有磁场路径、电场路径、运动式、固态式——因为这些应用常见的磁性材料和介电材料的路径"均实现了 k 干涉,均有量子行为参与系统性质的变化,可以看到空间中某种力量对量子运动的推动转换为能量输出来。多种正负能量分离装置实现路径的发现,进一步印证了装置的可行性"。

由此,论证达到最后结论:正负能量分离装置是有科学理论支撑、有依据的,不能被轻易否定,一旦实现,将会为人们的生产生活方式带来革命性的变化,如无穷无尽的能源、改变时空、"超光速"通信、"超光速"飞行、产生人工力场、实现科幻电影中的场景等。

第五节 论证评估

辨别了这个科学设想的关键论证,接着就是对论证进行评估、判断:它是否进行了一个好的论证使得结论可接受?按照批判性思维路线图,论证评估要从以下几个方面来进行。

一、考察关键概念:具体、清晰、一致吗?

因为"负能量""正负能量""正负能量分离"等概念缺乏相关信息,我们只好根据文章来考察这些关键概念是否清楚、具体、一致。

比如负能量的概念,文章承认,对于它基本没有清楚、具体的认识,但寄希望于通过"正负能量分离装置"的实现来认识它。这实际上等于是要通过不知道它是什么、不知道如何分离它的装置来认识它。因此,"负能量""正负能量分离装置"两者不仅都没有具体、清晰的内涵和依据,而且互相用模糊的对方来解说自己,这是循环定义,无法回答这种"能够输出能量或者能够输入能量的装置"如何进行正负能量的分离的问题。而且,文章中既然提到"负能量是指能量的缺失",那么这和"正负能量分离"的概念难道不是矛盾的吗?

模糊、空洞甚至矛盾,是文章中各个关键概念的通病。比如,"微观粒子的量子行为是违反宏观物体运动规律的,有一种特别的控制力量隐含在量子行为背后",这里的"特别的控制力量"到底指什么?它和所谓量子能量或正负能量到底是什么关系?因为毫无具体说明,这些概念在整篇文章中一直没有摆脱神秘、虚幻的状态。

再比如文中无比关键的 k 干涉现象,如何说明是其量子能量,或者正负能量分离,这里有巨大的空白。而且,既然文章也提到,k 干涉的能量输入输出不等同在于系统(材料)发生变化,即其他能量的进入,那么这如何说明 k 干涉是实现了从量子能量那里或正负能量分离而得以输出近乎无穷的多余能量?这些概念要么模糊不清,要么牵强附会,要么自我矛盾,不能成为科学研究的对象。

二、评估证据:可检验、可靠吗?

该文章的一个很大问题,是不遵守科学论文规范,涉及的科学概念、证据、事实、信息、知识等都无法检索,没有来源出处,既无法核查,也无法进行独立检验。

比如对如此关键的"k干涉理论",没有给出任何文献可以支持的依据。文章的其他理由,不是空洞的想象,就是无根据的类比,如正负能量分离装置的条件和电磁学定律发现之前有磁铁一样。

三、审视推理:具体、细致、合理吗?

文章中的推理是另一个大问题,它充满无关、匆忙、牵强附会等谬误。概念虚幻、证据缺失和推理混乱,是流行的"民科"论证的三大典型行为。

比如,k干涉,是系统中能够动态变化的材料实现同频不同矢量的波的干涉共振导致能量变化,才形成输出输入能量不对等,文章用这个现有理论的普通常识来论证虚幻的正负能量分离装置,把它说成将量子运动的能量转化成宏观的能量输出,从而显示出突破能量守恒定律的现象。这是歪曲科学认识和牵强附会的推理。

再比如,前面提到,关于能量分离装置的"物质条件大概率"已经具备的断定,又是来自和电磁感应定律发现前先有磁铁的情况类比。因为对类比的基础毫无论述,它就再一次形成无关推导,是其实不知道有什么物质条件的托词。

纵观全文,本来是要论证这个装置的可行性,但在关键之处都是采用"无法绝对排除它不可能"之类的方式。比如,以人类还未完全认识这个复杂世界为理由,推理得出空间存在存储和释放能量的可能性的结论。这是依据"无知"来证明"可能"的谬误。

四、辨识隐含假设/前提:可接受吗?

文章中很多推理存在空白,等于做出了假设,但它们却站不住脚。比如从k干涉推断这就是实现了所谓量子能量释放或者正负能量分离,再比如那些所谓实现"正负能量分离装置的路径",称"这些路径均实现了k干涉,均有量子行为参与系统性质的变化,可以看到空间中某种力量对量子运动的推动转换为能量输出来",等等断言,只有假设"实现k干涉就是实现了正负能量分离"才可能,而这个假设,如上所述,其实是基于对现有知识的歪曲。

五、权衡辩证性:认真回应了不同意见吗?

批判性思维尤其注重辩证层的考察,看看论证是否认真和公平地考察和回应了不同观点,这是论证合理性的必要、重要指标。

且不谈该文章是否考虑了所有重要反驳,仅就它提到和回应的几个可能的疑问,就不能令人信服。比如,对从能量守恒定律出发的可能疑问,文章的回复是"当一个装置输出正能量,同时将负能量排出去,整体上能量仍然是守恒的",文章一方面承认不知道负能量是怎么回事,一方面提到负能量意为能量缺乏,那么排出负能量岂不等于是排出能量缺乏,这些如何清楚、一致地说明"正负能量分离"是能量守恒?

再比如,对关于正负能量分离装置违反热力学第二定律的疑问,文章先以热力学第二定律是"随着认识不断深化"为理由,推导出"没有绝对的可能说正负能量分离装置是不可能实现的",这也是用无知来证明可能。这是拿科学定律将来发展、被突破的抽象可能性,来论证违反这个定律的幻想是正确的。它还称,如果"实现了正负能量分离装置,对热力学第二定律的认识就能更加深入","也许就能发现"这个装置"也不会违背一般的熵增原理"。这又是循环论证,用需要被证明的未知作为依据去反驳对它的质疑。

所以,文章没有合理回答这些疑问。

第六节 考察一些影响大众判断的隐含假设

评估到此已说明,这样以空洞概念、循环论证、无关类比和科幻想象构成的论证,显示作者没有相关的科学基础和可信的研究设想。但在网络舆论中,对他支持、赞赏的声音不少。细看一下可知,这是一些先入为主的观念或假设支配的结果。刘本良在求职节目上的不修边幅、不被人理解、生活窘迫的形象;他关于遭受无数次挫败后得出了"伟大的物理定律"的宣称,他口中的一些不为人知的科学术语,他要找区区 5000 元月薪的工作只是为了继续投身改变人类的伟大事业的表白,在座嘉宾的质疑和拒绝,和大众一些下意识中的先入观念/隐含假设结合起来,构成了"科学天才落难"的故事,大众的同情和支持就不足为奇了。

表 7-1 展示了部分网评所依据的观念和隐含假设,以及对此的评判。

表 7-1 部分网评的隐含假设和评判

某类支持性言论	相关的支配观念/隐含假设	对观念/隐含假设的评判
这是真科学家,一个不看市场的研究者。 一出场就知道不是一般人,果然听到他讲的研究学科和方向,感到确实很牛,虽然也没听懂	只要研究者不看市场,或者样子很木讷、说的术语深奥,那么他就是真科学家(就是人才,就应该给予科学支持等)	这些判断来自对科学家、科学等已经形成的下意识的观念和假设,但是否是真正的科学家、人才,其科学设想是否有道理,都不以他是否关注市场、不修边幅、用词深奥等表现为依据

续表

某类支持性言论	相关的支配观念/隐含假设	对观念/隐含假设的评判
一个博士找5000元月薪的工作还被外行质疑,国内科技发展没有希望	只要是博士,不管做什么,就不能只有5000元月薪,如果这样,就表明科技发展没有希望	并非每个博士都有所需能力,其专业并非都有对口的好工作,并不一定是因为科学家不受重视才会找低薪工作
这种人才,靠的不是口号,靠的是毅力! 国宝级人才!国家应该资助这种为了人类科学进步献身的人才!	只要是为了人类科学的进步献身(或者表现出对科研的纯粹兴趣,或者有毅力),就是人才,就应该资助他的科研设想	人才,以及是否资助其科研设想的标准,不仅仅是有献身科研的志向、爱好、毅力就足矣,还需要有一定的研究能力和可行的科学研究等

可见,判断偏差和盲从的主观根源,常常是有错误的先入为主的观念和假设。

第七节　综合判断和反思

综上,无论从批判性思维的哪个评估维度去看,作者关于"真空正负能量分离装置"的论证都不合格。它的核心概念空洞、模糊、虚幻、神秘,并且自我矛盾。作者没有提供具体、可核查或者可检验的证据和理由。在推理上,不仅没有展示科学研究要求的严谨的因果论证,而且存在跳跃、循环、匆忙、牵强附会的谬误。其推理依据的关键假设不仅没有依据,还涉嫌歪曲科学认知。在辩证性上,他的回应只是更加显示其论证的片面和稀薄。

因而,经过批判性思维得到的综合判断是,作者的愿景和思路没有科学性、可行性。节目中嘉宾的不认可不能反向证明他的研究可行并应予以支持。他的"发现麦克斯韦级别的新定律、魔杖般的电池、超光速进出银河系"等宣称,虽然鼓舞了大众和媒体,但在笔者看来本质上就是"民科"。

这个案例反映了科学精神和科学方法的缺失,要改善这样的现象,学习和运用批判性思维,是有效、有力的途径。我们说,批判性思维是解决复杂问题的理性方法,因为批判性思维路线图显示的流程,既是系统和具体的方法,也最大限度地保证了解决的合理性:确定问题—搜索信息—分析论证—评估论证(概念、证据、推理、假设、辩证)—综合判断。这是进行合理判断的探究实证流程,它能有效区分科学、科幻、伪科学,并能帮助评估科学设想、科研项目。

这也说明,在针对专业领域人才、项目、前景的决策性研判上,不管评判者有没有专业知识,批判性思维都是必要、重要助力,因为它也是科学精神和科学方法的强化运用。它要求以客观、公正的精神，探究全面的事实，进行充分仔细的推导，最后得到辩证综合判断。只是拥有专业知识，并不足以保证做出这样的合理判断。如果没有批判性思维，也有可能在自我中心和预设的价值导向下做出违背科学精神的错误判断。另外，多数情况下，像科技基金的项目评议人，有科学素养，但不会和每一个被审核的科学项目专业相同，那么，本文通过对刘本良博士的论文的分析显示了在这样的情况下，如何运用批判性思维来进行有充分根据的合理判断。

思 考 题

请依据批判性思维路线图，尝试对生活中的争议性事件做出探究，并比较使用批判性思维路线图前后所做出的判断。

参 考 文 献

[1] 赵广立."失意博士"刘本良:我是科研界变异分子[EB/OL]. 2022-09-09. https://news.sciencenet.cn/htmlnews/2022/9/486026.shtm.

[2] （加）董毓. 批判性思维十讲——从探究实证到开放创造[M]. 上海：上海教育出版社，2019.

[3] 刘本良，刘实，王隆保. Ti 及 Ti 合金中氦泡形貌的透射电镜研究[J]. 原子能科学技术，2008(9):799-803.

[4] 刘本良博士学术报告[EB/OL]. 2018-06-28. https://icam.hdu.edu.cn/2018/0628/c2058a78315/page.htm.

[5] 冷核聚变[EB/OL]. 2022-09-09. https://baike.baidu.com/item/%E5%86%B7%E6%A0%B8%E8%81%9A%E5%8F%98/6913579?fr=aladdn.

[6] Google 宣布"冷核聚变"的神话破灭，冷核融合或许真是一场梦！[EB/OL]. 2019-06-02. https://www.sohu.com/a/318099226_100082182.

[7] Curtis P. Berlinguette, Yet-Ming Chiang, Jeremy N. Munday, et al. Revisiting the cold case of cold fusion[J]. Nature, 2019, 570(7759): 45-51.

[8] Philip Ball. Lessons from cold fusion, 30 years on[J]. Nature, 2019, 569(7758):601.

［9］ 刘本良博士辟谣高薪就职美国公司：去年又离职，一直安静搞研究[EB/OL].2022-8-30.https：//www.sohu.com/a/581103338_121218495.

［10］ 刘本良.真空正负能量分离装置是70年前的晶体管吗？[EB/OL].知乎.2019-03-20.https：//zhuanlan.zhihu.com/p/373968048.

第八章 批判性思维与脑科学

陈尚宾(华中科技大学)

本章分析批判性思维与脑科学的同一性以及两者之间的协同性[1]①,以实例介绍和思辨分析强调要理性看待脑科学。关注脑科学,正是我们探索"什么是无尽的科技前沿"的最好范例。

第一节 批判性思维与脑科学的同一性

恩格斯所言,"思维着的精神是地球上最美的花朵",深刻揭示了思维的重要性和存在的价值。思维,是人脑对客观事物的概括和间接反映,也指人脑进行逻辑推导的属性、能力和过程。当我们审视批判性思维和脑科学这两个概念,不难发现两者在思维这个概念本体上直接重合,都涉及人类的认知和实践过程。批判性思维既蕴含理性、开放的精神,又包含认知、决策的技能。[2]

脑科学(brain science),狭义地讲就是神经科学(neuroscience),研究神经系统内分子水平、细胞水平、细胞间的变化过程以及这些过程在中枢功能控制系统内的整合作用;广义地讲是研究脑的结构和功能的科学,包括认知神经科学等。脑是人类和其他高等动物最重要、最复杂的器官,脑功能涵盖感觉、运动、学习、记忆、思维、情感等。诸多脑的奥秘有待探索,认识脑、保护脑、创造脑对人类有着重大意义。当今世界,揭示人脑奥秘已成为最具挑战性的研究热点,已是全球最具战略意义的科研主题。

神经科学的研究主题有很多,其中一些主要的主题包括:

(1)神经元和神经网络。研究神经元和神经网络的结构、功能和发育,以及它们如何参与感知、认知和行为。这方面的研究已经取得了很大的进展,例如对

---

① 本章部分内容曾以《批判性思维与脑科学的协同认知和实践》为题发表于《批判性思维与创新教育通讯》,见参考文献[1]。

神经元的电生理特性的深入研究,以及对神经网络如何编码和处理信息的深入理解。

（2）神经递质和神经调质。研究神经递质和神经调质如何影响神经元和神经网络的活动,以及它们在神经系统中的作用。这方面的研究已经揭示了许多重要的神经递质和调质的作用机制,并且对治疗精神疾病和神经系统疾病提供了新的药物靶点。

（3）神经发育和再生。研究神经系统的发育过程以及神经元如何在受损后再生。这方面的研究已经揭示了神经系统发育的许多关键过程,并且为治疗神经系统损伤提供了新的思路。

（4）神经可塑性。研究大脑如何适应环境变化和学习过程,以及神经元和神经网络如何改变其连接和活动模式。这方面的研究已经揭示了神经可塑性的许多机制,并且对理解学习、记忆和认知过程提供了深入的见解。

（5）神经精神疾病。研究神经精神疾病（如阿尔茨海默病、帕金森病、抑郁症等）的病因、病理机制和治疗方法。这方面的研究已经取得了一些重要的进展,例如对阿尔茨海默病的病理机制的深入理解,以及对帕金森病的有效治疗方法的开发。

（6）神经免疫。研究神经系统与免疫系统之间的相互作用,以及免疫系统如何影响神经系统的功能和疾病。这方面的研究已经揭示了免疫系统在神经系统疾病中的作用,并且对开发新的治疗方法提供了新的思路。

（7）神经工程。研究如何利用工程技术和材料来修复或替代受损的神经系统。这方面的研究已经取得了一些重要的进展,例如对神经假体和神经调节技术的开发和应用。

脑科学研究的范围非常广泛,包括从单个神经元的功能到整个脑区域的协调活动。脑科学的重要目标之一是理解不同脑区域之间的信息传递和集成方式,并发现脑功能障碍的根源。在这个过程中,批判性思维的应用至关重要。例如,在研究认知疾病时,科学家们需要对可能的解释和机制进行深入的推理和逻辑推断,这就需要批判性思维的引导。批判性思维的应用还有助于科学家们选择合适的实验设计,以验证假设并获取准确的结论。

苏格拉底思想的核心主张是"认识你自己"！英国科学家、诺贝尔奖得主弗朗西斯·克里克曾说:"There is no scientific study more vital to man than the study of his own brain. Our entire view of the universe depends on it."（对人类来说,没有比研究自己的大脑更重要的科学研究了。我们对宇宙的所有认知都取决于它。）批判性思维,作为对信息进行客观、全面评估的过程,涉及推理、问题解决、判断和决策等方面。它帮助我们从多个角度思考问题,扩大认知的深度和广度,从而更好地理解和解决问题。这种思维方式不仅依赖于智力,也与大脑的结构和功能密切相关。例如,推理和逻辑推断需要特定的脑区域和神经网络的协同工作。通过脑成像技术,我们已经能够观察到在进行批判性思维时大脑活动的模式和变化。因此,批判性思维直接反映了脑部功能的一部分。

人脑是批判性思维的物质基础,批判性思维是脑科学研究的客体但对脑科学研究有能动作用。物质决定意识,意识对物质具有能动作用,正确的意识对事物的发展具有促进作用。研究脑科学的主体是人,主体需要以什么样的精神和技能来研究脑科学?我们认为,脑科学工作者恰恰需要批判性思维。批判性思维与脑科学有概念上的一致性,批判性思维教育的推广和脑科学研究的深入需要两者相互补充。脑科学和批判性思维之间的联系还体现在教育和培训方面。在教育实践中,培养学生的批判性思维能力会促进大脑在认知方面的发展。通过培养批判性思维,可以增强学生对问题的处理能力,加强逻辑推理和解决问题的能力。这些过程都直接涉及大脑中不同神经元群和区域的协同工作,因此在激活和强化这些能力的同时,也在一定程度上促进了脑功能的发展和改善。

"医学之父"希波克拉底指出:"人类应当懂得,我们的喜、怒、哀、乐不是来自别处,而是来自大脑。"的确,人类的重要目标都跟伴随自己一生的大脑根本相关:人与人最大的差异在大脑,成长和发展就是要从改变大脑开始,改变大脑的连接和功能。2005年,脑连接组概念被提出。普林斯顿大学韩裔神经科学家承现峻认为,连接组是由先天基因和后天经历共同塑造形成的。[3] 连接组理论认为,人脑连接组可以被每个人的行为与思维改变;人们能够通过影响大脑的连接结构来改造自身的大脑。

2016年,习近平总书记在两院院士大会上的讲话指出:"脑连接图谱研究是认知脑功能并进而探讨意识本质的科学前沿,这方面探索不仅有重要科学意义,而且对脑疾病防治、智能技术发展也具有引导作用。"响应习近平总书记的号召,笔者所在团队曾做过《高分辨全脑网络连接图谱成像装置在脑科学中的应用》的调研报告(全文附在本章参考文献后)。[4-6]

第二节 理性看待脑科学

宇宙、物质、生命和大脑是自然界的四大奥秘,而人脑被认为是理解自然和人类本身的"终极疆域"。2005年,顶级学术期刊《科学》(*Science*)在创刊125周年之际,公布了125个最具挑战性的科学问题。[7] 前25个被认为是最重要的问题中就包含:2.意识的生物学基础是什么?8.皮肤细胞如何成为神经细胞?15.记忆如何存储和恢复?16.人类合作行为如何发展?2021年上海交通大学携手《科学》杂志共同发布了 125 个全世界最受关注的科学问题。其中,神经科学相关的有 12 个:1. 神经元放电序列的编码准则是什么? 2. 意识存在于何处? 3. 能否数字化地存储、操控和移植人类记忆? 4. 为什么我们需要睡眠? 5. 什么是成瘾? 6. 为什么我们会坠入爱河? 7. 言语如何演变形成,大脑的哪些部分对其进行控制? 8. 除人类以外的其他动物有多聪明? 9. 为什么大多数人都是右撇子? 10. 我们可以治愈神经退行性疾病吗? 11. 有可能预知未来吗? 12. 精神障碍能否有效诊断和治疗?

挑战的存在,注定了脑科学的探索之路不会是一帆风顺的。物理学家艾默生(Emerson M. Pugh)曾说:"If the human brain were so simple that we could understand it, we would be so simple that we couldn't."(如果人类的大脑如此简单以至于我们能理解它,那么我们也会如此简单以至于无法理解。)特别是 2023 年,有两个脑科学相关事件引人关注。

1998 年,神经科学家克里斯托夫·科赫(Christof Koch)与哲学家大卫·查默斯(David Chalmers)打赌,科赫说,大脑神经元产生意识的机制将于 2023 年被发现,查默斯表示不可能。2023 年 6 月 23 日,在纽约召开的意识科学研究协会(Association for the Scientific Study of Consciousness, ASSC)年会对这一赌注宣布最终结果:查默斯获胜。查默斯的预言是对的:大脑神经元产生意识的机制并未在 2023 年被发现。

确定这一赌注胜负的另一项关键研究测试了关于意识神经基础的两个主要假设:整合信息理论(integrated information theory, IIT)和全局网络工作空间理论(global neuronal workspace theory, GNWT)。整合信息理论认为,意识是系统具备高度集成的信息的产物。它强调了信息的整合程度对于意识的存在和强度的重要性。根据该理论,一个系统要具备意识,必须拥有高度集成的信息结构,并且该结构必须表现出内部和外部信息的相互依赖性。该理论提出了一个被称为 φ 的指标来量化系统的集成程度,高 φ 值的系统被认为具备更高程度的意识。全局网络工作空间理论认为,意识是一种由大脑中的全局性信息处理系统所产生的现象。根据该理论,大脑中存在一个被称为"工作空间"的全局性网络,它负责整合和传播信息,使得不同的认知过程能够相互交流和影响。全局网络工作空间理论认为,只有当信息在工作空间中被广泛传播和共享时,我们才会有意识的体验。该理论强调了信息的传播和共享对于意识的关键作用。

这两种理论提供了不同的关于意识的本质和机制的观点和解释。整合信息理论注重信息的整合程度,强调系统内部的信息交互,而全局网络工作空间理论关注信息在大脑中的传播和共享,强调全局性的信息处理过程。这些理论对于我们理解意识的起源、本质和功能都提供了重要的思考框架,并且为进一步的研究和实证工作奠定了基础。六个独立的实验室按照预先注册的协议进行了对抗性实验,并使用各种补充方法来测量大脑活动。最新研究结果——尚未经过同行评审——并不完全符合这两种理论。实际上,2023 年 9 月中旬,有 124 位科学家联署发布公开信,质疑将近 20 年来最引人关注的意识研究领域为伪科学,在科学界引起轩然大波。一个直接原因是:整合信息理论宣称类器官、胚胎甚至植物可能具有意识,这种泛灵论背离了当前科学的主流。

"这告诉我们,这两种理论都需要修改,"参与研究的研究人员之一、德国法兰克福马克斯·普朗克经验美学研究所的神经科学家露西娅·梅洛尼(Lucia Melloni)表示,但"每种理论的修正程度略有不同"。梅洛尼说:"关于综合信息理论,我们观察到,后皮层区域确实以持续的方式包含信息。"这一发现似乎表明该理论假设的"结构"正在被观察到。但研究人员并没有像预测的那样发现大脑不同区域之间持续同步的证据。对于全局网络工作空间理论,研究人员发现意识的某些方面(但不是全部)可以在前额叶皮层中识别。此外,实验还发现了该理论倡导者所假设的传播证据,但只是在体验的开始阶段——而不是像预测的那样在结束阶段。所以在实验过程中全局网络工作空间理论的表现比综合信息理论表现稍差一些。"但这并不意味着综合信息理论是正确的,而全局网络工作空间理论则不是。"梅洛尼说。这意味着支持者需要根据新证据重新考虑他们提出的机制。

其他实验也正在进行中。作为邓普顿基金会计划的一部分,科赫参与了在动物模型大脑中测试综合信息理论和全局网络工作空间理论的研究。查默斯正在开展另一个项目,评估另外两种意识假设。梅洛尼说,很少有相互竞争的理论的支持者这样齐聚一堂,并愿意接受独立的研究人员检验他们的预测。"这需要很大的勇气和信任。"她认为此类项目对于科学进步至关重要。对于这场赌注,神经科学家科赫不愿认输,但在意识科学研究协会会议的前一天,他买了一箱葡萄牙优质葡萄酒来兑现自己的承诺。他会考虑另一个赌注吗?"我会加倍努力,"他说,"从现在起 25 年是现实的,因为技术正在变得更好,而且,你知道,考虑到我的年龄,我不能等待超过 25 年。"

或许,神经科学家科赫一人的赌注属于"小赌怡情"。但是,举世闻名的欧洲人类脑计划(Human Brain Project,HBP)传来的失利消息[8]就愈发让人警醒"大赌壮志"了。HBP 是由欧盟资助的大型研究项目之一,历时长达 10 年,于 2023 年 9 月结束。HBP 由近 500 名科学家参与,耗资约 6 亿欧元,其宏大目标是通过计算机建立大脑模型,以探索其奥秘。在 HBP 的资助下,科学家们发表了数千篇论文,并在神经科学领域取得了重大进展。例如创建了至少 200 个脑区的详细三维地图,开发了用于治疗失明的脑植入物,使用超级计算机对记忆和意识等功能进行建模,推进了各种大脑疾病的治疗。欧盟委员会副总干事 Thomas Skordas 曾表示:"当项目开始时,几乎没有人相信利用大数据的潜力,以及利用大数据或超级计算机来模拟大脑复杂功能的可能性。"

但是,几乎从一开始,HBP 就已饱受争议。该项目并未能真正实现模拟整个人脑的目标——许多科学家本来就认为这个目标很难实现。HBP 还曾多次改变研究方向,其科研成果变得"零散和拼凑"。法国国家科研中心 CNRS 的认知科学家、研究主任 Yves Frégnac 认为该项目未能提供对大脑的全面或原创性理解。"我没看到整个大脑;我只看到大脑的点滴。"HBP 的领导者希望通过一个名为 EBRAINS 的虚拟平台进一步推动这一理解,这个平台是作为项目的一部分创建的。EBRAINS 是一套工具和影像数据,全球的科学家都可以用它进行模拟和数字实验。法国艾克斯-马赛大学的神经科学家、HBP 董事会成员 Viktor Jirsa 说:"如今我们手头有了所有的工具,来构建一个真正的数字孪生大脑。"然而,这一领域的资金尚不确定。当世界其他地方正在紧锣密鼓开展大规模昂贵的大脑项目时,欧洲的科学家们正因他们的项目行将结束而沮丧。2019 年加入 HBP 的荷兰阿姆斯特丹大学计算神经科学家 Jorge Mejias 说:"我们可能是最初发起对大脑兴趣的浪潮。但现在这领域已经你追我赶,我们没时间停下来打盹。"

鉴于此,复旦大学退休教授顾凡及给出了一些思考,包括"怎样的大科学计划才是有效的"。[9]本章摘选部分段落如下:

自 HBP 启动以来,世界各国掀起了对脑进行大科学研究的狂潮。美国前总统奥巴马任内启动美国脑计划时,曾在国情咨文中把美国脑计划和人类基因组计划相提并论,并认为执行该计划将可"揭开阿尔茨海默病之谜"。后来他又声称:"它将使科学家有工具得出行动时脑中的动态图景,并使我们能够更好地认识人类是如何思维、学习及记忆的。"如今,其他计划都还在进行之中,成败还有待观察,HBP 则已到了即将曲终人散的时候,从其成败中我们或许可以总结出一些经验和教训。

回顾历史上成功的大科学计划,如研制原子弹的曼哈顿计划、奔月的阿波罗计划,乃至人类基因组计划,就其本质来说都是一些工程技术计划,背后都有坚实的理论基础。即使人类基因组计划这样经常被拿来和脑计划进行类比的计划,也有 DNA 双螺旋结构理论作为支撑。这些计划通常都有具体目标和相对明确可行的技术路线,问题主要在于资金、人力、物力和组织。然而,尽管马克拉姆在仿真神经元时有不俗的表现——这是因为对神经元的脉冲发放有霍奇金-赫胥黎方程这样的理论框架,但对于脑整体的仿真来说,迄今为止还没有任何,哪怕是初步的理论框架。

另外,如果脑计划如奥巴马或马克拉姆所声称的那样,以阐明人脑高级功能、复制人工脑和在短期内发现治疗各种脑疾患的手段为主要目标,那么这样的计划就不会成功。这也是 HBP 在"宫廷革命"之后取消了在超级计算机上仿真全人脑的目标的原因。美国科学家在提出他们的脑计划时也没有如奥巴马所希望的那样,把阐明人脑高级功能和在计划期间解决各种脑疾患问题作为目标——因为人类对许多脑疾患的发病机制还远不了解。

……

马克拉姆认为脑科学经过哲学思辨、实验和理论研究的阶段,现在已经到了一个他称之为"仿真神经科学"(simulation neuroscience)的新阶段。确实,在计算机上进行仿真可以检验假设,做一些生物学实验难以完成的"数字实验",这对跨层次研究尤其重要,但它只是工具。有人认为,进行生物学实验,从中找出规律,特别是神经回路之类的介观层次上的规律,提出新的思想,依然是当务之急。仿真只是其中的一个环节,绝不可能代替实验和提出新思想,也不会成为神经科学研究的新范式。找出全脑的理论框架依然是最为重要的课题,但是极难预见人类什么时候能做到这一点——毕竟任务的重要性并不等于在当下就能实现这个任务的可能性。

1998 年,神经学家拉马钱德兰(V. S. Ramachandran)曾经说过,如果用物理学来做参照,那么目前的神经科学依然处于法拉第阶段,而不是麦克斯韦阶段。有人认为目前的脑科学,从总体上来说依然如此;当务之急是要努力把脑科学从法拉第阶段推进到麦克斯韦阶段,而非进入什么仿真神经科学或工业化大科学的新阶段。一心想要在二三十年甚至十年内就揭开人脑之谜,只能是揠苗助长和水中捞月。

早在 1950 年,图灵曾写过一篇名为《计算机器和智能》的论文,提问"机器会思考吗?"(Can machines think?),作为一种用于判定机器是否具有智能的测试方法,即图灵测试。至今,每年都有试验的比赛。此外,图灵提出的著名的图灵机模型为现代计算机的逻辑工作方式奠定了基础。1989 年,数学物理学家罗杰·彭罗斯出版《皇帝新脑:关于计算机、思维和物理定律》(*The Emperor's New Mind*: *Concerning Computers*, *Minds*, *and the Laws of physics*)一书。历史上曾重复地出现过还原主义的思潮,最近代的便是人工智能专家的断言:电脑最终能代替人脑甚至超过人脑。彭罗斯的论断却是:正如皇帝没有穿衣服一样,电脑并没有头脑。彭罗斯认为,人类的意识是非算法性的,因此无法被传统的图灵机(包括数字计算机)所模拟。彭罗斯假设,量子力学在理解人类意识方面起着至关重要的作用,量子波函数的坍缩被认为在大脑功能中起着重要作用。

脑科学是以脑为研究对象的多学科融合,是研究人、动物和机器的认知与智能的本质和规律的科学。2013 年,欧盟和美国分别启动脑研究计划。[9] 欧盟的

"人脑计划"(Human Brain Project，HBP)，旨在解读上兆个脑神经细胞的连接，以研究人类情感、意识与思维。而这些复杂的运算，将通过超级计算机多段多层的模拟来实现。美国的"推进创新神经技术脑研究计划"拟研发新型脑研究技术，以更高的时空分辨率建立脑活动图谱，探索大脑功能的神经环路结构基础和功能。日本启动的"脑科学与教育"计划，将脑科学研究作为国家教育发展的一项战略任务，进行面向教育理论和实际的应用研究。在我国，《国家中长期科学和技术发展规划纲要(2006—2020年)》中已将"脑科学与认知科学"列入基础研究科学前沿问题。为了缩小我国与发达国家在脑科学研究方面的差距，提升我国在国际脑科学和脑疾病诊治领域的地位，"中国脑计划"已于2016年正式提出。

然而，由于人脑结构和功能的复杂性，目前脑科学领域仍然有众多未解之谜。一般认为，人脑包含860多亿个神经元和1000多亿个胶质细胞。但是，神经细胞有多少种类，特别是神经细胞之间精细的连接关系，依然没有明确。尽管人工智能的典范AlphaGo打败了人类顶尖围棋棋手，但这并不能说明我们对人脑的工作机制已非常明确。具体到我国，脑科学研究正蓬勃发展，但与欧美发达国家仍然有不小的差距。而且，我国脑计划千呼万唤始出来。针对中国脑科学研究，不少专家学者在《中国科学：生命科学》刊文献言献策[10]，其中不少蕴含了批判性思维。如此宏伟的"计划"，在管理和运行方面要持有审慎和敬畏的态度，应当先有宏观的设计和重点把握，知可为而为之，摒弃盲目的跟从；更要赋予社会和民众以知情权和督察权，铺设长期发展的道路；结构上亟须打破部门之间的壁垒，削弱集团的垄断，真正团结起来，在脑计划的推进中形成"万众创新"、"人人创新"的新态势。不可忽略的"自由探索"精神。脑科学毕竟也是科学，科学的探索之路上，不可能离开自由探索真理的精神。所以，在以"重大需求"为牵引力和落足点的同时，支持在中国做出原创性发现的团队和研究方向，鼓励自由探索，加强原始创新能力和全民创新的软环境建设。

生物化学家、诺贝尔奖得主托马斯·苏德霍夫认为，"神经科学在解释大脑方面本质上是跨学科的。与所有生物结构一样，大脑在多个层面上运作，从纳米级分子到米级系统。在这里，我认为理解大脑的纳米级组织不仅有助于深入了解其功能，而且是深入了解的必要条件。我认为，更好地理解大脑的一个障碍是，它的大多数分子过程都不完全被理解，并提出了一些需要我们关注的关键问题，以便在神经科学中取得超越神经回路活动描述的进展。"[11]

一个相反的论点可能是，分子过程可能过于复杂，无法处理，这种分子逻辑将无法控制。这一论点同样适用于系统神经科学，因为一旦对神经回路进行更深入的研究，可能会发现神经回路过于复杂，无法理解。然而，这个论点忽略了"复杂性"和"细节"之间的区别。再举一个例子。如果一个人试图在不了解其原理的情况下通过描述每个条目来理解老式的电话簿,就会得出这样的结论:电话簿是极其复杂的。但为了使用电话簿,不需要记住每个条目;人们只需要了解它的规则。这同样适用于分子(和系统)神经科学。在发现原理之前,细节是重要的;一旦理解了原理,细节就只有专家才会感兴趣。

大多数与神经精神障碍相关的基因都有广泛表达,这表明它们不仅在一小部分回路中发挥作用。神经精神疾病的表现并不一定意味着潜在回路的功能障碍就是这种疾病;它们只是暗示这些表现背后的回路功能障碍是疾病的结果。研究这些回路有点像"路灯谬误":一个醉汉在路灯下寻找钥匙,不是因为他在那里丢了钥匙,而是因为那里是唯一有足够光线可以看到任何东西的地方。

不管怎样,我们对脑科学还知之甚少。如果把上面的阐述按照批判性思维路线图来整理一下,我们可以更加明晰地看出脑科学的发展依然是前路漫漫(见图8-1)。人脑的结构和功能极其复杂,学习、记忆、意识这些概念就连定义都存在争议。我们可以看出目前多结构的解析还不够深入、彻底,对单一的脑功能的探索也不能明了背后的机制,脑科学的研究并没有形成完整的图景,更谈不上有综合性的理论突破,那自然就离揭示脑结构和功能目标非常遥远。

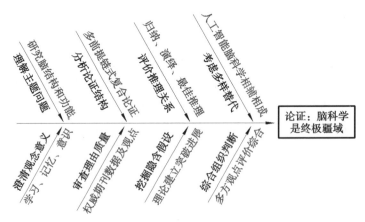

图 8-1　依照批判性思维路线图论证分析脑科学是人类认知探究的"终极疆域"

17世纪丹麦神经解剖学家 Nicolas Steno 的一段话依然可以用来描述我们对人脑的认识:"Gentlemen, instead of promising to satisfy your curiosity about the anatomy of the brain, I intend here to make the sincere, public confession that this is a subject on which I know nothing at all." 2002年,美国国防部部长拉姆斯菲尔德回应记者提问"伊拉克拥有大规模杀伤性武器有何证据"时辩解,认知世界存在三个圈层:第一个是"已知的已知"(known knowns),知道自己知道;第二个是"已知的未知"(known unknowns),知道自己不知道;第三个是"未知的未知"(unknown unknowns),不知道自己不知道。明显,拉姆斯菲尔德意指伊拉克有很

多"未知的未知",呈现出其蛮横霸道的一面。但是,如果我们今天用"未知的未知"来描述我们对脑科学的认知情况,却是理性而恰当的。

第三节 批判性思维与脑科学的协同性

批判性思维既是一种思维技能(认知探索、评估推理、分析论证和合理决策),也是一种人格或气质(求真、公正、反思和辩证、开放和多样化)。批判性思维强调理性、创新的精神和思维素质,是人类文明发展的重要驱动力。反思是对思考的再思考,是批判性思维的基本要求。批判性思维就是通过一定的标准评价思维,进而改善思维,是合理的、反思性的思维,理性思维能力具体表现在批判性思维过程中就是进行推理和论证的能力。批判性思维是一种分析和评估思维过程,以改进思维能力的专门技能。从脑科学的进展我们知道,人类对自身思维的探索面临重重困难。从认知概念上,批判性思维从属于脑科学研究的范畴;从实践方法上,当前脑科学研究迫切需要批判性思维精神和技能的指引。

20世纪80年代以来,世界上不少国家都把"批判性思维"作为高等教育的目标之一。耶鲁大学校长莱文认为:"在当今世界,大学生必须要有批判性地思考、创新的能力,学校要培养他们的好奇心、严密的逻辑思维和独立思考、实际解决问题的能力。"目前在我国,批判性思维推广程度还非常不够,甚至存在一些片面和错误的认识,所以,在我国推广批判性思维教育就显得尤为迫切。我国伟大科学家钱学森教授指出:"教育工作的最终机理在于人脑的思维过程。"所以,批判性思维教育要从认识人脑开始。批判性思维没有学科边界,任何涉及智力或想象的论题都可从批判性思维的视角来审查。

2015年,Nature期刊回答了一个重要问题[12]:"在现代世界成为一名成功的科学家需要什么?"显而易见的答案是对一门学科的深入了解和对科学方法的掌握。但还有其他关键要求,比如批判性思维和创造性合作解决问题的能力。沟通技巧是必需的,掌握现代技术会有所帮助。施一公教授也曾谈道:"要想在科学研究上取得突破和成功,只有时间的付出和刻苦,是不够的。批判性分析是必须具备的一种素质。一般来说,任何一个探索型课题的每一步进展都有几种,甚至十几种可能的途径,取得进展的过程基本就是排除不正确、找到正确方向的过程,很多情况下也就是将这几种,甚至十几种可能的途径一一予以尝试、排除,直到找到一条可行之路的过程。在这个过程中,一个可信的负面结果往往可以让我们信心饱满地放弃目前这一途径,如果运用得当,这种排除法会确保我们最终走上正确的实验途径。"上述内容都明确了批判性思维在一般科学研究中的重要地位,脑科学研究自然不能例外。

小到脑科学中的具体选题,大到脑科学计划的确立,批判性思维都大有用武之地。现在已经知道,人脑内神经细胞主要包括两大类:占细胞总数约10%的神经元和约占90%的神经胶质细胞。神经元能对外界刺激产生响应,并产生"全或无"的动作电位,而神经胶质细胞不能产生动作电位,这是两者最基本的区别。人们也往往由此形成了传统思维定式:神经元是主角,胶质细胞是"可有可无"的配角。但是从批判性思维的角度,例如以"三的原则"来展开一下:我们是否从三种不同的角度去考虑胶质细胞的作用?是否有三种不同的方案来研究胶质细胞?是否有三个不同的观点去反驳配角论?如果研究者开始就有这种求真的精神和探索的技能,或许对胶质细胞的认识就来得更客观、更及时些。近年来,越来越多的证据表明,胶质细胞具有支持和引导神经元的迁移,参与神经系统的修复和再生,参与免疫应答,形成髓鞘以及血脑屏障,物质代谢和营养的作用,以及参与神经细胞外的钾离子浓度的维持等作用。胶质细胞可能掌握着认识脑、保护脑的密钥。另外还有两个脑科学发展史上的例子值得一提:1981年获得诺贝尔奖的裂脑术和钱永健教授与光遗传技术的失之交臂。前者可以启迪我们要以批判性思维认识大脑功能的整合和分化,后者让我们客观冷静地看待科研的成功和失败。

事实上,脑科学的发展也会直接推动人们对批判性思维的认识,也会促进批判性思维教育的发展。意识从何而来?思维和智能是如何出现的?这些终极问题都蕴藏在大脑里面。美国国立卫生研究院2009年开始资助人类连接组项目,旨在绘出精细的大脑结构、功能图,研究神经/精神疾病的根源,探索不同的大脑功能/结构和行为的关系。目前,先进的脑成像技术已能较好地评测个体的智商、预测神经性疾病。人与人之间最大的差异,被认为是脑连接之间的差异。"参差多态,乃幸福本源。研究大脑的工作原理时,最让我们感到有趣的就是,每个人的大脑运转得竟然如此不同。为什么我不能像那个外向的朋友一样开朗?为什么我的儿子读书就是赶不上他的同学?为什么我的小表弟产生了幻听?为什么我妈妈失忆了?为什么我的爱人(或者我自己)不那么善解人意?"可以预见,脑科学发展有望可以阐明:批判性思维主要和哪些脑区相关,有批判性思维特质的人将具有哪些脑连接的特征,等等。当然,最重要的是,脑科学的发展可以助力批判性思维教育。

批判性思维和脑科学能相辅相成提供了两者协同的可行性。在现代心理学中,认知疗法(cognitive therapy)越来越被重视。认知疗法认为,思考方法和推理过程影响心理、情绪和行为;通过挖掘隐含假设、认知替换重建等改变人们的思考,可以改变人的情绪和行为。认知疗法也被称为认知行为疗法,已被认为是科学合理的焦虑症疗法,而且也适用于贪食症、愤怒、紧张和引起疼痛的精神疾病。

该疗法于2014年被《科学美国人》评为十大重要的脑科学研究成果之一。如果通过认知疗法改善了某一个体的情绪和行为,脑科学研究手段理应可以探测到脑成像信号的差异,或者说是脑连接状态的变化。这应该是一个可以验证或是可以证伪的预言。在这里,批判性思维的分析和实践介入脑科学研究的心理和行为中,脑科学研究(成像)又能定量描绘批判性思维(认知和实践)的一些脑结构和功能方面的物质基础,从而达到相互促进的作用。认知疗法可以看作是批判性思维和脑科学研究协同认知和实践的一个例子。2006年,神经教育学问世。它融脑科学、心理学和教育学等成熟的学科于一体,旨在借助新型的心脑科学原理来实现对教学课程、教学方法和教育—学习的结构性与功能性改善及创新,既能"再造教师队伍",又能推动学生的情知意行全面和谐发展。神经教育学犹如批判性思维和脑科学协同认知和实践的一座桥梁。这座桥梁承载着我国批判性思维教育的全面深入推广,贯穿着脑科学研究的稳健快速发展。

在我国,批判性思维教育推广不足和脑科学研究任务艰巨是两者需要协同的缘由。"人有两个宝,双手和大脑。双手会做工,大脑会思考。用手又用脑,才能有创造"改编自陶行知先生的《手脑相长歌》,这说明在一切社会实践中,离不开双手的实践,也离不开大脑的认知和思维。以脑科学的发展为指引,认知和实践紧密结合,或许正是开展批判性思维教育的一条可行之路。反之,批判性思维也是合理制订和有效实施中国脑计划、开展各项脑科学研究的有效保障。

在社会实践中,我们"不知道的不知道"太多,对脑科学尤其如此。保持虚怀若谷、坚守理性、勇于创新,正是批判性思维,也是脑科学研究不断深化认知和实践的必经之路,也是两者认知和实践具有协同性的基础。在脑科学与批判性思维的交织中,两者之间有着千丝万缕的联系。脑科学为我们提供了揭示人类思维活动的基础和机制的知识框架,而批判性思维则为开展脑科学研究提供了有效的认知工具。在不断深化对大脑结构和功能的认识同时,也需要将对批判性思维的研究与应用融入脑科学研究的过程当中。这可以帮助我们更好地理解人脑的奥秘,推动认知科学的发展,促进人们思考方式和能力的进步。

综上所述,批判性思维和脑科学在很多方面相互交织,并互相促进。这种相辅相成的关系不仅有助于加深我们对大脑功能和思维活动的认识,也为进一步推动认知科学研究和教育实践提供了坚实的理论基础和实践指导。我们应当强调这两者之间的紧密联系,以促进我们对人类认知活动和大脑机制的全面理解,进一步推动科学研究的发展,以实现对认知活动和行为的更深层次的理解和探索。鉴于批判性思维与脑科学研究的紧密联系,两者存在协同认知和实践的必要性和可行性。两者的协同,有望推动我国批判性思维教育的全面深入,加速脑科学研究的稳健发展。

思 考 题

1. 2021年,中国启动"科技创新2030—脑科学与类脑研究"重大项目标志着"中国脑计划"的实施。请以探究实证的要求收集多方面资料,撰写一篇"中国脑计划"的探究报告。

2. 举例说明生活工作中可能遇到的"路灯谬误",并考虑一下如何避免。

3. 认知世界存在三个圈层:第一,知道自己知道;第二,知道自己不知道;第三,不知道自己不知道。结合这三种认知情况谈谈自己对脑科学的认识和了解。

参 考 文 献

[1] 陈尚宾.批判性思维与脑科学的协同认知和实践[J].批判性思维与创新教育通讯,2016,32:9-12.

[2] (加)董毓.批判性思维十讲——从探究实证到开放创造[M].上海:上海教育出版社,2019.

[3] (美)承现峻.连接组:造就独一无二的你[M].孙天齐,译.北京:清华大学出版社,2015.

[4] 《新生物学年鉴2014》编委会.新生物学年鉴2014[M].北京:科学出版社,2015.

[5] 韩雪,阮梅花,王慧媛,等.神经科学和类脑人工智能发展:机遇与挑战[J].生命科学,2016,28(11):1295-1307.

[6] 阮梅花,于建荣,张旭,等.神经科学和类脑人工智能发展:未来路径与中国布局——基于业界百位专家调研访谈[J].生命科学,2017,29(2):97-113.

[7] The 125th anniversary issue. Science,2005,309(5731):78-102.

[8] Miryam Naddaf. Europe spent €600 million to recreate the human brain in a computer. How did it go? [J]. Nature,2023,620:718-720.

[9] 顾凡及.欧盟人脑计划启示录——反思"大科学计划"[J].信睿周报,2023.

[10] BRAIN 2025: A Scientific Vision[R]. National Institutes of Health, 2014.

[11] 中国脑科学和智能科技的发展战略专题.中国科学:生命科学,2016,46(2).

[12] T. C. Südhof. Molecular neuroscience in the 21st century:A personal perspective[J]. Neuron,2017,96(3):536-541.

[13] The scientist of the future[J]. Nature,2015,523:271.

高分辨全脑网络连接图谱成像装置在脑科学中的应用

引言

"脑连接图谱研究是认知脑功能并进而探讨意识本质的科学前沿,这方面探索不仅有重要科学意义,而且对脑疾病防治、智能技术发展也具有引导作用。"

——习近平

宇宙、物质、生命和大脑被认为是自然界的四大奥秘。"认识你自己"至今仍然振聋发聩,人脑当然成为理解自然和人类本身的"终极疆域"。脑科学是以脑为研究对象的多学科融合,是研究人、动物和机器的认知与智能的本质和规律的科学。脑是人体最重要的器官之一,以脑为核心的神经系统是动物机体最为复杂的系统。人脑包含860多亿个神经元和1000多亿个胶质细胞;每个神经细胞可以形成多达1000个神经突触,进而形成许许多多庞大而复杂的神经网络(neural network),以控制其他器官系统的正常功能。

脑科学中最重要的研究目的之一就是理解脑的结构和功能,并阐明二者之间的关系(Lichtman,et al. ,2011)。毋庸置疑,结构是功能的基础,解析脑的真实结构是整个脑研究的重要环节。然而,由于人脑结构和功能的复杂性,目前脑科学领域仍然有众多未解之谜。诸如,神经细胞有多少种类,特别是神经细胞之间精细的连接关系,依然没有明确。此外,脑作为高能耗的器官,高度依赖于持续不断的能量供应。脑内密布着不同尺度大小的血管,动脉、小动脉、毛细血管、小静脉、静脉共同构成闭合而复杂的血管网络。神经与血管关系密切,通常被并称为神经-血管网络。当前,神经-血管网络越来越被公认为是研究脑功能和疾病的靶点(Kleinfeld,2011)。如上所述,包含血管网络在内的全脑精细结构是理解脑功能和神经性疾病的基础。理解脑、保护脑和利用脑迫切需要构建发育、疾病过程中,以及正常状态下模式动物甚至人的高分辨全脑网络连接图谱。

脑研究按照不同尺度可以分成三个层次:宏观尺度(macroscale)、介观尺度(mesoscale)、微观尺度(microscale)。宏观尺度主要包含不同脑区连接的研究,通常使用磁共振成像(magnetic resonance imaging,MRI);介观尺度主要包含单个或一群神经细胞及其投射的研究,通常使用光学显微镜成像;而微观尺度主要包含突触连接层次的研究,一般需要借助电子显微镜(electron microscope,EM)成像(Bohland,et al. ,2009;Craddock,et al. ,2013)。近二十年脑科学研究发展迅猛,一方面,已在分子、基因等微观水平,在神经元基因表达特异性、蛋白质功能以及突触传递等方面取得长足进步,对不同类型神经元的细胞工作机理有了深入认识。另一方面,得益于磁共振成像、正电子发射层析成像(positron emission tomography,PET)、脑电记录等先进技术的应用,对宏观水平的脑功能,如大脑皮层各脑区(如运动、感觉皮层等)的功能有较深入的理解;对多种神经性疾病的脑结构和功能有较全面的表征。然而,对于联系微观突触信息传递和宏观脑功能之间的介观层次的神经环路信息,还知之甚少。前期研究已知,脑功能不是由单个神经元或单一脑区独立产生,而是依赖于神经环路内的神经元集合、皮层功能柱或者局部脑区交互作用的结构,所以脑研究需要兼顾不同层次水平。虽然脑科学已在宏观尺度和微观尺度都取得了巨大的进步,但对于在宏观和微观之间的鸿沟,即介观尺度的认知几乎是空白,而那里可能正是大脑奥秘所在。目前,人们只对仅有302个神经元的线虫(C. elegans)的神经环路进行了较完整的研究,而对于拥有约10万个神经元的模式动物果蝇(drosophila)脑的相关研究还只是刚刚起步(Chiang,et al.,2011)。相比之下,研究高等哺乳动物拥有数以百亿计神经元的复杂神经环路,对传统技术而言是极大的挑战。

传统技术无法解决突起水平分辨和全脑范围探测这一矛盾。在宏观水平,磁共振成像被视为脑成像的"金标准",但对组织样本只能实现数十微米的分辨能力,磁场强度、梯度场强度、成像时间、线圈灵敏度等都是制约分辨率的客观因素。目前,已有一些研究者开始用扩散磁共振成像(diffusion magnetic resonance imaging,dMRI)探索脑的细胞构筑和白质纤维束。dMRI能够测量脑组织中水分子的扩散运动信号,并以此推算关于细胞完整性和组织微观结构改变的相关信息,进而间接地反映出脑白质纤维束的物理和功能特性。dMRI为全脑神经纤维结构研究提供了独特的非侵入性活体检测手段,已成为脑成像研究领域中常用的方法之一,但仍然受限于分辨率。在微观水平,电子显微镜是显示脑组织精细结构的有力工具,其分辨率可达到1 nm。但是,电子显微镜难以进行全脑的探测,据估算,仅成像1 mm^{3}的样本就需1万人年工作量(Luo,et al.,2008)。

光学显微镜(optical microscope)的分辨率介于MRI和EM之间,几乎可以观察到所有的神经元突起,而且适用于光学成像的神经标记技术非常丰富,对研究完整大脑的构筑和连接而言,光学显微成像技术更具有可行性和普适性。但是,传统的宽场光学显微镜不具备三维层析能力,又因组织对光存在着吸收和散射的影响,成像深度受到限制。为了解决高分辨率与大探测范围难以兼得的问题,近年来,开发了一系列新颖的光学成像技术且已被应用到脑研究中,诸如:光片照明显微成像、双光子序列断层成像和显微光学切片断层成像(MOST)等等(Osten,et al,2013)。这些成像技术分别结合一定的组织样品透明,或是机械切削,可以实现诸如小鼠全脑等样品的光学分辨率成像及三维可视化。后续,本文将进一步阐述以MOST为核心的高分辨全脑网络连接图谱成像装置在脑科学应用中的必要性、紧迫性、创新性和可行性。

高分辨解析全脑连接图谱的必要性和紧迫性

纵观世界范围,脑科学的发展具有战略意义,已然成为各国科技竞争的"兵家必争之地"。2013年,欧盟和美国分别启动脑研究计划。欧盟的"人脑计划"(Human Brain Project,HBP),旨在解读上兆个脑神经细胞的连接,以研究人类情感、意识与思维。而大脑涉及的复杂的神经运算,将通过超级计算机多段多层的模拟来实现。美国的"推进创新神经技术脑研究计划"拟研发新型脑研究技术,以更高的时空分辨率建立脑活动图谱,探索大脑功能的神经环路结构基础和功能。日本启动的"脑科学与教育"计划,将脑科学研究作为国家教育发展的一项战略任务,进行面向教育理论和实际的应用研究。此外,韩国"国家脑科学发展战略"计划目标是使韩国脑科学技术水平从2014年发达国家的72%到2023年提升至90%。该战略涉及人工智能关联技术和神经障碍治疗技术研发及针对学科交叉、资源平台、国际合作等方面的研究生态环境建设。实际上,上述国家有关脑科学研究计划不仅包含神经科学,还包含类脑人工智能。具体投资额度和研究目标参照下表。

美、欧、日、韩神经科学和类脑人工智能重大规划/项目

	美国	欧盟	日本	韩国
名称	BRAIN计划	HBP计划	Brain/MINDS计划	第二期脑促进基本计划
投资	30亿美元/十年(2017财年已达到4.35亿美元)	10亿欧元/十年	30亿日元(第1年);40亿日元(第2年)	1.5万亿韩元(2008—2017年)
主要目标	1. 行为学、电生理学、解剖学、细胞分子学、神经学、社会学等 2. 剖析人类神经活动模式和大脑工作机制 3. 为神经系统疾病和智力发育障碍的诊断、治疗和预后提供知识基础和参考方案	1. 基本了解脑对人类的意义 2. 开发新的脑部疾病治疗手段 3. 建立新的革命性的信息与通信技术	1. 对狨猴大脑的研究 2. 加快人类大脑疾病的研究	1. 创造性的脑科学研究 2. 创造未来新兴产业 3. 成为脑研究领域的世界七大技术强国之一

美国、欧盟、日本在发布"通过推动创新型神经技术开展大脑研究"(BRAIN)计划、"人脑工程计划"(HBP计划)、"整合神经技术开展脑图谱研究用于疾病研

究"(Brain/MINDS)计划等重大脑科学与人工智能计划以前,已在脑科学方面做出了影响力较大的规划布局。近年来,美、欧、日更是在脑科学的科技赛场上不断取得重大突破。当前的态势是:美国全面引领、欧盟优势领域突破、日本神经疾病研究特色突出;我国后发赶超成绩显著,在动物疾病模型和高分辨全脑成像方面达到国际"并跑"水平。神经科学和类脑人工智能科技的进步不仅有助于人类理解自然和认识自我,而且对有效增进精神卫生和防治神经疾病、护航健康社会、发展类脑和人工智能系统、抢占未来智能社会发展先机,都十分重要。在21世纪第二个十年,神经科学和类脑人工智能迎来全新机遇。神经科学和类脑人工智能已成为西方发达国家的科技战略重点或力推的核心科技发展领域。我国科技、经济、社会发展对神经科学和类脑人工智能发展存在巨大的需求,并已将"脑科学与类脑研究"上升为国家战略意图。

在我国,《国家中长期科学和技术发展规划纲要(2006—2020年)》中已将"脑科学与认知科学"列入基础研究科学前沿问题。为了缩小我国与发达国家在脑科学研究方面的差距,提升我国在国际脑科学和脑疾病诊治领域的地位,"中国脑科学研究计划"亦呼之欲出。中国科学技术协会"神经科学方向预测及技术路线图研究"项目组建议我国神经科学和类脑人工智能未来规划布局可在国家重大科技项目"脑科学与类脑研究"和"人工智能2.0"主题的基础上,细分为3大重点方向(基础神经生物学、神经精神性疾病、类脑人工智能)和2大支撑性领域(变革性神经科学技术、支撑平台)。同时,加强对神经生物医药及生物医学工程产业和人工智能产业的培育和支持,以在全球创新产业链的建立和人类社会新一轮发展中发挥引领作用。

进一步深入考察上述脑科学3大重点方向——基础神经生物学、神经精神性疾病、类脑人工智能,无一不与高分辨全脑网络连接图谱紧密相关。举例来看,美国绘制分辨率不同的各个层次的神经回路图,直接就是高分辨全脑网络连接图谱的工作范围。贝勒医学院绘制了迄今最为详尽的大脑皮层的神经连接图谱,描述了超过11 000对神经元间连接;艾伦脑科学研究所绘制出小鼠全脑连接略图和胚胎期人脑转录图谱;南加利福尼亚大学绘制出小鼠大脑皮层神经网络图,且作为交互式图像数据库在线开放获取;霍华德·休斯医学研究所和约翰斯·霍普金斯大学记录了果蝇幼虫不同亚类神经元激活后的行为并对其进行分类;斯坦福大学构建了单细胞分辨率的小鼠听囊细胞和早期成神经细胞系的重构图;哈佛大学和波士顿大学医学院建立了神经元高精度成像和分析系统,构建了哺乳动物大脑新皮层数字立体超微结构。欧盟微观神经元与微环路建模(特定脑区域模拟)以及神经形态芯片与类脑计算,也是依赖于高分辨全脑网络连接图谱的工作。瑞士洛桑联邦理工大学发起的"蓝脑计划"(BBP)专注于极为精细的微观神经元及其微环路建模,目前已较为完整地完成了特定脑区内皮质柱的计算模拟,构建了一种新型的虚拟大脑薄片结构,可反映大脑区域中不同类型的神经元以及控制神经元激活的关键特性。德国海德堡大学在一个 8 英寸硅片上集成了 20 万个神经元和 5000 万个突触,采用这种神经形态处理器的计算机已经成功运行,功能比 IBM 公司的 TrueNorth 神经形态芯片更接近生物神经元。

同样,与神经性疾病相关的一些工作,自然也离不开高分辨全脑网络连接图谱。通常认为,神经性疾病往往就是脑连接发生障碍。加快建设神经重大疾病的预防、临床诊断和干预治疗的技术方法开发,是在我国人口和经济发展转型期大背景下,保障未来 5~15 年我国社会人力资源相对稳定、应对各类精神认知和智力损害挑战的主要途径。青少年神经发育性疾病,如儿童智力障碍的发病率约千分之一,我国自闭症患儿人数已过百万,受自闭症困扰的人群可能达千万。中青年情绪精神类疾病,抑郁症的发病率超过 4%,患者人数超过 3000 万。中国已进入老龄化社会,脑血管意外及阿尔兹海默病、帕金森病等多种神经退行性疾病极大威胁了我国超过 2 亿的 60 岁以上人口。我国属老年痴呆症的高发地区,目前患者人数超过 600 万,居全球首位,且呈明显上升趋势。因此,预防出生脑功能缺陷、促进脑发育、延缓脑衰老、避免脑损伤已成为全社会关注的焦点。

我国神经科学和类脑人工智能正处于国际脑科技大变革前夜,已到必须有所作为、不进则退的关键期。与发达国家相比,我国脑科学整体科技水平还有相当差距。分析发展面临的问题,我国在脑科学领域重大变革性研究突破缺乏,直接原因是缺少变革性技术,深层次原因是跨学科协同机制建设的滞后。如何依托高分辨全脑网络连接图谱成像装置,整合超分辨、荧光探针、非标记等变革性技术,协同国内甚至是国际上脑科学研究团队,以获取高分辨全脑网络连接图谱为目标,无疑具有脑科学发展大趋势下的必要性和紧迫性。

高分辨全脑网络连接图谱成像装置的创新性和可行性

华中科技大学骆清铭团队经过 10 多年的攻关,在国际上率先建立了可对厘米大小样本进行突起水平精细结构三维成像、具有自主知识产权的显微光学切片断层成像系统(MOST)。团队一直致力于脑连接图谱的光学成像体系研究,使得高分辨率获取小鼠全脑神经与血管数据成为现实。在神经环路标记、全脑三维显微光学成像、海量大数据处理和可视化等领域取得了一系列重要进展。

由于脑科学研究需要在全脑范围获取神经连接的详细信息,而光学成像方法可以达到的成像深度还不能满足要求,因此,人们开始尝试将光学显微成像方法与组织学切片制备技术结合,获得连续切片的断层图像,以重建出脑组织的三维精细结构信息。然而,由于这一过程需要经过手动切片、切片制备、切片染色、光学成像、图像拼接等多个步骤才能获得一个切片的断层图像,过程非常耗时(Miyamichi,et al.,2011),而且手动切片难以保证数据的完整性,无法获得全脑的连续图谱数据。

因此,全脑范围光学显微成像方法迅速成为重要的研究方向。对于大部分传统光学显微成像方法而言,其所能达到的成像深度在几十微米以内,且会受到离焦的背景信号的严重影响。为了能够对厘米尺度的小鼠全脑样品进行成像,需要解决光穿透大样品问题,以及在成像中如何抑制离焦的背景光干扰。已有多个研究小组提出了不同的方法,其中代表性的技术包括光片照明显微成像技术、全光组织学、双光子序列断层成像技术和显微光学切片断层成像技术等。

光片照明显微成像技术(Huisken, et al., 2004; Dodt, et al., 2007)与传统的落射荧光成像技术不同,其照明光路与成像光路相互垂直。光片照明采取侧面照明的方式,照明光被调整为薄片式,对样品中的一个薄层进行照明或荧光激发,而成像光路则垂直于照明光片,对样品进行成像。每次成像只有光片所照明的薄层样品被激发,不存在传统落射荧光成像中的离焦背景荧光,同时也消除了离焦位置的光漂白和光损伤问题。光片照明方法具有较低的光漂白,且通过全场成像的方式可以得到较高的成像速率。通过移动样品可以得到样品的三维图像。光片照明显微成像技术应用于小鼠全脑成像,也需要解决光学穿透深度的问题,而这一问题是通过结合光透明技术实现的。近几年已经出现了多种光透明技术,包括使用光透明剂浸泡,实现全脑透明的 Scale(Hama, et al., 2011)和 SeeDB(Ke, et al., 2013)技术,以及通过电泳方法去除组织中的脂类物质而使得脑组织透明的 CLARITY 技术(Chung and Deisseroth, 2013)。一些显微镜公司也针对这些光透明技术提供了高数值孔径、长工作距离的特殊物镜,其工作距离可以达到 4~8 mm。

光片照明结合光透明技术尽管存在以上优点,但也存在一些不足。首先,迄今为止其成像范围还难以直接覆盖小鼠全脑;此外,即使进行了光透明处理,对深部脑组织进行成像时,分辨率会显著下降,因此造成所获得的图像数据存在不同位置分辨率不同的情况,而这对于标准的图谱获取工作是十分不利的。为了将显微光学成像方法扩展到全脑成像,可以采用的另一思路是将显微光学成像和样品的逐层去除方法结合起来。通过样品的逐层去除,每次只需要对样品的表层或薄切片进行成像,从而避开了光穿透深度的限制。全光组织学、双光子序列断层成像技术和显微光学切片断层成像技术即采用这一实现思路。

Tsai 等人提出的全光组织学法(Tsai, et al., 2003)完全使用光学方法实现成像和样品的逐层去除。全光组织学方法将双光子成像和组织的激光消融整合为一个系统。通过双光子成像系统对样品表面进行成像,样品固定于二维电动平台上,通过二维电动平台的移动,将多个成像视野拼接起来,得到样品表面的完整双光子成像结果。在完成双光子成像后,切换为激光消融光路,同样通过二维电动平台的移动,以及物镜在 z 方向的移动,逐个视野地去除样品表面已成像的部分。重复上述过程,可以得到样品的完整双光子成像结果。全光组织学方法是通过激光消融组织的方法去除已成像的组织,其系统以及激光消融参数的设置相对复杂。多个研究小组采用了可实现自动切片—成像的方案,将基于机械切削的组织切片方法与光学成像方法结合,而无须经过手动切片、切片收集、制片、显微成像、图像配准等分离的流程。

Ragan 等人提出的双光子序列断层成像技术(Ragan, et al., 2012)是通过将双光子成像和样品的振动切片结合起来。小鼠全脑用琼脂糖包埋,固定于三维电动平台上。每次只对样品表层进行双光子成像,通过三维电动平台的移动,将样品的一个断面分为多个区块,每个区块的大小对应于双光子成像的成像视野,从而可以自动地获得一个断面的完整图像。在结束断面图像的采集后,将样品移至切片位置,通过振动切片机去除表面已成像的部分。重复上述步骤,即可自动地获得小鼠全脑图像数据。由于双光子成像可以达到相对深的成像深度,因此,在成像时,可以对表层以下几十微米处进行成像,从而避免因振动切片造成的表面不平整对成像质量的影响。双光子序列断层成像技术已经被 Allen 脑科学研究所采用(Oh, et al., 2014),通过结合 AAV 病毒 EGFP 标记特定脑区和细胞类型的轴突投射,按轴向每间隔 $100~\mu m$ 进行一次冠状面成像的方式,获得了 Allen 小鼠脑连接图谱。但是,该技术采用双光子点扫描成像方法,每个像素强度的采集是一个串行的过程,因此成像速度受到限制。上述 Allen 小鼠脑连接图谱是通过间隔一定距离进行图像采集的方式获得的,并没有得到小鼠全脑的连续完整的数据。如果要得到微米体素的完整数据,则每一只小鼠全脑的数据采集时间将达到 20 天以上。另外在建立脑图谱的过程中,由于每只小鼠只提供了部分脑区连接等的信息,故需要采集多个小鼠的全脑数据,才能构成完整脑的信息,因此长时间的图像采集不利于提高图像数据的获取效率。

经多年努力,骆清铭课题组发明了 MOST 技术,通过树脂包埋和精密切片技术,结合同步的显微图像获取,获得了体素分辨率为 1 mm 的小鼠全脑连续三维结构图(Li, et al., 2010)。通过树脂塑性包埋获得足够的硬度,再用金刚石刀进行超薄切片,这样的方式,可以保证获得 1 mm 厚度的稳定切片。在切片的过程中,通过样品槽中水的压力,以及水循环系统的抽吸作用,使切片贴伏于金刚石刀具表面,并沿表面滑行,通过采用与切片运动同步的时间延迟积分成像方法,可以在切削的同时获取被切脑片的光学成像。光学成像采用了反射式的落射式成像,系统为模块化设计,运用该技术获得了小鼠全脑的高分辨率图像数据,成像质量高,且所得图像无须后期配准处理。在这一技术框架下,针对不同标记的样品,研究团队研发了可用于高尔基或尼氏染色小鼠全脑的 MOST 系统,提出了通过尼氏染色的特点获得小鼠全脑血管网络的方法,对神经元和血管网进行了空间共定位的定量分析(Wu, et al., 2014)。该团队还基于共聚焦成像抑制背景荧光的方式,实现了可以对荧光样品进行成像的荧光 MOST 系统(fMOST),首次获得了神经元全脑长距离轴突投射通路的连续追踪(Gong, et al., 2013)。同时基于双光子成像方式,该团队提出了将切片与成像过程分离的实现方式,即先使用双光子成像方式获取样品表面一定厚度的双光子成像图(z stack 图像),再通过机械切削去除样品表面已经成像的部分(Zheng, et al., 2013)。

截至当前,MOST 被认为是世界领先水平的全脑高分辨成像系统。MOST 系列工作所获得的成果和评价如下:

1)建立显微光学切片断层成像技术,在世界上率先实现了哺乳动物单神经元分辨的全脑三维成像,研究成果发表于 2010 年第 330 卷第 6009 期的 *Science* 期刊上,入选 2011 年度"中国科学十大进展",核心专利于 2014 年以 1000 万元的价格公开挂牌转让,2014 年获"国家技术发明二等奖";

2)建立荧光显微光学切片断层成像技术,首次在单神经元水平实现了全脑荧光成像,被 *Nature Methods* 综述评价为"首次展示了鼠脑内一根根轴突的长距离追踪"(2014);

3)首次提出可以通过化学方法重激活已经被淬灭的荧光蛋白分子,可应用于树脂包埋组织的荧光成像,成果发表在 *Nature Communications*(2014);

4)建立了从大范围密集神经群落数据中自动重建出单神经元结构的 NeuroGPS-Tree 方法,成果发表在 *Nature Methods*(2016);

5)发明了全脑精准成像技术,可以同时在单细胞水平解析和定位全脑神经连接形态,成果发表在 *Nature Communications*(2016)。

上述技术成果已经在国内外著名的神经科学研究单位得到应用,包括中科院神经所在内的国内二十余家单位,以及美国 Allen 脑科学研究所、斯坦福大学、冷泉港实验室等(包括两位诺贝尔奖得主的团队)。其中,"鼠脑图谱基础数据库"已被欧盟人脑计划正式采用。下文再列举几个有关 MOST 典型应用的例子。

应用一:高通量双色精准成像获取具有细胞构筑标识信息的全脑连接组

华中科技大学提出的一种"全脑定位系统(brain-wide positioning system, BPS)的全自动显微成像方法",能在单细胞水平解析及定位全脑神经结构。该方法能在全脑成像的同时进行细胞构筑的实时染色,借助多色标记还可实现多通道全脑层析显微成像。其具有的宽场大容积层析成像特点使其能高通量地获取信息,用 3 天时间、以 0.32 微米×0.32 微米×2.0 微米的体素分辨率,获取鼠脑内荧光标记的神经元及其共定位细胞构筑的全脑数据集。BPS 方法不仅将单神经元水平获取小鼠全脑连续图像的时间从十几天缩短到三天,而且可以同时在细胞水平获取每个神经元的解剖坐标。

1)提出的"实时复染"新概念,具备简单和精准的特点,无须额外的样本准备程序,利用细胞构筑染料的低渗透率实现待成像表面细胞的实时复染,取代了生物学中常用的复染完整全脑的做法,这一策略还避免了来自深层组织的背景荧光干扰。通过对同一视场的荧光标记神经元与细胞构筑的同时成像,无须再做解剖定位和双通道图像的配准,既具有准确的优势,又可以节省大量的时间,直接得到全脑连接组的精确三维图像结果。

2)数据获取时间是决定全脑光学成像能否成为常规神经生物学研究工具的重要因素。目前高分辨率的全脑光学成像技术都是采用点扫描的成像方式,难以提高成像通量。新近发展技术,利用宽场成像的高通量优势以及结构光照明对焦外背景的抑制作用,实现了快速完成完整鼠脑的高分辨率体成像,极大地缩短了单神经元分辨水平的全脑光学成像数据获取的时间。

3)利用具有高通量和自配准特点的 BPS 技术,让我们能够实现不同类型神经元及其投射的双色全脑神经网络的可视化。该技术不仅可以用于准确定位神经元和定量分析其三维精细形态,还可以借助于细胞构筑信息,识别出单个神经元或特定功能神经环路的投射所途经的核团与脑区。

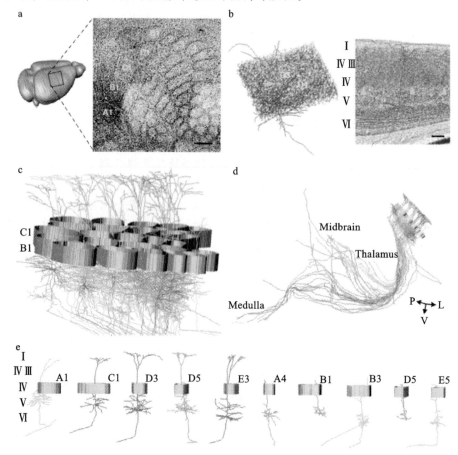

应用二：大规模密集神经元群落的自动重建方法从高分辨全脑连接图谱中快速分割出单个完整神经元

借鉴人脑执行知觉功能时的先整体后局部的识别策略，提出的 NeuroGPS-Tree 方法递进式地利用多尺度信息，快速地从神经元的三维荧光图像中重建出神经元群落，从而为绘制精细的脑功能图谱、重建大脑中的"信息高速公路"走出重要的一步。与以前方法主要专注于重建单个神经元不同，这一工作专注于重建神经元群落。通过对大量神经元进行高效定位、追踪、分配，在 3 小时内可重建 960 个神经元。

NeuroGPS-Tree 方法首先用约束主曲线方法，追踪出所有的神经纤维，然后根据已有的神经元胞体位置和形状信息，用碰撞检测方法构建神经纤维之间、神经纤维与神经元胞体之间的连接关系，最后将神经纤维分配到唯一对应的神经元中，从神经网络中分割出单个完整神经元。由于神经纤维分布的密集性，很多单神经元之间会出现虚假的连接，导致神经纤维连成复杂交织的神经元网络而无法分割出单个神经元。该方法能识别并打断虚假的连接，从神经元网络中将每一个单神经元分解出来。受人工分割神经元时人脑识别虚假神经纤维连接的启发，该方法将人脑识别虚假神经纤维连接的策略和神经元相关统计信息联合应用，利用神经网络多个尺度的神经纤维连接信息，来识别并切断虚假连接，具有较高的准确性。

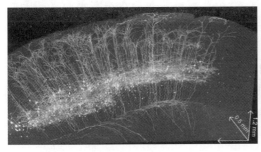 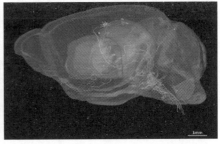

应用三：高分辨成像结合数字重建发现小鼠脑内伸展广泛的巨大神经元

华中科技大学受美国 Allen 脑科学研究所委托，为 Christof Koch 教授团队采用 MOST 高分辨成像和数字重建技术获取了巨大神经元（giant neuron）的精细结构。2017 年 3 月 2 日，Nature 杂志报道了一项新的神经元成像和重建技术，以及使用该技术带来的新发现——在小鼠脑内的三个、伸展至全脑的巨大神经元。

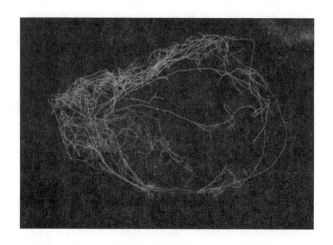

Koch 教授和他的同事首先通过培育一种特殊品系的小鼠,使它们屏状核(*claustrum*)中神经元的特定基因可以被某种药物激活,进而表达一种可以遍布整个神经元的绿色荧光蛋白。鼠脑经固定、包埋处理后,利用 MOST 对小鼠大脑进行上万层断层扫描和计算机三维重建,来追踪整个神经元。成像和重建过程由华中科技大学独立完成。结合 Koch 教授团队的标记技术,当前技术较传统神经元注射染料的追踪方法,无论从有效性、效率、成本和精度上都是一个飞跃。

这条科技新闻已在世界范围引起轰动,属于典型的"推进创新神经技术脑研究计划"。技术驱动的新发现包括:1)我们从未见过在脑内伸展范围如此之广的神经元;2)这些巨大神经元来自屏状核,一个此前被认为与人类意识高度相关的大脑核团;3)巨大神经元像长刺海星一样,似乎连接了大多数乃至全部与感觉输入和行为驱动相关的脑区。

应用四:全脑高分辨神经-血管网络空间共定位定量分析

针对不同标记的样品,研究团队先后开发了可用于高尔基或尼氏染色小鼠全脑的 MOST 系统。根据血管和神经细胞胞体染色存在差异,提出了通过尼氏染色的特点获得小鼠全脑血管网络的方法,可以同时对神经元和血管网进行空间共定位的定量分析。

聚焦于小鼠脑桶状皮层,研究了功能柱血管-细胞构筑特异性和相似性等基本科学问题。桶状皮层第Ⅳ层的穿透血管在桶间穿行,微细血管略微聚集在桶内区域,呈现出与功能柱结构一致的柱状分布。部分穿透血管的分支延伸进入了较远的非相邻桶,表现出非桶形的分布,与传统模型不同。部分穿透血管的分支有偏好性,仅仅延伸入邻近的部分桶,并没有给邻近的所有桶供血或者回流静脉血。当前结果显示出真实血管在功能柱间的构筑结构比以往的认识都要更精细而且复杂。

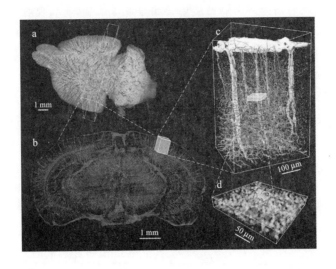

综上,一方面,以 MOST 为核心的高分辨全脑网络连接图谱成像装置以其创新性相比其他全脑高分辨光学成像有独特优势。另一方面,全脑高分辨的优势,也保证了 MOST 作为高分辨全脑网络连接图谱成像装置的核心部件的可行性。

高分辨全脑网络连接图谱成像装置的机遇与前景

脑科学研究的发展任重道远、充满挑战。纵观世界,目前仅实现了小鼠全脑真实尺度的精细结构成像;离单个细胞水平可视化完整人脑的梦想还非常遥远。已经知道,以单神经元分辨率采集一个单色标记小鼠脑的数据量都是 TB 级,单层冠状面图片的数据量是几百兆甚至数千兆。如果进行多色成像或对灵长类动物全脑成像,其数据量更是成倍增长。推进脑研究前进的第一个挑战是:大样本、高分辨、高通量光学成像。对于灵长类全脑(包含人脑)如何保持光学分辨率并实现高通量成像,这里面有许多技术问题亟待研究;同时,还有必要实现规范而工业化的流程产生图像数据。第二个挑战是:特定神经通路和特定样本的优化标记。对某一通路的稀疏标记、对不同成分的多色标记、对灵长类大脑的特异性标记,都是有待深化和改进的方向。第三个挑战是:大数据的可视化和信息化。按照预期的工程化速度产生大数据,对于目前现有的数据存储、图像处理与分析、数据管理和共享等方式已带来了全方位的挑战。同时,由于神经元类型和形态的高度复杂性,面对已获取的大数据图像,不可能采用过去手工分割图像的做法,必须发展新的方法,以实现自动地对多层次、多类型、多形态、高密度的神经结构和功能图像的数字化处理,在此基础上实现单神经元分辨的全脑可视化和定量分析的目标。最后,如何对获取的脑数据加以整合和模拟,实现脑功能的认知,发展人工智能,研究人类智力,即从理解脑到发展脑的飞跃将是更进一步的挑战。

无疑,拟建设的高分辨全脑网络连接图谱成像装置,将实现全脑微观、介观到宏观的跨尺度结构与功能成像,为揭示脑科学的基本认知功能和重大脑疾病的本质与规律、阐明重大疾病的机理并实现早期精准诊治做出重要贡献。当前,我国脑科学研究的战略布局已为本文成像装置的建设提供了历史性机遇。国内诸多专家建言献策,我国脑科学重大科技布局三大重点方向为:基础神经生物学、神经精神性疾病、类脑人工智能。以上三大方向,每一个都紧密联系高分辨全脑网络连接图谱。例如,基础神经生物学中的核心科学问题:感知和认知的神经基础是什么?智力的本质是什么?思维的本质是什么?什么是意识?意识起源于哪里?……为了回答以上问题,派生出的几个研究方向就是:脑图谱绘制、神经发育研究、神经环路解析、认知的神经基础。显然,以上研究方向高度依赖于高分辨全脑连接图谱。从神经精神性疾病来看,脑卒中、以智障和孤独症为代表的神经遗传与发育性疾病、慢性疼痛、以阿尔茨海默病和帕金森病为代表的神经退行性疾病都需要关注脑连接研究甚至是脑血管结构和功能。以 MOST 为核心的装置,提供了全脑神经和血管成像的独特优势。对于类脑人工智能,高分辨脑连接图谱的意义也是非常重大。受脑信息处理机制启发,借鉴脑神经机制和认知行为机制,发展类脑智能已成为近年来人工智能与计算科学领域的研究热点。对于类脑人工智能研究,我国迫切需要进行更为细化的布局:一方面充分利用神经科学领域的丰硕研究成果,促进神经科学与人工智能的深度融合,产生原始创新的理论和方法;另一方面进一步加强人工智能技术与产品的研发、应用和产业化发展,反过来助力神经科学研究与创新。的确,如果类脑人工智能用在全脑高分辨脑连接图谱成像装置的控制和后续图像处理环节,将可以大大加速脑科学研究的进程,形成相互促进的局面。

"工欲善其事,必先利其器。"现在,高分辨全脑网络连接图谱成像装置已初现锋芒,下一步就该是扩大使用、不断优化、发现创新从而"善其事"。以脑图谱绘制为例。脑图谱的绘制是探索智力和意识本质的基础,是开展神经精神疾病研究与干预的基础。中短期发展目标:1)绘制模式动物神经系统的神经元等细胞种类图谱、脑结构和功能图谱,其中神经元种类的鉴别是解析神经环路功能以及脑结构和功能图谱的关键性基础;2)解析神经元基因表达谱和蛋白质表达谱;3)对人类重要的脑功能亚区进行全方位的解析,从全细胞视野、精确的突触联系等结构研究,到相关功能研究。面向 2030—2050 年的发展目标:1)绘制人类大脑的分子细胞图谱、结构和功能图谱;2)解析神经元电活动的信息、意义和功能,揭示神经元信息处理工作原理并模拟电活动;3)探索脑区的基本结构与功能单元,模拟大脑处理信息的基本法则。从上面来看,更大成像规模(工业化流程)、更高成像精度(突触分辨率)、更多成像模式(基因/蛋白质标记)都是需要进一步深化发展的技术。此外,为提高我国神经科学的研发高度和深度并尽早达到国际先进水平,国际合作是发展的必要组成部分。我国宜充分利用这一时间窗口,根据我国的具体需要和必要性,有针对性地形成我国神经科学国际合作的基本策略,争取在神经科学的基础领域,由我国牵头发起国际重大科技计划。事实上,MOST团队已成为国际合作的示范,后续可进一步强化。

挑战与机遇并存。目前,正是脑研究发展的黄金时期。不难预见,脑研究将凝聚物理、生物、化学、数学、信息和认知等多学科力量,催生一系列相关新原理、新方法和新技术,必将成为新兴产业的重要引擎。当前,我国政府已加大资金投入,强化统筹规划;研究团队正在团结协作、勇攀高峰。加快建设好高分辨全脑网络连接图谱成像装置,将直接有助于我国脑科学在若干领域取得重大突破,为全人类更好地"认识脑、保护脑、创造脑"做出重要贡献。

主要参考文献

[1] 《新生物学年鉴2014》编委会.新生物学年鉴2014[M].北京:科学出版社,2015.

[2] 韩雪,阮梅花,王慧媛,等.神经科学和类脑人工智能发展:机遇与挑战[J].生命科学,2016,28(11):1295-1307.

[3] 阮梅花,于建荣,张旭,等.神经科学和类脑人工智能发展:未来路径与中国布局——基于业界百位专家调研访谈[J].生命科学,2017,29(2):97-113.

第九章　工科领域科研创新能力提升

张俐（华中科技大学）

面向新时代背景，我们亟待培养具备扎实工程实践能力、丰富创新创业意识、强有力的国际竞争力的高素质高水平的人才。本章以工科领域学术论文阅读分析为例，讲解运用批判性思维进行结构梳理和深度分析的方法，剖析从问题开始的探究—分析—评估—判断过程，培养读者对学术文献的自主思考学习能力和科研创新能力。而这，是对"什么是基本的创新能力"的实践性注解。

第一节　工科人才需要批判性思维能力

习近平总书记在 2021 年两院院士大会上指出："培养创新型人才是国家、民族长远发展的大计。当今世界的竞争说到底是人才竞争、教育竞争。要更加重视人才自主培养，更加重视科学精神、创新能力、批判性思维的培养培育。"[1]在今天的竞争环境中，我们不仅需要掌握丰富的科学知识和技能，还需要具备更高层次的思维方式和能力，以此来适应快速变化的时代需求以及面对复杂问题的挑战。创新型新工科人才必须要具备独立思考的能力、清晰的逻辑思维，同时拥有分析、评估和解决问题的能力，这就需要我们具备批判性思维能力。

一、批判性阅读对工科学生科研和学习能力的提升

批判性阅读是指在阅读过程中对文本内容进行深入思考、分析和评估。从确定主题问题开始，进行问题和论证分析，然后对论证进行概念、证据、推理、假设和辩证的探究和评估，最后对文本进行综合平衡的判断。[2]这是一个从问题开始的探究—分析—评估—判断过程。在提升工科学生科研和学习能力方面，批判性阅读教学环节的加入有望发挥重要的作用。

（1）批判性阅读强调对文本的理解和解释能力。在工科学科中，研究论文、技术文档和教科书等是获取知识的重要来源。通过批判性阅读，学生可以深入理

解文本中的概念、原理和技术,学习其含义和应用,并且可以帮助学生理解作者的写作意图。这有助于提高工科领域基础知识的掌握和应用。

(2) 批判性阅读培养了批判性思维和分析能力,学生能够通过批判性阅读审视文本中的观点、论证和数据是否合理,并进行评估和比较。在工科学科中,这种能力对于理解和评估不同理论、方法和实验结果的有效性至关重要。通过批判性阅读,学生还可以培养批判性思维的习惯,避免盲目接受信息,从而更好地进行学习和科研。

(3) 批判性阅读培养了发现问题和解决问题的能力。在工科学科中,批判性阅读可以帮助学生识别出当前研究领域存在的问题、矛盾之处或改进空间,指示新的解决方案的方向。通过批判性阅读,学生能够挖掘出新的研究问题,并通过深入分析和批判性思考来寻找解决方案。

二、训练批判性思维的重要性

联合国教科文组织提出"21世纪教育的主旋律是批判性思维与创造力"。我国部分高校也意识到这一重要性,纷纷开设与批判性思维相关的课程。然而,耶鲁大学原校长理查德·查尔斯·莱文(Richard Charles Levin)在2010年的第四届中外大学校长论坛上明确指出,中国大学的本科教育在批判性思维的培养方面仍存在不足。批判性思维能力是创新人才的必备素养之一,因此我们在培养创新人才的道路上,要加强对批判性思维能力的培养,以确保学生具备审慎思考、独立思考和创新的能力,从而真正实现教育的升级与转型。

何为批判性思维?一个广为接受、较易理解的批判性思维的定义是由恩尼斯提出的。在他看来,批判性思维是"为决定相信什么或做什么而进行的合理的、反省的思维"。批判性思维是一种能够帮助我们进行深入反思和理性分析的思维方式。它能够帮助我们评价信息的有效性和可靠性,识别逻辑错误和偏见,发现并解决问题。在使用批判性思维时,我们需要对所涉及的问题进行充分的研究和调查,收集相关的信息和证据,然后对信息进行评估,最终形成自己的观点和结论。批判性思维可以帮助我们避免盲从和被动接受他人意见的情况,提高我们的决策能力和解决问题的能力。

批判性思维作为人类智力的重要组成部分,在智力教育中具有不可或缺的地位。单纯依靠记忆式学习知识是不足以代表优质教育的。通过培养和发展批判性思维能力,学生才能真正理解和运用所学知识,拥有更广阔的认知视角和解决问题的能力,从而更好地适应未来社会的挑战和变化。

批判性思维能力对培养创新型新工科人才至关重要。首先批判性思维有助于超越传统思维模式和固有观念,打破思维的局限,挑战常规思维方式,帮助寻找新的解决方案和创意,推动创新发展。其次,批判性思维使人们更加敏锐地观察和分析现实生活中的问题和需求。[3]通过深入反思和理性评估,可以识别问题并寻找创新的解决方案以满足市场需求。再次,批判性思维还有助于将多个观点、领域或学科进行综合,形成新的理念和创新的解决方案。最后,对学生进行批判性思维训练,有助于他们养成求知、求真、求理的习惯和良好的理性思维习惯。这些习惯对学生未来的研究道路具有重要帮助,使他们能够更有效地解决问题。通过对批判性思维的训练,可以激发个人的创新思维和开拓精神,提高问题解决能力,这些正是创新型人才所必备的重要素质。

第二节 如何训练工科学生批判性思维能力

一、开设批判性思维相关课程

科技创新的源头在于发现问题,而问题的产生需要充满质疑精神的批判性思维。运用批判性思维就是实现创新的过程,要实现创新必须具备批判意识和创新意识。因此聚焦于批判性思维的培养与应用,面向华中科技大学机械科学与工程学院的学生专门开设了"大学生批判性思维"课程,目标在于培养大学生观念的清晰理解和阐释、问题的分析与概括、命题的推理与论证、结论的评估与说明、自我认知和修正的能力特征。希望改善中国高校科技人才的培养路径,提高中国高校人才培养的质量,逐步追赶甚至超越国外高校批判性思维教育的发展。

在大学教育中,我们致力于培养学生观念的清晰理解和阐释能力,以及问题的分析与概括能力。观念的清晰理解和阐释能力对学生准确把握知识关键、提高学习效率和学习成果至关重要。同时,问题的分析与概括能力使学生能够深入思考并解决复杂问题,从而培养批判性思维和逻辑推理能力。因此,在教育教学中,培养大学生观念的清晰理解和阐释、问题的分析与概括能力是不可或缺的重要环节。这一培养旨在帮助学生建立全面的认知结构,加强他们的批判性思维能力的训练和提高解决问题的能力,为未来的学术研究和实践应用奠定坚实的基础。

我国高等院校一直在实施教育教学改革,不断在与时俱进,传统的PPT教学方式已经不能达到最好的教学效果,我们通过增加课程的趣味性来提高工科学生的学习兴趣,在活跃的课堂氛围中达到最好的教学效果。我们采用"学科论文阅读与分析+田野课堂"来丰富教学模式,调动学生的学习积极性,加深学生对知识的理解和掌握,以达到更好的教学效果。从学科论文出发结合实践活动,通过阅读论文了解前沿的学术研究成果和方法,培养对学术问题的洞察力;在实践中阅读理解文章并且针对文章内容提出相关问题,提高学生分析概括问题的能力;最后对问题进行汇总讨论并进行展示,让学生探究问题、表述观点的能力得到训练。田野课堂设计的越野规则如下:在前期准备工作中,学生提前阅读老师给定的相关学科前沿文献,我们会根据文献分析布置6个要点对应的越野活动目标点位。为了帮助学生在越野过程中进行分析评估,每个目标点位都设置了一个小盒子,并放置了提示锦囊。在越野活动开始时,学生自发组成小组,并邀请一位带着提示锦囊的研究生或老师加入。每个小组选取一篇专业内的学术论文进行阅读和分析。学生领取纸笔和水后,开始越野活动。在越野的过程中,根据6个要点,学生针对所选文章提出相关问题。当小组到达指定的点位时,将对应要点的问题放入小盒子中。在到达新的点位或特定地点时,打开小盒子内的提示锦囊,并获取里面的帮助信息。最终,当小组到达终点时,越野活动结束。在后期的研讨环节中,所有小组完成越野活动后,收集并统计各组的问题卡片。然后,各组成员围坐在一起讨论并汇总论文问题。学生将问题进行整理并在A1图纸上绘制关系图。最后,各组将使用绘制的关系图进行汇报展示,并接受老师的点评。越野规则如图9-1所示。

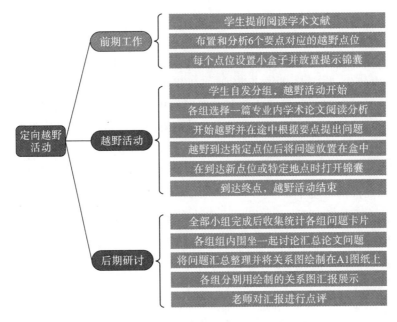

图 9-1　越野规则

训练推理、论证、评估和表述能力是培养学生综合素质的重要组成部分,同时也是改善批判性思维不可或缺的环节,当代年轻人对"剧本杀"的情绪高涨,我们结合这种模式提出了"模拟法庭+田野课堂"的新教学方法。为了更好地锻炼学生的表达和交流能力,联合不同学院的学生进行混合分组,相互学习交流。通过模拟侦探游戏和模拟法庭的形式,大大激发学生主动探索的兴趣,通过对案件细节的线索进行寻找,打开学生推理思维,激发学生进行热烈讨论,有效地在教学实践中锻炼了学生的推理、论证、评估和表述能力,达到训练学生批判性思维的目标。

我们选取2001年的北卡罗来纳州楼梯悬案(又称"Peterson案")作为案例进行调查。游戏规则如下:

第一,全体同学按单数人员一组,分单数组,每组同学作为一名陪审团成员,分组完毕后面对面建群,建立联系方式。

第二,全体同学按分组在指定地点内分三轮寻找线索,线索将在不同时段在指定地点内进行投放(包含文字线索、图片线索和误导性线索)。

第三,每轮线索找寻结束后请各陪审团成员在约定时间(30分钟以内)回到出发点,小组内部据线索进行讨论(先到的小组可以提前开始讨论,并获取一定的茶点休息),内部需达成一致。随后每组2分钟时间陈述自己寻找的线索,以及从中挖掘的隐含前提(假设),并对其进行推理,获得本轮的论证。

第四,每轮各小组陈述后进行投票表决,判断嫌疑犯是否是真正的犯人(投票结果可以与本轮论证结果不同)。

第五,第三轮陈述之前,各组拥有15分钟讨论时间,需要在白纸上针对前述挖掘的所有线索、隐含前提(假设)和推理进行论证分析,其形式包含:对假说的经验证据,常常来自对比随机试验或者对假说做出的预言的检验;排除其他可能导致这个现象的因素(替代假说),这通过对比试验的设置和/或额外的研究达到;对假说中的因果机制的说明和论证,表明因果作用是怎么进行的,依据的原理和研究是什么;对可能的局限、疑惑、反驳或竞争假说的讨论,以便把结论置于一个辩证、谨慎和发展的语境中。

第六,在完成论证后,尝试根据线索补充论证的隐含前提并指出可能存在的误导性线索。

第七,游戏结束条件,所有陪审团达成一致,游戏结束。如三轮投票结束后仍未达成一致,结束条件自动变更为所有学生分组选边投票,法庭将按民意执行判决。

学生通过参与课堂实践楼梯悬案的"剧本杀"活动,有效地训练了批判性思维能力。在这个过程中,学生需要对线索进行细致的分析、评估和推理,以寻找其中的逻辑联系,进而确定事实真相。这种游戏形式要求学生依据线索和潜在的前提条件进行推理,从而找到解决问题的关键所在,这对于培养他们的逻辑思维和推理能力大有裨益。此外,通过混班分组的方式,学生有机会与来自不同班级的同学一同合作、讨论,共同应对挑战,这不仅锻炼了学生的表达和交流能力,也为他们提供了培养团队合作和协作能力的机会。在此过程中,学生的问题解决能力也得到了显著提高。通过收集线索、分析证据来解开案件的谜团,这一过程无疑为培养他们分析问题、解决问题的能力提供了有力的支持。

在大学教育中,对于批判性思维的训练具有极其重要的意义。在培养工科创新型人才领域中,训练批判性思维是一项具有挑战性的任务,因为传统的工科教育更加注重理论和实践技能的培养,较少涉及批判性思维的培养。针对如何更加有效地训练工科学生批判性思维能力进行探究,结合新型的教学模式"田野课堂"对传统的"满堂灌"教学模式进行改革,把对批判性思维的训练落实到学生理解、分析、推理、论证、评估和表述能力的提高上,将这些训练融入教学内容和教学实践中,在丰富教学内容的同时调动学生学习的主动性,并且达到有效训练学生批判性思维的教学目标。应对新时代的新工科人才需求,通过"田野课堂"教学实践,有意识地训练学生的批判性思维,激发他们的创新意识,提升他们解决问题的能力,才能更好地满足工程技术领域对于高素质人才的需求。

二、融合式批判性思维课程

本部分选取的研究对象是华中科技大学机械科学与工程学院开设的"工程制图"课程。该课程是面向机械设计制造及其自动化专业大一学生开设的必修课,内容包括画法几何投影理论、物体的图样表达方法、国家制图标准、专业技术制图等,旨在为学生后续从事工程技术工作奠定基础。为了在"工程制图"课程教学中实现专业教育与批判性思维培养同步发展,教师需要在专业知识点和批判性思维教育的关联性上进行深入思考,并巧妙地设计教学过程。

"工程制图"课程与批判性思维培养的融合表现在两个层面(见图9-2)。

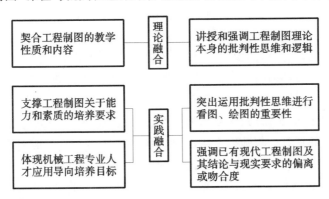

图 9-2　课程与批判性思维融合的具体要求

理论融合层面:在契合工程制图专业课的教学性质和内容的基础上讲授工程制图本身的批判性思维和逻辑,不仅关注学生对于专业知识的掌握和应用,还强调他们的批判性思维能力的培养,引导学生在学习经典投影理论和三维设计与表达方法产生的背景、争议和不同观点的过程中,体会前人如何运用批判性思维去提出新的理论。

实践融合层面:其一,在支撑工程制图关于能力和素质培养要求的基础上突出运用批判性思维进行看图、绘图的重要性。制图的过程不仅是操作的过程,更是思维训练的过程。通过一系列流程再现立体图形的全貌,可以让学生深入探究其中二维、三维转换过程中的隐含的假设,帮助学生在自主学习的过程中掌握和更新工程制图相关标准、加工工艺和表达技能知识,同时提高自身的批判性思维能力。

其二,在体现机械工程专业人才应用导向培养目标的基础上强调已有现代工程制图及其结论与现实要求的偏离或吻合度。引导学生理解和把握理论学习与现实运用的差距,即批判性思考知识、观点,帮助学生灵活应对外界条件变化,如新的加工设备、新的应用环境、新的制图标准等,以成长为面向现实的应用型人才。

批判性思维能力作为高阶能力之一,其发展有赖于多样而又有针对性的教学设计。基于目标定位、内容聚焦、环境创设等多方面的合理教学设计能给能力训练提供有效教学支持。基于此,为深入分析"工程制图"课程与批判性思维的融合情况,从教学目标、内容、策略、评价等课程要素层面对教师的教学设计进行梳理。

1. 以"浸没"式培养目标,创设沉浸式课堂

课程目标层面,教师通过潜移默化的言传身教,助力学生在沉浸式课堂氛围中培养批判性思维能力。"工程制图"课程教学大纲将教学目标分为知识目标、能力目标和情感目标三部分,其中知识目标要求学生掌握读图的基本要点、方法以及绘图相关知识;能力目标是通过分组合作学习活动,提升学生的空间想象能力和动手制图能力;情感目标旨在培养学生严谨细致的态度、创新意识以及积极进取的精神。然而,在当前的课程设计中,专业认证的毕业要求往往成为课程教学目标设计的核心,故其往往以符合专业性人才培养要求为重,突出的是专业化的技能训练,对批判性思维能力的培养并没有明文规定。正因如此,教师应致力于通过采取多样化的教学方式来创设批判性思维氛围浓厚的课堂环境,以助力学生实现高阶能力的提升。教师以学生思维训练为主线,在知识、能力培养目标的基础上,将批判性思维融入具体知识并自然地贯穿课程教学的全过程,通过有机融合知识传授与能力培养的方式,潜移默化地实现批判性思维培养的隐性教学目标。

2. 以发散式教学内容,激发多元逻辑探究

课程内容层面,教师以发散式问题为依托,引导学生进行多元逻辑探究。反

思性、理性是批判性思维的重要特点,需要通过多元化的发散性问题被激发,从这个角度看,批判性思维具有多元逻辑的特征。[4]保罗将"一元逻辑"定义为可以通过标准框架中定义的操作解决的问题及解题方法,而与之相对的"多元逻辑"则指的是与其他问题群交织在一起且没有特定标准框架的问题。工程科学问题在某种程度上正是"一元逻辑"的问题,如某组合体的正视图是唯一的,但由于现实中常常存在不同视角的碰撞、推理路径的矛盾以及逻辑困境的困扰等,工程科学问题亦蕴含着"多元逻辑"的种子,如组合体的正视图绘制方法却不是唯一的。需要采用多元逻辑的方法来应对这些挑战,深入理解和合理处理问题。因此,教师在教授学科基础知识和基本理论的同时,应注重设计开放式、发散性的问题,让学生在多元标准框架中进行分析和思考,并表达自己的思路。这有助于引导学生不断思考和反思,提高他们的批判性思维能力。同时,通过这种方式,学生能够更好地理解和应对在实际问题的解决过程中所面临的复杂性和困难,更好地掌握多元逻辑的方法和技巧,从而提高解决实际问题的能力。

在这门课程中,教师并不认为开放式问题和封闭式问题是互不相容的,而是提倡两者在课堂中共存。教师采用以开放式问题为主、辅以封闭式问题的策略进行教学提问。如,在组合体三视图的教学中,教师会先提供具体化的问题作为引导,在学生经历了完整思维过程后,再提供适当程度的开放性问题以激发学生进行多元逻辑探究。其中,在组合体教学部分的导入环节,教师以三通管这种简单的、常用的零件为例进行导入,利用图片演示等方式向学生展示组合体结构,并引导学生思考"组合体的结构特点"这一开放性问题。随后,通过提供不同程度的提示,教师引导学生理解所提供信息中包含的问题或观点,建立自己的观点、立场或假设。此外,教师还通过设计一题多解的习题,鼓励学生分享各自的解题思路。所有这些措施都是为了打开学生的思维,引导他们发现隐含问题,培养学生的批判性思维能力。

3. 以对话式教学策略,引导思维持续建构

教学策略层面,教师通过营造对话式教学情境,引导学生在交互中不断建构个人思维。"对话"要求学生在自我和他人的观点基础上表达新的理解和认识,这意味着交流实际上是一个相互作用、适应和改进自己思维的过程。仅仅进行知识灌输并不能让学生真正理解知识,师生对话和生生对话对于检验和完善学生的理论体系尤为重要。在"工程制图"课程中,教师设计的主要对话方式是小组讨论。它是学生在完成新知探究和建立解决问题的知识结构后应该进入的任务实施阶段,也是课堂对话的重要方式。通过小组讨论,学生可以在互相交流和讨论中发散个人思维,使自己的理解得到更全面和深入的发展。对话分三个阶段进行设计:

其一，个人观点与标准框架进行对话。

在组合体及三视图内容的教学中，教师首先会介绍组合体的组合形式、三视图的位置关系和投影规律等基础知识，并详细展示组合体三视图的绘制步骤。随后，教师会现场布置一道绘制组合体三视图的题目，要求学生分组完成。在此过程中，学生首先会自我探索绘制方式，并与组合体三视图绘制的多元标准框架进行对话碰撞，例如，"该组合体由哪些基本体组成？""如何选择主视图？"等等。通过提出"为什么""怎么样"等问题来引导自己的思维，形成自己的解题思路。个人观点和标准框架之间的对话有助于学生对专业知识建立更深入的理解和认识，并进一步推动他们的思维发展。

其二，自他观点与标准框架进行对话。

组合体三视图的表达方案并不是唯一的，这说明绘图的标准框架具有多元性。个人分析过后，小组成员进行充分的交流和思维碰撞，以便从多个绘图方法中选择最优的表达方案。他们会辨识各个表达方案的优劣，并确定多个绘图方法的理由和论据。在学生之间的观点碰撞中，按照标准对每个表达方案进行评价，判断其价值和相关信息，并针对评价内容、标准或方法提出疑问。这是个体、他人和标准框架之间对话的过程。随后，小组成员会共同评价可能的表达方案，并最终融合成集体观点。通过这样的过程，学生能够更全面地理解和应用课程知识，同时也能够培养批判性思维和团队协作能力。

其三，融合后的集体观点与标准框架进行对话。

经过小组讨论，学生们在融合了个人和他人思维的基础上，达成了集体的最终观点。此时，教师会将各小组自行绘制的作品投放在屏幕上进行展示，引领学生自评和小组互评，鼓励他们全方位考虑影响绘图结果的各种因素，如剖切方式的选择、主视图方向的选择，等等，并分析每一组最终成果的优缺点，在这个过程中引导学生逐渐明晰组合体三视图的多元化标准画法，这是学生们融合后的集体观点和教师提供的多元标准框架进行对话的过程。通过这样的交流，学生们能够深入理解和应用教学知识，同时也能够拓展他们的思维方式和评价能力。

这种对话性交流的方式通过不断的交互和探究，达到思维持续建构的目的。在这个过程中，学生能够全面认知自身观点在标准框架中的位置，思考进行探究的动机，并在不同对话阶段持续地构建自我思维。通过采用包容性的标准，学生能够调整和完善自己的思路，不断提出独具创意的见解，超越自我的限制和他人的认知范畴，达到全面提高的目的。这一过程有助于拓展学生的思维深度和广度，增强其独立思考和批判性思维的能力。

4. 以过程式评价方式，实现思维过程显性化

教学评价方面，教师借助小组互评、教师反馈等方式显性化思维过程，引导学生不断反思、评估并优化自身思维,以达到批判性思维训练的目的。有效的教学评价是课堂教学中不可或缺的环节,它能够反映学生学习和发展与教学目标之间的内在联系。该课程中,教师并不会过于看重学生纸面上的成绩,也不仅仅关注对学生知识记忆、理解等基础性能力的评价。相反,教师将学生批判性思维能力的实时发展状况作为重要的评价标准,以确保教学目标的顺利达成,并调动学生自主学习的积极性。

在上面的课例中,小组讨论后会有师生点评、生生互评等评价环节,教师会展示自己的思维过程,显性化各个操作阶段的思维要点,并对学生的绘图结果及思维过程进行点评。学生在对比教师思维步骤的过程中自我反思、总结并进行针对性改进。这样的教学过程注重对学生的过程性评价及引导,通过阶段化的反馈指导帮助学生及时调整思维。批判性思维的形成是一个曲折的过程,批判性思维能力的培养亦不能一蹴而就。因此,在该课程中,教师对学生的发展评价指向学生的过程性学习,以学生在能力训练过程中表现出的思维进步为抓手,记录学生的点滴思维能力增长。教师重视过程性评价,而不是仅关注学生的纸面成绩,这有助于学生理解和掌握知识并提高其批判性思维能力。实际上,这种过程式评价方式也进一步肯定了持续性学习对于批判性思维能力增长的作用,这种方式能够更好地促进学生的学习,并真正实现对学生创新能力培养的效果。

第三节 从批判性阅读走向科研创新

一、批判性阅读实现知识生产

批判性阅读对学生在理解论文中的论证过程、概念、证据、推理、假设和辩证思考等方面起到了重要的作用。通过批判性阅读,学生可以更加深入地分析和评估论文的内容,从而提高对论文的理解和批判性思维能力。

批判性阅读帮助学生理解论文中的论证过程。学生通过仔细分析论文作者提出的论点,并追踪其论证的过程和逻辑链条,来帮助他们理解作者的思路和论证策略。这种思维能力帮助学生判断论点是否合理,是否有足够的证据来支持。批判性阅读帮助学生理解和应用概念、证据和推理。

批判性阅读帮助学生理解和应用概念、证据和推理。学生通过批判性阅读可以解析论文中的概念定义,理解作者所使用的专业术语和概念框架。同时,他们也能够辨别证据的来源和质量,并评估其在论证中的作用。

学生能够通过批判性阅读更好地理解论文作者所使用的推理方式,包括归纳、演绎、类比等,进而判断其逻辑是否合理。批判性阅读还有助于学生发现和评估论文中的假设。学生能够识别作者在论文中所依赖的假设并判断假设的合理性。通过批判性思考，他们可以质疑和进一步探究这些假设，从而促使自己的思维更加深入和全面。

批判性阅读鼓励学生进行辩证思考。学生通过对论文观点的评估和反思，能够发展出自己的思考观点，并学会从多个角度看待问题。这种辩证思考能力使学生能够在阅读和理解论文的过程中形成自己的独立见解，并能够与他人进行深入的学术交流和讨论。

批判性阅读帮助学生更好地理解论文中的论证过程、概念、证据、推理、假设和辩证思考。通过培养批判性阅读能力，学生能够更加深入地理解和评估学术内容，提高自己的学术素养和批判性思维能力。通过应用批判性阅读的方法，在阅读学术论文的过程中学生可以更好地做到主动提问、评估证据、分析推理、审视观点合理性，并培养创造性思维。这样能够促使学生在知识生产中更加客观、全面和深入地思考问题。

二、案例分析：例文介绍与梳理

在机械专业的批判性思维应用与培养方面，侯宁等已经以金属切削技术这一门机械专业课为例，借助教科书等资料对如何在专业课中加入批判性思维教学提供了参考。[5]所以本文将从学术论文视角，运用批判性阅读的方法与技巧来分析和思考一篇机械领域高水平论文，尝试为机械专业学生运用批判性阅读提升学习与科研能力提供参考。本文选用江南大学刘仁教授团队在2023年4月发表在《自然通讯》上的一篇名为《通过近红外辅助墨水直写的无支撑多尺度大跨度陶瓷3D打印》的论文作为示例进行批判性阅读。

例文的主要内容是研究人员针对当前低角度陶瓷3D打印过程中需要添加额外的支撑结构的问题，提出一种近红外辅助墨水直写技术来实现无支撑的多尺度大跨度的陶瓷材料3D打印，避免支撑结构对于打印效率和力学性能的负面影响，并且最终成功通过此技术打印了不同尺度和不同结构的零件进行验证。

在进行批判性阅读和分析时有一套标准的思维流程图（见图9-3），这些思维过程的顺序并没有特定要求，在实际运用过程中也可能出现交叉或重复。上文对例文的主要内容和结构进行理解梳理对应"分析论证结构"阶段，可以帮助读者快速理解论文的脉络结构。在厘清论文大体结构后，可以利用批判性阅读的思维方法进行评估和判断，启发和开阔阅读者的思维。[6]

董毓将批判性思维的路线图分为问题、概念、证据、假设、推理和辩证六个环节（见图9-4），这六个环节可以对应到思维流程图中的不同阶段，读者可以从这六个环节进行合理提问和质疑，从而引发对阅读内容的进一步思考，最终组织形成综合的判断，提升在机械学科内的学习和科研能力。[7]

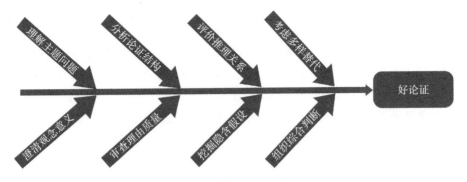

图 9-3　批判性阅读思维流程图

图 9-4　批判性思维分析评估论证的六个环节

从问题角度出发,对应"理解主题问题"阶段,主要针对介绍部分的内容,可以从问题的构成、来源、重要性以及作用等方面思考。例文的问题可以大致分为两个:一是传统工艺难以快速准确制造陶瓷材料的问题;二是如何在增材制造工艺中实现无支撑打印陶瓷材料的问题。两个问题都是机械制造领域产生,经过多篇学术论文归纳总结得到的,因此问题本身的来源和重要性都是足够可靠的。例文着重解决的问题二,是通过问题一聚焦得到的,因为传统工艺难以解决问题一,所以采用增材制造解决问题一,在解决的过程中产生了问题二,那么在研究和学习的过程中,我们就可以退回到问题一,提出新的思路,例如能否通过改良传统方法来解决陶瓷材料的制造问题?这样就打开了学科内学习和研究的新思路。

从概念角度出发,对应"澄清观念意义"阶段,可以对例文的关键概念进行合理质疑分析，思考所有的定义是否清晰一致，有没有影响理解或论证的地方。以例文中陶瓷这一概念为例，在制造业中，陶瓷泛指一类由金属、非金属（或两者）元素构成，通过离子、共价键（或两者）强烈地结合在一起的化合物，而非传统观念中单纯由黏土烧制而成的工艺品陶瓷。例文在介绍部分提出基于紫外光的辅助墨水直写技术难以应用到陶瓷材料制造的原因是紫外光在陶瓷材料中的穿透性差，而在结果部分的实验三中，为证明近红外光相对于紫外光的穿透优势，以二氧化硅为对象进行了实验验证，这里就有概念不一致的地方：二氧化硅只是陶瓷中非金属氧化物陶瓷的一类，除此之外还有如氧化铝陶瓷等金属氧化物陶瓷，只通过二氧化硅进行实验显然无法严谨地证明近红外光相对于紫外光在整个陶瓷类材料中的穿透优势，这就是后续在科研学习中可以进一步完善或补充的地方。

从证据角度出发，对应"审查理由质量"阶段，主要是判断提供的证据是否真实可信，相关的内容是否充足。例文的介绍部分援引多篇学术论文，证据充足，来源可信，在结果部分也进行了八组不同的实验，从不同的维度对近红外辅助墨水直写技术制造陶瓷进行了论证。只看实验部分，实验的数据和方法都符合基本的科学要求与规范，更多的实验细节在例文中并没有体现，在进行相关领域的学习或科研时，也可以通过实验复现的方式进行证据质量的鉴别。

从假设的角度出发，对应"挖掘隐含假设"阶段，就是分析推理论证的过程中有没有包含隐藏的假设，这些假设是否科学合理，能否经得起质疑推敲。以例文结果部分的实验五为例，在进行打印吞吐量测定时，例文对不同近红外光强度、喷嘴直径和打印速度对应的打印吞吐量进行测定，发现对于相同尺寸的喷嘴，所需最小光能随着打印速度的增加而增加；对于相同的打印速度，所需最小光能随着喷嘴尺寸的增加而增加。因此，例文根据这一结果进行合理假设：在给定的近红外光强度下，喷嘴的尺寸是最大打印速度的限制因素。这一假设看起来与实验结果吻合，但其实也包含一个隐藏的前提，那就是给定的光强足够在喷嘴和打印速度增大的范围内满足原位固化的条件，找到这一隐含前提，才能更好地进行研究和学习。这个隐含前提是合理的，如果给定的光强足够，喷嘴和打印速度在一定范围内增大，只要可以确保光线充分覆盖到需要固化的区域，材料能够在足够的时间内完成固化，就可以得到良好的打印效果。

从推理角度出发，对应"评价推理关系"阶段，就是在已有证据的前提下分析能否由这些证据得到相应的结论。例文介绍部分的证据和推理主要是为了得到研究的主要问题和研究思路，将宽泛的问题聚焦到如何进行原位光固化上面，推理过程思路清晰，论证较为可靠。结果部分，实验一到实验五分别从浆料流变特性、工艺固化特性、近红外穿透性能、打印精确性和打印速度等方面从理论的角度上分析近红外辅助墨水直写工艺无支撑打印陶瓷材料的可行性,实验六到实验八则分别制造了高难度样件、多材料样件以及异形样件,从实践的角度证明了该技术的实用性。将科学分析与实际制造相结合,并且通过实验验证了近红外辅助墨水直写技术可以实现原位固化,并且具备比较高的打印精度和较快的打印速度。由上述分析可以看出案例论文的推理过程是非常严谨的。

从辩证的角度出发,对应"考虑多样替代"阶段,就是考虑替代观念,进行辩证论证,思考研究中是否有例外情况,有没有其他因素或者替代的解释。例如针对后三组证明工艺应用广泛性和实用性的样件打印实验,是否有除了这三种类型样件外其他工业生产中难以制造的样件,例如这一工艺能否打印超大尺度的陶瓷件？或者针对支撑问题本身,是否所有场景都会有重力的影响？能否通过外加场的方式消除重力的影响？这些例外的思考可以使学生更加全面地考虑问题,提升学生学习和科研的批判性思维能力,而创新就是来自批判性思考的过程。

思 考 题

1. 请梳理在工科创新过程中,批判性思维能力如何起到关键作用？
2. 以一篇科技领域文章为例,进行批判性阅读并撰写阅读报告。
3. 请谈谈你对融合式批判性思维课程的看法。

参 考 文 献

[1] 习近平. 在中国科学院第二十次院士大会、中国工程院第十五次院士大会、中国科协第十次全国代表大会上的讲话[J]. 当代党员,2021(12)：3-7.

[2] 潘家明. 批判性阅读教学与批判性思维能力培养[J]. 教育探索,2009(3)：121-123.

[3] M. Fuad, D. Deb. Back to the basics: Read critically, reflect prudently and write analytically. 2017 20th International Conference of Computer and Information Technology (ICCIT), Dhaka, Bangladesh, 2017, pp. 1-5, doi: 10.1109/ICCITECHN.2017.8281847.

[4] D. F. Dalton. Critical reading-an evaluation of a teaching approach[J]. Frontiers in Education Conference, 2009:1-6.

[5] 侯宁,尚晓峰,孔宪俊,等.机械专业学生批判性思维培养中的问题设计与启发规律——以金属切削技术课为例[J].高教学刊,2022,8(15):103-106.

[6] P. Langprayoon, N. Manphadung. The Study of English Critical Reading Abilities with Video Sharing on Social Media Platform and Mind Mapping of English Teaching Program Students. 2022 7th International STEM Education Conference (iSTEM-Ed), Sukhothai, Thailand, 2022, pp. 1-4, doi:10.1109/iSTEM-Ed55321.2022.9920890.

[7] (加)董毓.批判性思维原理和方法——走向新的认知和实践[M].2版.北京:高等教育出版社,2017.

第十章 批判性思维在光电学科的实践应用

郭闻达(华中科技大学)

光电学科既古老而又充满活力:人类对光的认识和利用有着悠久的历史,而新鲜之处则体现在随着科技的发展,新的理论和应用不断涌现。光电学科发展的动力在于提出问题,综合二元问题分析法、批判性思维路线图、因果论证的四大支柱,总能让你找到"什么是新颖的研究思路"。

第一节 光电学科的发展动力

批判性思维精神散布在光电学科领域的每一个角落,批判性思维推动了光电学科领域的科学发展。爱因斯坦曾说过:"提出一个问题往往比解决一个问题更为重要,因为解决问题也许只不过是一个数学上或实验上的技能而已。而提出新的问题、新的可能性,从新的角度去看待旧的问题,都需要有创造性的想象力,而且标志着科学的真正进步。"(The formulation of a problem is far more often essential than its solution, which may be merely a matter of mathematical or experimental skills. To raise new questions, new possibilities, to regard problems from a new angle requires creative imagination and markes real advances in science.)"重要的是不要停止提问,好奇心有其存在的理由。当一个人在思考关于永恒的奥秘、生命的奥秘、现实的奇妙结构时,他会不禁心生敬畏。如果一个人每天试图了解一点这些奥秘也就足够了。"(The important thing is not to stop questioning. Curiosity has its own reason for existing. One cannot help but be in awe when he contemplates the mysteries of eternity, of life, of the marvelous structure of reality. It is enough if one tries merely to comprehend a little of this mystery every day.)

其实,光和电本身就是一对充满辩证意义的词语。光照射到某些物质上引起电学性质发生变化,光的能量转换成电的能量。早在1839年,法国物理学家亚历山大-埃德蒙·贝克勒尔在研究光在电解池中的作用时便发现了光电效应。此后,勒纳德对光电效应进行了系统研究,并正式提出了光电效应这一明确的概念。1905年,爱因斯坦在《关于光的产生和转化的一个试探性观点》[1]一文中,用光量子理论对光电效应进行了全面的解释。爱因斯坦主张,光的能量并非均匀分布,而是负载于离散的光量子(光子),而光子的能量和其所组成的光的频率有关。这个突破性的理论不但能够解释光电效应,也推动了量子力学的诞生。1916年,美国科学家密立根通过精密的定量实验证明了爱因斯坦的理论解释,从而也证明了光量子理论。爱因斯坦获颁1921年诺贝尔物理学奖,正是由于"他对理论物理学的成就,特别是光电效应定律的发现"。最经典的应用莫过于太阳能电池,1958年美国在世界上首次将太阳能电池使用在卫星上,到20世纪60年代,绝大部分的卫星都使用了太阳能电池。此后,太阳能电池逐步走入民用市场。目前,中国占据了全球80%以上的太阳能电池板市场,处于绝对的主导地位。而电光转换则是其辩证的另一面,是开启人类科技爆发的命运之钥。电荷(载流子)注入半导体材料之中,载流子不停地运动、结合、激发再退激发,不同的结构带来不同波长的光,电能转化为光能。例如半导体激光器,广泛应用于通信、数据存储、医疗和科学研究等领域,是现代科技发展不可或缺的一环。再比如电致发光二极管,在照明和显示领域点亮了人们多彩的生活,这在百年前甚至是不敢想象的,传统的白炽灯甚至已经走进了历史的尘埃,不再被人们记起。

第二节　科学探究的基础模型

科学探究的过程由两个基础部分构成:①对论证的分析;②对论证的评估。从问题、概念、证据、推理、假设和辩证等角度对一个研究的论证进行分析和评估则可以利用切实可靠的工具——"鱼骨图"(图1-4,本书中已多次引用)。

更进一步地,可以从以下六个方面提出具体思考:

(1) 本研究的问题构成、来源、重要性和作用如何?(问题确定和分析)

(2) 本研究的关键概念有哪些?定义是否清晰、一致?(澄清观念意义)

(3) 研究中所提供的证据可信吗?相关和充足吗?(审查理由质量)

(4) 研究中所提供的证据真的能推断出这个结论吗?(评价推理关系)

(5) 论证需要什么未说明的假设?这些假设可检验、可信吗?(挖掘隐含假设)

(6) 是否有反例?是否有例外?有其他因素或替代解释吗?(考察替代观念,进行辩证论证)

对于光电学科领域来讲，大多数研究可归属于自然科学的因果论证，即要解释或解决存在的科学现象或问题而提出假说，发展"好"的论证证明其可靠性。典型地包括四个方面的前提：

（1）对假说的经验证据——常常来自对比随机试验或者对假说做出的预言的检验。

（2）排除其他可能导致这个现象的因素（替代假说），这通过对比试验的设置和/或额外的研究达到。

（3）对假说中的因果机制的说明和论证，表明因果作用是怎么进行的，依据的原理和研究是什么。

（4）对可能的局限、疑惑、反驳或竞争假说的讨论，以便把结论置于一个辩证、谨慎和发展的语境中。

本节理论依据来源于董毓老师的批判性思维课程和教材。[2]

下一节中，我们将运用论证分析和论证评估的基础模型对光电学科领域的案例进行实践。

第三节　光电学科领域案例分析

前文提到，科学研究是一项系统性的探索和发现的过程，从科技文献阅读到衍生出新的前沿课题，批判性思维工具贯穿始终地指导和推动整个研究进程。本节将结合光电学科领域中的具体案例，紧密结合"鱼骨图"来展示一些实用的方法和技巧，以帮助初学者能够更直观地理解和学习。

一、案例一：以《有机发光二极管蓝光材料研究进展》[3]一文为例

假设你作为一名科研新手，导师提供了一篇论文供你阅读，希望你尽快对该领域有所了解，那么首先，我们要对文献的基本信息有所了解，可进行问题罗列以便对关键信息查缺补漏，例如文章体裁、期刊信息、作者信息、时间信息、具体领域、基金支持情况，等等。更可以根据自身知识储备提出更深入的问题，比如期刊是否为本领域权威期刊，仅中文发表或仅英文发表或多种语言类型，作者属于哪个单位，作者是否为本领域权威研究者，作者有哪些过往研究经历，等等。图 10-1 为《有机发光二极管蓝光材料研究进展》一文文献信息快照图，上述部分问题可以直接得出结论。

比如，期刊名称为《发光学报》，发表日期为 2023 年 1 月。本文为中文文章，作者共 4 人，作者单位为华南理工大学和广东工业大学。本文体裁为综述类型文

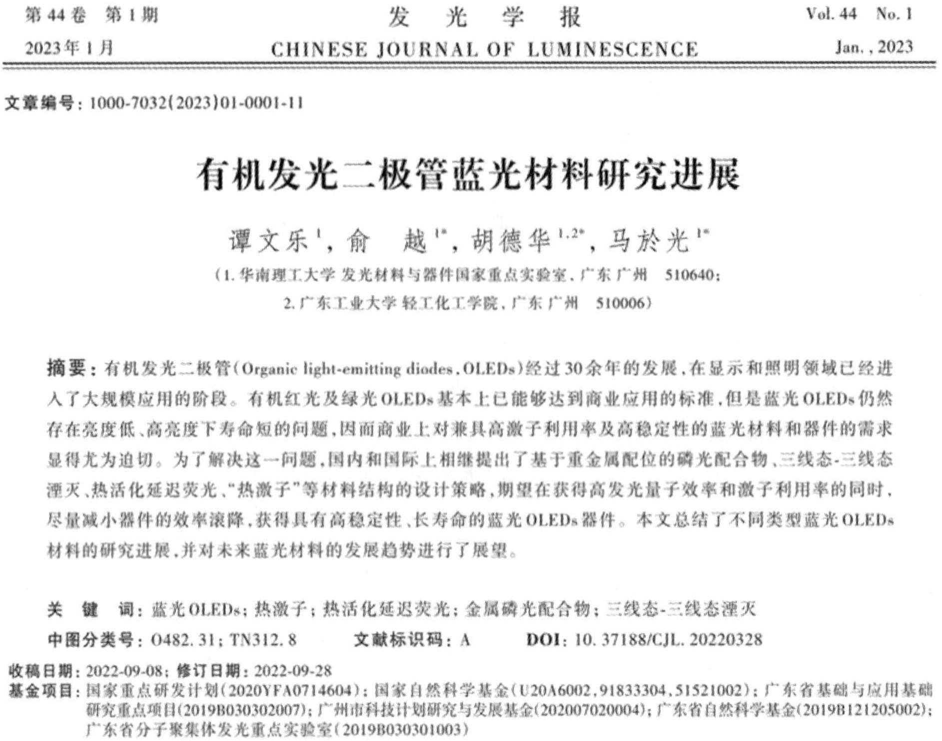
第44卷 第1期　　发 光 学 报　　Vol. 44 No. 1
2023年1月　　CHINESE JOURNAL OF LUMINESCENCE　　Jan., 2023

文章编号：1000-7032(2023)01-0001-11

有机发光二极管蓝光材料研究进展

谭文乐[1]，俞 越[1*]，胡德华[1,2*]，马於光[1*]
（1. 华南理工大学 发光材料与器件国家重点实验室，广东 广州 510640；
2. 广东工业大学 轻工化工学院，广东 广州 510006）

摘要：有机发光二极管(Organic light-emitting diodes，OLEDs)经过30余年的发展，在显示和照明领域已经进入了大规模应用的阶段。有机红光及绿光OLEDs基本上已能够达到商业应用的标准，但是蓝光OLEDs仍然存在亮度低、高亮度下寿命短的问题，因而商业上对兼具高激子利用率及高稳定性的蓝光材料和器件的需求显得尤为迫切。为了解决这一问题，国内和国际上相继提出了基于重金属配位的磷光配合物、三线态-三线态湮灭、热活化延迟荧光、“热激子”等材料结构的设计策略，期望在获得高发光量子效率和激子利用率的同时，尽量减小器件的效率滚降，获得具有高稳定性、长寿命的蓝光OLEDs器件。本文总结了不同类型蓝光OLEDs材料的研究进展，并对未来蓝光材料的发展趋势进行了展望。

关 键 词：蓝光OLEDs；热激子；热活化延迟荧光；金属磷光配合物；三线态-三线态湮灭
中图分类号：O482.31；TN312.8　　文献标识码：A　　DOI：10.37188/CJL.20220328

收稿日期：2022-09-08；修订日期：2022-09-28
基金项目：国家重点研发计划(2020YFA0714604)；国家自然科学基金(U20A6002，91833304，51521002)；广东省基础与应用基础研究重点项目(2019B030302007)；广州市科技计划研究与发展基金(202007020004)；广东省自然科学基金(2019B121205002)；广东省分子聚集体发光重点实验室(2019B030301003)

图 10-1 《有机发光二极管蓝光材料研究进展》文献信息快照图

章，涉及的具体领域为有机发光二极管（这一信息从文章题目和摘要中能够非常直观地获取）。在基金支持方面，可以发现这项研究受到科技部和国家基金委，以及地方上广东省和广州市不同单位提供的基金支持。部分问题不能够直接得出结论（特别是初涉本领域的人），但是通过网络搜索即可以轻松获取答案，比如，通讯作者之一的马於光老师为本领域的院士，长期从事蓝光发光材料与电致发光器件的研究，是有机发光研究领域的权威研究者，这样的背景信息自然值得我们加大对本文的关注度。

在批判性阅读的第一阶段，根据“鱼骨图”，我们可以找出本文涉及的关键定义与核心概念，并对文章的整体思路有所了解，比如有机发光二极管的概念、各代次发光器件的定义、激子的概念、激发态能级的概念、能量转移的定义等。

接着找到文章的结论或者主题。本文是根据材料发光机制的不同，将蓝光OLEDs划分为四大体系：金属配合物蓝光OLEDs、TTA类蓝光OLEDs、热活化延迟荧光蓝光OLEDs、“热激子”蓝光OLEDs。此时，我们意识到作者已将传统荧光蓝光OLEDs排除在外，因为传统荧光蓝光效率低，所以实际上本文所划分的四大体系应该说是新一代蓝光，均未投入实际生产，从应用角度，这些材料体系的研究处于齐头并进的状态。

根据这样的体系分类,我们能够发现本文所涉及的诸多概念中,最为重要的是激发态能级,特别是单重激发态(单线态)和三重激发态(三线态)能级的概念,因为上述四大体系蓝光 OLEDs 的发光机制都是围绕着单重激发态和三重激发态展开的。将文章框架迅速地总结出来,如图 10-2 所示,遵循这样的框架,可以发现作者在每一个体系内均介绍了数个代表性的研究工作,时间跨度、发展历程和现阶段的最佳结果均有呈现。

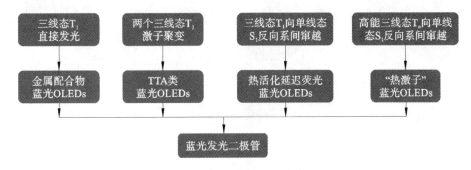

图 10-2　文章结构框架总结

在批判性阅读的第二阶段,根据"鱼骨图"可以发展新的认知,提出思考问题。比如,在文章结论中提到:"热激子材料从机理上表明高速的 hRISC 过程可有效避免三线态激子在 OLEDs 器件中的积累,已报道的许多热激子材料表现出低的效率滚降,具有长的器件寿命。"但是从文章提供的"表 1:本文涉及的一些蓝光 OLEDs 材料的器件性能"中发现,所列举的几个热激子型器件均未给出明确的寿命数据,而磷光体系和 TTA 体系的参考文献给出了具体的器件寿命,这激发我们思考:是否现阶段热激子体系的器件仅是理论上具备长寿命的潜力而实际应用中尚未实现?抑或是本文对报道的工作总结有所疏漏?再或是报道的文献样本不足,难以形成有力的总结归纳?从发光机制到长寿命的结论这一推理过程是否坚固?无论如何,这一具体的研究方向值得更加深入的探究,如图 10-3 所示。

再比如,文章中提到"除上述材料体系之外,还有一些更具有普适性的策略也有望辅助解决蓝光 OLEDs 效率低、稳定性差的问题。例如 LG 公司开发的氘代 OLEDs 技术,适用于上述的任意蓝光 OLEDs 材料体系。"根据这段论述,LG 公司所开发的新体系是否能够独立于已被公认的四大体系之外而存在?还是在四大体系之内的技术改良?是否存在定义不清晰的问题?值得探讨。而仅有 LG 公司的一篇研究工作报道,是否也有其他类似的报道?在考查多样替代方面同样值得探究。

类似的文章案例如《大功率半导体激光器研究进展》[4]一文(其基本信息为:《发光学报》期刊 2015 年第 36 卷第 1 期。文章编号:1000-7032(2015)01-0001-

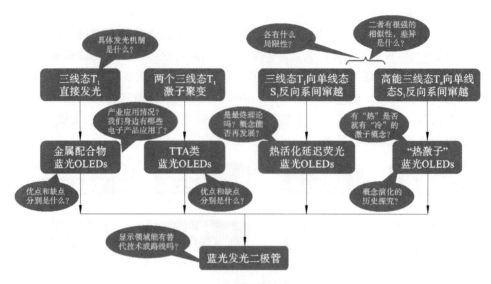

图 10-3　在分析文章结构的基础上提出问题

19。作者：王立军，宁永强，秦莉，佟存柱，陈泳屹。工作机构：中国科学院长春光学精密机械与物理研究所）。与前面所讨论的案例一的分析类似，可以在批判性阅读的第一阶段，根据"鱼骨图"找出本文涉及的关键定义与核心概念，并对文章的整体思路进行解构和分析。针对本文有点特别的是，在"审查理由质量"环节，我们能够发现本文在该期刊历史上的搜索和下载量高居第一（见图 10-4），这一点值得我们做更深入的探究和思考，应特别考察作者在本领域的研究轨迹。

图 10-4　《发光学报》期刊文章引用排行榜

二、案例二：以 *Efficient selenium-integrated TADF OLEDs with reduced roll-off*[5]一文为例

文章基本信息快照如图 10-5 所示。读者能够迅速发现本文发表期刊为著名的科学杂志 *Nature Photonics*（IF≈35.0），为本领域的顶级期刊，通讯作者是本领域知名科学家。此外，文章的发表日期、是否由多个科研机构的研究者合作完成、引用文献情况，等等，均能够在期刊电子主页查询到。本案例着重练习运用二元问题分析法进行探究。

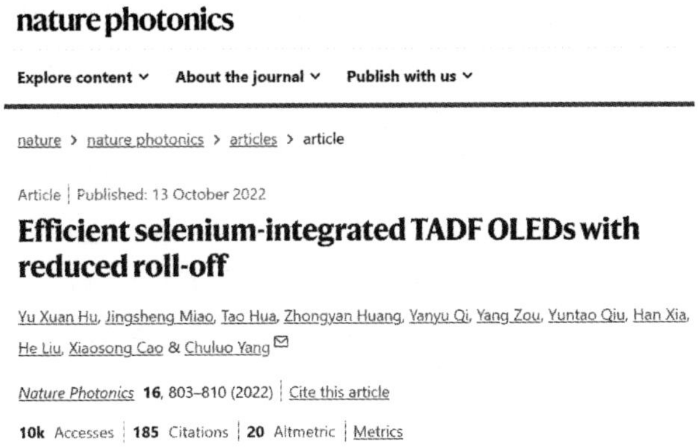
nature photonics

Explore content ⌄　About the journal ⌄　Publish with us ⌄

nature > nature photonics > articles > article

Article | Published: 13 October 2022

Efficient selenium-integrated TADF OLEDs with reduced roll-off

Yu Xuan Hu, Jingsheng Miao, Tao Hua, Zhongyan Huang, Yanyu Qi, Yang Zou, Yuntao Qiu, Han Xia, He Liu, Xiaosong Cao & Chuluo Yang

Nature Photonics **16**, 803–810 (2022) | Cite this article

10k Accesses | **185** Citations | **20** Altmetric | Metrics

图 10-5　*Efficient selenium-integrated TADF OLEDs with reduced roll-off* 文献信息快照图

如表 10-1 所示。我们尝试提取出本文最重要的一个核心议题：硒原子超强的 SOC 有利于明显增强 MR-TADF 材料的 k_{RISC}，对此进行分析。而在此之前，请回顾本书中重要的“鱼骨图”，澄清观念意义是非常重要的环节。在这里，澄清 SOC（自旋轨道耦合）、MR-TADF（多重共振热活化延迟荧光）、k_{RISC}（反向系间窜越）等专业术语是至关重要的。当然，读者还应当发现，这里包含了重要的隐含假设：①材料发光能力强依赖于高 k_{RISC} 值；②超强的 SOC 有利于提高 k_{RISC} 值。

表 10-1　运用二元问题分析法解读科学论文

Efficient selenium-integrated TADF OLEDs with reduced roll-off

子问题类	“硒原子超强的 SOC 有利于明显增强 MR-TADF 材料的 k_{RISC}”的子问题（部分）
1.1 问题的对象的要素、构成	MR-TADF 材料的发光机理，硒原子相关的物理、化学、光学、材料学属性等
1.2 对象的属性、状态、关系	SOC 作用与 k_{RISC} 的关系，包含或不包含硒原子对发光强弱有何影响

续表

子问题类	"硒原子超强的 SOC 有利于明显增强 MR-TADF 材料的 k_{RISC}"的子问题(部分)
1.3 对象因果机制	硒原子为什么能够提升 SOC,而 SOC 效应是如何提高 k_{RISC} 的过程的?导致了发光材料发生什么变化?
1.4 对象在整体中的地位、作用	这样独特的发光分子对器件最终的发光性能起作用的方式、机制是怎样的
1.5 对象和外部因素的相互作用	整个实验所处的环境及其变化。是否考量了包含或不包含硒原子导致的分子量变化带来的影响?这种影响是否可以忽略?
1.6 演化及其他	过去有包含或不包含硒原子对材料发光特性产生影响的研究报道吗?作者引用的参考文献中是否有相关的机制分析?对本研究的影响如何?科学观点是如何变化的?
2.1 问题的表达和类型、概念的清晰	"硒原子超强的 SOC 有利于明显增强 MR-TADF 材料的 k_{RISC}"这个问题的表达清楚、具体、所指含义明确吗?这里超强是怎样的量化程度?是否有明确的阈值?是否被科学界公认?如何测量这些具体的指标
2.2 问题的背景、假设、层次,和其他观念的关系	重要的前提或隐含假设,如:材料发光能力强依赖于高 k_{RISC} 值、超强的 SOC 有利于提高 k_{RISC} 值是否为绝对的真?即使真,是否可以推理到器件中?是否考虑了单一发光分子和器件中发光薄膜差异性的影响?单一分子特性能否等价于整个器件的特性?有什么相同和不同?类比或者等同的假设正确吗?这些问题需要细致考虑
2.3 问题依据的观念的历史和发展	MR-TADF 材料发光原理,特别是涉及辐射跃迁和半导体能带理论的认知的发展
2.4 讨论这个问题所需的信息和论证	因果问题。对相关证据和推理的质疑:实验是否可靠?实验是如何设计和完成的?有重复实验证明吗?
2.5 问题涉及的多元观点、信息	发光性能提升是否排除了其他因素影响?实验发光材料特性变化有别的解释吗?光学的、电学的、形貌学的诸多因素是否全面考虑了?它与目前存在的事实或者原理是否有冲突?
2.6 价值因素等	人的主观倾向、产业的发展需求、基金的资助机构或者其他因素在这个实验和推理中有什么作用吗?

通过全面的分析可以发现本文具有诸多优点,例如:研究重原子效应的文章

众多,仅仅依赖于含硒单体的合成(且单体结构较简单)及优异性能器件的制备,创新性可能不足,因此本文创新性地将重原子 MR-TADF 作为敏化剂使用,是首个研究 MR-TADF 敏化剂的工作,且理论计算与实验结果证实本文所设计单体性能优异。当然,读者也有理由对以下存在疑问的关键点提出反思,例如:①由于重原子的引入易导致较宽的发射光谱半峰宽,因此本文特意将半峰宽数据(>50 nm)放至补充数据集文件中且没有相关讨论,而对于这一重要的技术指标,窄和宽如何定义,显示应用的实际需求中对窄半峰宽的要求是怎样的,需严谨且明确。②单看本文其实并无明显逻辑不足,是一篇非常理想的科技论文。例如文章中通过氧原子至硒原子的替换,SOC、k_{RISC} 及器件效率确实呈现递增趋势,符合批判性思维所讨论的科学因果推理,并且理论计算与实验结果相互印证了本文的设计思路的正确性,具有比较充分的检验证据。然而,进一步探究证据来源,多考虑以往所发表论文中的数据并进行归纳分析,可以发现,仅仅将器件性能的提升归因于依靠重原子可能具有一定局限性(证据是能够查询到该团队以往研究文章中所报道的器件效率常在 30% 甚至 35% 以上,与之对比,该含硒单体的发光材料所制备器件表现出的最佳效率为 36.8%,并未体现出与其他未含硒原子单体器件效率上的显著差异,即使硒有着超高的 SOC。因此,这可能是由于超高 SOC 大幅提升 k_{RISC} 的同时也大幅提升了 k_{ISC},而本文规避了相关讨论)。③以含硒单体为敏化剂制备的器件有着高达 40.5% 的效率,然而对比本文中报道的非敏化器件(效率也高达 38.7%),提升幅度较小,MR-TADF 单体作为敏化剂对于提升效率的优势并不明显。④本文仅仅强调含硒单体 BNSeSe 作为敏化剂可以显著降低器件的效率滚降,缺少对比含 O 或 S 单体作为敏化剂的数据,虽然不影响文章整体逻辑,但还留有可完善的空间。

基于上述的分析,可以使读者发展出一些新的研究思路。例如:基于上述反思问题①,可以考虑为了保证窄的半峰宽以及蓝光发射,应当避免将重原子引入母核当中,目前已有两篇新的报道证明了该思路的可行性,可见光电领域技术的发展更新十分迅速。基于上述反思问题②,超高的 SOC 并不一定指向更高的器件效率,科学推理应当更加严谨,考察问题应当更加全面,合理的解释应当是使 k_{RISC} 的增幅明显高于 k_{ISC} 的增幅,但是目前这样的设计思路很难形成有规律的策略,只能依靠大量的新材料合成进行摸索并依靠计算进行大规模筛选。随着 AI 技术的快速发展,未来依靠计算机学习似乎能够提供更加有效的解决办法。

三、案例三:以 *Bright and stable perovskite light-emitting diodes in the near-infrared range*[6] 一文为例

文章基本信息快照如图 10-6 所示。读者能够迅速发现本文发表期刊为著名

的科学杂志 *Nature*，为世界范围顶级的学术期刊。回顾贯穿本书的“鱼骨图”，考察理解主题问题环节，可以发现该论文所研究的领域是当前光电学科领域的前沿热点，多次入围全球光学、化学和材料学研究领域的热点排名前十位。本文通讯作者为本领域知名科学家，且文章是中科院与剑桥大学的合作研究，是全球科技合作的范式。另外，与前述案例类似，文章的发表日期、引用文献情况等需要追溯的信息来源均能够在期刊电子主页查询到。

nature

Explore content ⌄ About the journal ⌄ Publish with us ⌄

nature > articles > article

Article | Published: 15 March 2023

Bright and stable perovskite light-emitting diodes in the near-infrared range

Yuqi Sun, Lishuang Ge, Linjie Dai, Changsoon Cho, Jordi Ferrer Orri, Kangyu Ji, Szymon J. Zelewski, Yun Liu, Alessandro J. Mirabelli, Youcheng Zhang, Jun-Yu Huang, Yusong Wang, Ke Gong, May Ching Lai, Lu Zhang, Dan Yang, Jiudong Lin, Elizabeth M. Tennyson, Caterina Ducati, Samuel D. Stranks, Lin-Song Cui & Neil C. Greenham

Nature **615**, 830–835 (2023) | Cite this article

19k Accesses | **88** Citations | **36** Altmetric | Metrics

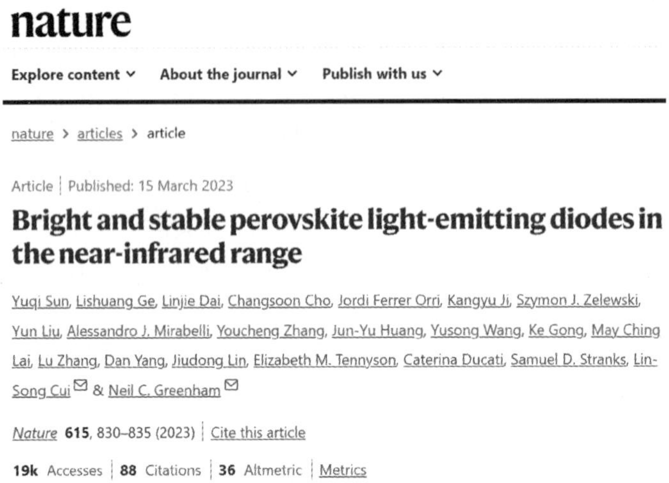

图 10-6 *Bright and stable perovskite light-emitting diodes in the near-infrared range* 文献信息快照图

针对本案例进行结构分析，如图 10-7 所示。

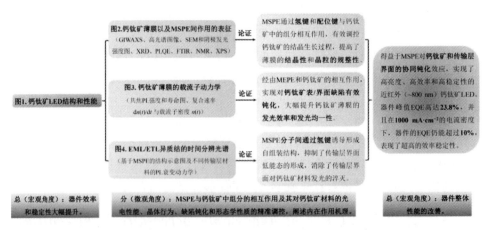

图 10-7 *Bright and stable perovskite light-emitting diodes in the near-infrared range* 文章结构框架

第十章　批判性思维在光电学科的实践应用

在批判性思维阅读的第一阶段，读者能够快速找到本文的结论：MSPE 多功能分子参与钙钛矿发光薄膜形成过程实现高亮度、高效率和高稳定性的近红外钙钛矿发光二极管。这里需要澄清的主要概念和定义包括 MSPE 多功能分子、近红外等。而本文论证的核心机制也能够很快找到，即该多功能分子能够同时去除钙钛矿薄膜中的非辐射区域并抑制钙钛矿与电荷传输层界面处的发光淬灭，达成钙钛矿和传输层界面的协同钝化。对于科学论文，一定要探究其核心创新点，这往往与核心科学机制相关。例如，本文的核心创新即论证了："具有-NH_2和-SO_2的多功能分子 2-(4-甲砜基苯基)乙胺（MSPE）可通过氢键和配位键与钙钛矿中的组分相互作用，有效调控钙钛矿的结晶生长过程，并实现对钙钛矿表/界面缺陷有效钝化，大幅提升钙钛矿薄膜的发光效率和发光均一性。MSPE 分子间通过氢键诱导形成自组装结构，抑制了传输层界面低能态的形成，消除了传输层界面对钙钛矿材料发光的淬灭。"

本文要讨论的最核心的科学因果关系是什么？有哪些正面的检验证据（简单罗列出来）？是否排除了其他可能的推理关系？这是科学论文阅读分析中非常重要的几个问题，也是董毓老师所倡导的批判性思维工具中的"四大骨架"模型的具体呈现。

针对本文，能够有针对性地给出答案。例如，在"检验"方面：①通过傅里叶红外谱（FTIR）、紫外光电子能谱（XPS）和核磁（NMR）分析，并结合密度泛函理论计算（DFT）模拟揭示 MSPE 和钙钛矿组分之间的相互作用；②通过同步辐射谱（GIWAXS）和 X 射线衍射（XRD）分析验证 MSPE 对钙钛矿结晶过程的调控作用；③通过扫描电子显微镜（SEM）和原子力显微镜（AFM）对钙钛矿薄膜的纳米形态进行了探究；④通过高光谱显微镜、荧光量子产率测试、时间分辨 PL 光谱等，研究了 MSPE 基钙钛矿薄膜的发光性能；⑤通过 FTIR 和 NMR 论证 MSPE 分子中-NH_2和-SO_2之间的氢键作用。在"机制"分析方面：提出了"MSPE 中的-NH_2和-SO_2不仅可通过氢键和配位键与钙钛矿中的组分相互作用，以调控结晶过程并钝化缺陷；还可通过分子间氢键诱导形成自组装结构，消除传输层界面对钙钛矿材料发光的淬灭"的科学理论，建立起科学因果关系。

在批判性思维阅读的第二阶段，正-反-正的思考模式非常关键。如：反思本文有没有不完善的地方，或证据不清楚的地方，或讨论得不全面的地方；能否发展出新的思路或需要研究的方向。

本文优点十分显著，作者极具创造性地开发出了新的多功能分子，获得了极高的器件性能，这一点可以通过与该领域内最先进的报道进行比对得出，可以发现，本研究所取得的成果是世界范围内第一流的水平。本文中科学机制的解读非常清晰,检验证据丰富且互为佐证,实验设计严谨且合理。那么,本文是否完全不需要质疑了呢?答案当然不是,尽管这是一篇高水平的科学研究论文,读者仍然能够通过全面、细致和辩证的思考,找到一些值得反思的问题。例如,第一,实验设计中仅通过时间分辨光谱、高光谱显微镜等手段,从侧面验证了 MSPE 基钙钛矿薄膜中缺陷介导的非辐射复合减少,从而得出表/界面缺陷钝化的结论,未开展缺陷浓度数据量化研究,可考虑补充该部分实验研究进行交叉验证,从而使结论更具说服力。第二,该文只验证了单一 MSPE 分子对钙钛矿发光二极管效率提升的重要影响。对于同样具有—NH_2 和—SO_2 的其他分子而言,其是否具有类似的功效?或者具有更为出色的作用?可对一系列包含—NH_2 和—SO_2 的功能化分子进行系统研究,以探究—NH_2 和—SO_2 对提升钙钛矿发光二极管效率的普适规律,使研究更为系统、全面。第三,一般来说,由低折射率有机物和高折射率钙钛矿形成的凹凸结构可以提取波导模式中捕获的广角光。通过 MSPE 分子中—NH_2 和—SO_2 之间的氢键作用诱导形成的自组装结构(图 10-8(a)),与黄维院士研究论文中所报道的经由 5-氨基戊酸分子间脱水缩合所形成的结构类似(图 10-8(b)。文章信息:*Nature*,2018,562,249-253[7])。后者具有优异的光提取效率,但前者并未结合 3D-FDTD 模拟或其他研究手段对其光提取效率进行讨论,未能充分分析该自组装结构的优势。

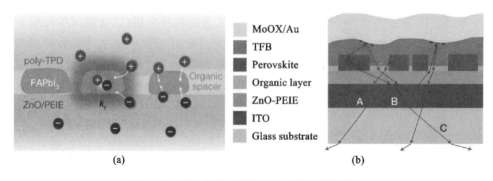

图 10-8 对于案例三所涉及的光学问题的探讨

由前面的讨论,可以发展出新的研究思路。例如,考虑设计出具有 Lewis 酸和 Lewis 碱双重功能的钝化分子用以同时钝化负电荷型和正电荷型缺陷,探究具有—NH_2 和—SO_2 或—NH_2 和—$COOH$ 双官能团有机分子对钙钛矿发光二极管器件性能的影响(诸如表/界面缺陷钝化、分子间氢键、缩合反应形成阻挡层等内容)。探究分子中的苯环和碳链长度对缺陷钝化及载流子传输性能的影响,设计兼顾缺陷钝化和导电性的新型钝化分子。

四、案例四：以 *Reinforcing self-assembly of hole transport molecules for stable inverted perovskite solar cells*[8]一文为例

文章基本信息快照如图 10-9 所示。读者能够迅速发现本文发表期刊为著名的科学杂志 *Science*，为世界范围顶级的学术期刊。回顾贯穿本书最重要的"鱼骨图"，考察理解主题问题环节，可以发现该论文所研究的领域是既前沿又古老的光电学科领域——太阳能电池，话题本身就充满辩证意味。人类对太阳能的利用最早可以追溯到石器时代。从文章的下载量可以看出，关于太阳能电池的研究是目前光电学科领域被广泛关注的课题之一。

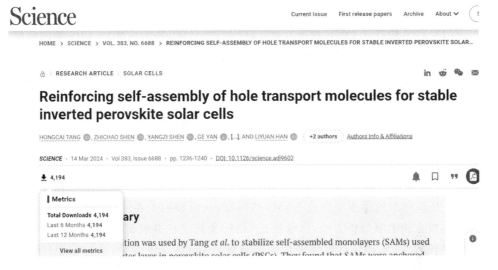

图 10-9 *Reinforcing self-assembly of hole transport molecules for stable inverted perovskite solar cells* 文献信息快照图

应用"四大骨架"模型对文章结构进行快速的梳理，如图 10-10 所示。

对于文章的分析可以更加具体，比如，本文的结论是：钙钛矿前驱体的强极性溶剂会导致 SAMs 层的解吸，从而影响器件的性能。更具体地，溶解的 SAMs 会在埋底界面沉积发挥作用，但也会导致电阻延长，漏电流增大。随着工作时间的延长，SAMs 降解的概率增大，器件性能难以保持。直观的数据证据提供：倒置钙钛矿太阳能电池，1000 小时能保持 98.2% 的初始效率（初始效率为 24.6%）。

在澄清概念与定义部分，对太阳能电池的解释，SAMs 材料的定义，功能和原理的解读，检验测试的各种科学工具及其方法、原理，测试所包含的边界条件或限定条件等，均需仔细考察。

在正面的检验证据方面，读者根据文章结构分析能够找到以下几点：

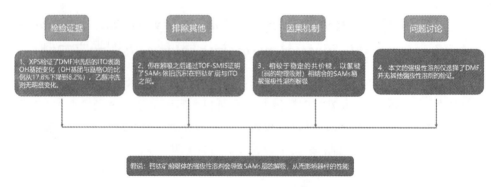

图 10-10 *Reinforcing self-assembly of hole transport molecules for stable inverted perovskite solar cells* 结构梳理

(1) XPS 验证了 DMF 冲洗后的 ITO 表面—OH 基团变化(—OH 基团与晶格 O 的比例从 17.8% 下降到 8.2%),相比之下,乙醇冲洗则无明显变化。

(2) 理论计算验证了 ITO 与—OH 的结合能大于乙醇与—OH 的结合能,小于 DMF 与—OH 的结合能。

(3) CPD(开尔文探针,测试接触电位差)实验也证明了 DMF 冲洗后,CPD 增加,SAMs 的覆盖率减小。

在排除其他方面,能够从文章中检索到"但在解吸之后通过二次离子质谱(TOF-SMIS)证明了 SAMs 依旧沉积在钙钛矿层与 ITO 之间,这种沉积影响了 SAMs 在基底上的覆盖率以及 SAMs 的厚度,从而影响了器件性能"。

在核心的机制分析方面,作者提出"相较于稳定的共价键,以氢键(弱的物理吸附)相结合的 SAMs 易被强极性溶剂解吸,因此从衬底着手,通过原子层沉积(ALD)技术保留了化学吸附表面的—OH 基团,从而解决这个问题"。

在其他问题讨论方面,可以考察有没有讨论不完善的问题或证据不清楚的地方。例如,能够反思以下几点:本文的强极性溶剂仅选择了 DMF,并无其他强极性溶剂的验证;对于新的 SAMs 分子论述不足,仅仅说明三个底部甲氧基的键合(科学机制论述偏少),三甲氧基如何与金属氧化物形成共价键问题;文章是新工艺与新材料的组合,但二者之间联系并不深刻,有待更深入和全面的研究。

通过分析,能够启发研究者探索新的思路,例如:新材料与磷酸基的 SAMs 制备方法基本没有差别,考虑是否可以围绕本文提供的方法尝试开发新的材料体系? ALD 技术可以沉积多种金属氧化物,在 ITO 之外是否可以尝试其他的金属氧化物,比如 ZnO? 是否可以考虑对衬底进行改性,在本研究的基础上构造—OH 吸附更牢固的衬底材料? 再者,考虑到设计超薄结构的传输层对于电阻的降低具有明显的作用,对于钙钛矿发光层是否具有相同的效果? 按照文章的思路,由于蒸镀法不涉及前驱体的强极性溶剂,是否从理论上分析更适合 SAMs 层的利用？能否发展新的假说？

思 考 题

1. 请结合专业背景谈谈你对中国光电科学领域发展的理解和认识。
2. 请查阅光量子理论的发展史，举例说明历史上在该领域出现过的相对立的假说，并分析其辩证发展历程。
3. 请对《大功率半导体激光器研究进展》一文的结构进行分析。

参 考 文 献

[1] (美)爱因斯坦.爱因斯坦文集[M].范岱年,赵中立,许良英,编译.北京：商务印书馆,2010.
[2] (加)董毓.批判性思维十讲——从探究实证到开放创造[M].上海：上海教育出版社,2019.
[3] 谭文乐,俞越,胡德华,等.有机发光二极管蓝光材料研究进展[J].发光学报,2023,44(1):1-11.
[4] 王立军,宁永强,秦莉,等.大功率半导体激光器研究进展[J].发光学报,2015,36(1):1-19.
[5] Hu,Y. X.,Miao,J.,Hua,T.,et al. Efficient selenium-integrated TADF OLEDs with reduced roll-off[J]. Nature Photonics,2022,16：803-810.
[6] Sun,Y.,Ge,L.,Dai,L.,et al. Bright and stable perovskite light-emitting diodes in the near-infrared range[J]. Nature,2023,615：830-835.
[7] Cao,Y.,Wang,N.,Tian,H.,et al. Perovskite light-emitting diodes based on spontaneously formed submicrometre-scale structures[J]. Nature,2018,562:249-253.
[8] Tang H.,Shen,Z.,Shen,Y.,et al. Reinforcing self-assembly of hole transport molecules for stable inverted perovskite solar cells[J]. Science,2024,383:1236-1240.

第十一章　批判性思维应用于心理学研究

张妍（华中科技大学）

批判性思维在心理学研究中的重要性非同一般，在提高研究质量、推动理论发展、促进跨学科整合、确保研究伦理和社会责任等方面都有关键作用。本章结合具体案例展示了批判性思维如何在实际研究中得到应用，也就是确立心理学研究中"什么是合理的研究范式"。

第一节　批判性思维在心理学研究中的必要性

在当今信息爆炸的时代，心理学研究扮演着解开心灵奥秘的重要角色。然而，要确保研究的质量和可靠性，批判性思维变得至关重要。美国心理学协会本科生心理学专业指南将"批判性思维技能"作为本科生的学习目标，特别指出，学生应该尊重并且使用批判性和创造性思维的方法进行质疑，因为这也是解决与行为和心理过程相关问题的科学方法。[1]《津巴多普通心理学（原书第5版）》一书中就有"心理学和批判性思维"的主题，并且强调了批判性思维的战斗口号"请拿出证据来"。[2] 费尔德曼所著《发展心理学——人的毕生发展》一书更是在每一章都设置了"从研究到实践"专栏，提出问题，以培养学生的批判性思维。[3]

本节将探讨批判性思维在心理学研究中的必要性，以及它如何促进科学的发展和知识的演进。

一、澄清研究问题和目标

在进行心理学研究之前，确切地澄清问题和目标是至关重要的。批判性思维有助于研究人员深入思考他们所探讨的主题，从而确保研究问题的明确定义和研究目标的清晰设定。通过审慎思考研究的起因和目的，研究者能够更好地设计实验，选择适当的方法，并提出相关的假设。

二、评估研究方法和设计

批判性思维有助于审视研究方法和设计的合理性和有效性。研究者需要评估他们选择的方法是否能够有效地回答研究问题,实验设计是否能够控制潜在的干扰因素。通过批判性思维,研究者能够更好地选择和应用统计方法,确保研究的可靠性和有效性。

三、挑战和验证研究结果

心理学研究往往涉及数据的收集和分析,而批判性思维能够帮助研究者审慎地解释和验证研究结果。通过挑战假设、考虑可能的替代解释,以及进行复制性研究,批判性思维有助于建立更加牢固和可靠的科学知识。

四、促进学科的演进

批判性思维不仅对单个研究项目有益,而且对整个学科的演进至关重要。通过对现有理论和观点的质疑和挑战,批判性思维推动了学科的发展。这种思维方式鼓励学者们不断追求更深层次的理解,促使学科朝着更为完善和全面的方向发展。

总体而言,批判性思维在心理学研究中扮演着不可或缺的角色。它不仅有助于确保研究的科学性和可靠性,还推动了学科的不断演进。在日益复杂的研究环境中,培养和运用批判性思维,将有助于打破认知定势,推动心理学领域取得更为显著的进展。

第二节 批判性思维在心理学研究中的重要地位

在心理学研究的广阔领域中,批判性思维的角色不仅仅是质疑表面现象,更是解析深层次的认知和心理机制,推动科学认知的前沿。本节将深入剖析批判性思维在心理学研究中的不可或缺性,并揭示其对学科发展的深远影响。

一、思考理论背后的假设

批判性思维的核心在于质疑理论背后的假设。研究者需要深入思考,理解研究所基于的理论框架,并审视其中的潜在假设。这在批判性阅读中体现得尤为突出。研究者将批判性阅读定义为"对作者思想的评价"[4],研究者可以通过挑战思想背后的潜在假设,深入了解研究的理论基础,推动心理学在基础层面上的思考。

二、超越表面现象的方法论

批判性思维要求超越简单的观察和数据收集,更关注方法论的深层次。研究者需要审视研究方法的合理性、适用性和潜在偏见,以确保研究结果的科学性。这种深度思考有助于发现方法论上的局限性,并为未来研究提供更为严密的设计。

三、理论的交叉验证与整合

心理学中存在多种理论和观点,批判性思维鼓励研究者在不同理论之间进行交叉验证。通过将不同理论的观点整合在一起,研究者能够更全面地理解心理现象。这种综合性的思考有助于超越单一理论的限制,推动学科朝着更为综合和完整的方向发展。

四、挑战研究结果的稳健性

批判性思维要求对研究结果的稳健性进行挑战。研究者需要审慎地考虑可能的替代解释和潜在的干扰因素,以确保研究的可靠性。这种深度挑战有助于构建更为稳固和持久的科学知识基础。

在心理学研究的探索中,批判性思维是解析深层次问题、推动认知科学发展的关键力量。通过深入思考理论、方法和结果,研究者能够在心理学研究的舞台上展现更为深刻的洞见,为学科的不断演进注入新的动力。批判性思维不仅仅是对表面现象的质疑,更是对认知奥秘的深层探索。

第三节 批判性思维在心理学研究中的范式

心理学家从事研究的过程,实际是涉及科学思维的专业活动,需要运用批判性思维分析情况以确定因果关系、提出假设、临床决策,特别是批判性阅读文献综述和批判性写作。[5]因此,在心理学研究中,批判性思维被视为一种范式,不仅是质疑和挑战的手段,更是深度思考的引擎,推动认知科学不断向前的一种工具。本节将深入探讨批判性思维在心理学研究中的范式,揭示其对研究方法、理论建构和知识积累的深远影响。

一、方法论的拓展与深化

批判性思维在研究方法上的范式化体现为对传统方法的拓展与深化。不仅仅是对数据的简单收集,研究者更需审视方法的适用性、局限性,以及潜在的偏见。这种方法论的深层批判促使新一代研究者不断追求更为创新和全面的数据收集和分析方法。

二、理论建构的层层递进

在理论建构方面,批判性思维是一种层层递进的范式。它要求研究者超越单一理论的局限,审慎思考理论背后的基本假设,推动理论的深层次建构。这样的深度思考有助于理论的演进,使心理学能够更好地解释复杂的心理现象。

三、实证研究的复杂性与全面性

在实证研究中,批判性思维要求对结果的稳健性进行全面性的审视。这包括对研究设计的全方位检查,对可能的潜在变量的考虑,以及对统计方法的深入理解。通过这种全面性的审视,研究者能够确保研究的可靠性和结果的科学性。

四、学科范式的演变与创新

批判性思维不仅在单一研究项目中发挥作用,更推动整个学科范式的演变与创新。通过不断挑战既有的理论和观点,心理学能够逐步超越表面的认知,进入更为深刻的探索领域。这种学科范式的演变有助于心理学从传统的研究思维中解放出来,拓展认知的边界。

批判性思维在心理学研究中形成了一种范式,超越了简单的质疑,是一种深度思考和全面理解的方式。这一范式性的思维模式在方法论、理论建构和实证研究中都发挥着关键作用,推动着整个心理学领域的不断发展。通过深入本质的思考,批判性思维将心理学研究引向了更为复杂、全面和创新的境地。

第四节 批判性思维在心理学研究中的研究方法

批判性思维在心理学研究中的具体方法包括对研究问题、研究设计、数据分析[6]、科学推理的方法和研究结论的深入审视[7]。以下是一些具体的批判性思维方法。

一、文献综述与理论审查

深入文献综述:不仅仅关注已有研究的主要发现,还要审查研究的方法、理论基础和存在的争议。这有助于了解先前研究的局限性和可能的方法学缺陷。

理论审查：对采用的理论进行深入审查，包括理论的适用性、普适性和对研究问题的解释力。批判性思维要求研究者在理论选择上保持开放心态，考虑多种可能的解释。

二、实验设计和方法学审视

方法学透明性：批判性思维强调研究的透明性。确保详细描述实验设计、样本招募、操作定义和变量测量等方面的信息，以使研究可复制。

控制变量：考虑潜在的干扰因素，采取适当的控制变量以确保研究的内部效度。思考可能的第三变量影响，并采取措施进行控制。

三、数据分析和统计审视

适当的统计方法：批判性思维要求对选用的统计方法进行审查，确保其适用于研究问题，并符合数据的分布特征。考虑多元共线性、多重比较问题等。

效应大小的考虑：不仅关注显著性水平，还要考虑效应大小。一个显著的结果并不一定意味着效应具有实际重要性，批判性思维鼓励对效应大小进行深入评估。

四、伦理审查与参与者权益

伦理审查：批判性思维要求对研究中可能涉及的伦理问题进行审查，确保研究符合伦理标准。这包括隐私保护、知情同意和数据使用等方面。

参与者权益：关注研究对参与者的潜在影响，并确保其权益得到尊重。批判性思维促使研究者思考研究的社会责任和对参与者的责任。

五、结果解释和结论审视

替代解释：思考可能的替代解释，包括未考虑的变量或潜在的共同因素。批判性思维要求在结果解释中保持谨慎，不过分陶醉于统计显著性。

外部效度的考虑：考虑研究结果的外部效度，思考研究结果在实际生活中的推广程度。这有助于确保研究结果对更广泛人群的适用性。

批判性思维的核心是思考更深层次的问题，超越表面现象，使研究更加可靠、全面和有深度。这些方法有助于确保心理学研究的科学性和实用性。

第五节　批判性思维在心理学研究中的应用案例

一、批判性思维在心理学研究设计中的应用案例

1. 案例一：社交媒体使用与心理健康研究

研究目标：探讨社交媒体使用与心理健康之间的关系。

方法学审视：研究者首先审查了使用的调查方法，发现其主要依赖于自我报告，存在记忆偏差和主观性的问题。批判性思维要求重新设计研究方法，引入客观性指标，如行为观察或生理测量，以提高研究结果的可信度。

潜在变量探讨：批判性思维促使研究者考虑潜在的第三变量，例如个体的社交支持系统或日常生活压力，这可能对社交媒体使用和心理健康之间的关系产生混淆效应。通过引入控制变量，研究者更全面地分析了两者之间的实际关系。

文献综述与理论审视：批判性思维推动研究者对相关文献进行深入审查，发现过去研究中存在的争议和矛盾之处。这促使研究者修订研究设计，以更好地解决先前研究中存在的方法逻辑性和理论性的问题。

结果：通过批判性思维的引导，研究者得以改进研究设计，提高了研究的科学性和结果的可信度。最终，研究得出结论，社交媒体使用与心理健康确实存在相关性，但这一关系受到个体差异和其他因素的影响。

2. 案例二：认知训练对老年人记忆的影响

研究目标：研究认知训练对老年人记忆力的潜在影响。

实验设计的审查：批判性思维引导研究者审查实验设计，发现在训练组和对照组之间存在的初级认知水平的差异。通过引入随机分组和配对设计，研究者能够更准确地测量认知训练的真实效果。

长期效应考虑：批判性思维要求对研究结果的长期效应进行审视。研究者通过追踪被试的记忆表现，不仅在训练后立即评估，还在数月后进行追踪评估。这种深度思考揭示了认知训练的持久效果，使研究结果更具实际意义。

训练内容的分析：批判性思维促使研究者深入分析认知训练的具体内容和方法。通过比较不同类型的训练，研究者得出结论，指导老年人选择适应个体差异的认知训练方法。

结果：通过批判性思维的应用，研究者得以完善研究设计和方法，提高了研究的内部和外部效度。最终，研究结果不仅揭示了认知训练对老年人记忆力的正面

影响,还为实际认知康复提供了有针对性的建议。

3. 案例三:情绪调节对焦虑症患者治疗的影响

研究目标:研究情绪调节技能培训对焦虑症患者治疗效果的影响。

研究方法的深入审查:批判性思维促使研究者深入审查使用的情绪调节技能培训方法。在回顾文献时,研究者发现过去的研究在描述和标准化情绪调节技能时存在差异。通过统一培训内容和评估标准,确保了研究的内部一致性。

个体差异的考虑:批判性思维要求研究者更多地关注患者个体差异,比如他们的情绪调节基线水平和应对方式。通过使用心理测量工具对参与者进行初步评估,研究者能够更好地控制个体差异,以提高研究的可靠性。

治疗效果的长期观察:批判性思维引导研究者关注治疗效果的长期观察。通过在治疗结束后的数月内追踪患者的症状,研究者能够评估情绪调节技能的持久效果。这有助于提供更全面和实际的治疗建议。

结果:批判性思维的运用使研究更为全面和可靠。最终,研究发现情绪调节技能培训对焦虑症患者的治疗效果有积极影响,特别是在长期观察中显示出持久性改善。这样的深入思考不仅有助于科学理解焦虑机制,还为未来的心理治疗方案提供了更加有效的指导。

4. 案例四:幼儿教育中积极激励的效果

研究目标:研究在幼儿教育中积极激励对学习成绩和情绪发展的影响。

干预内容的深入分析:批判性思维引导研究者深入分析积极激励的具体内容,包括赞扬和奖励的类型、频率和方式。通过比较不同类型的积极激励,研究者能够更准确地识别哪些元素对幼儿学习和情绪发展起到更积极的作用。

家庭背景和文化差异的考虑:批判性思维要求研究者充分考虑幼儿家庭背景和文化差异对积极激励效果的影响。通过进行多元文化的研究设计,研究者能够更好地理解积极激励在不同群体中的作用,确保研究结果的普适性。

长期影响的观察:批判性思维推动研究者关注积极激励的长期影响。通过在教育干预结束后进行长期跟踪,研究者能够评估积极激励对幼儿长期学业表现和情绪健康的持久性影响。

结果:通过批判性思维的运用,研究者在探究幼儿教育中积极激励的效果时更全面、深入地思考。研究结果表明,合理而有针对性的积极激励对幼儿学习和情绪发展具有积极的影响,并且这种影响在长期内持续存在。这样的深层次思考为设计更为有效的幼儿教育策略提供了实证支持。

二、批判性思维在心理学研究中的应用案例分析

1. 案例一:《在暴露于慢性不可预测压力的小鼠中,跑步运动通过脂联素/AdipoR1 通路激活减轻海马神经炎症,并改变小胶质细胞 M1/M2 极化的平衡》[8]

重庆医科大学基础医学院唐勇教授团队在国际精神疾病领域知名期刊 *Molecular Psychiatry* 发表题为 *Running exercise alleviates hippocampal neuroinflammation and shifts the balance of microglial M1/M2 polarization through adiponectin/AdipoR1 pathway activation in mice exposed to chronic unpredictable stress* 的研究论文(见图 11-1),阐释了跑步运动通过减缓神经炎症实现抗抑郁作用的新机制。

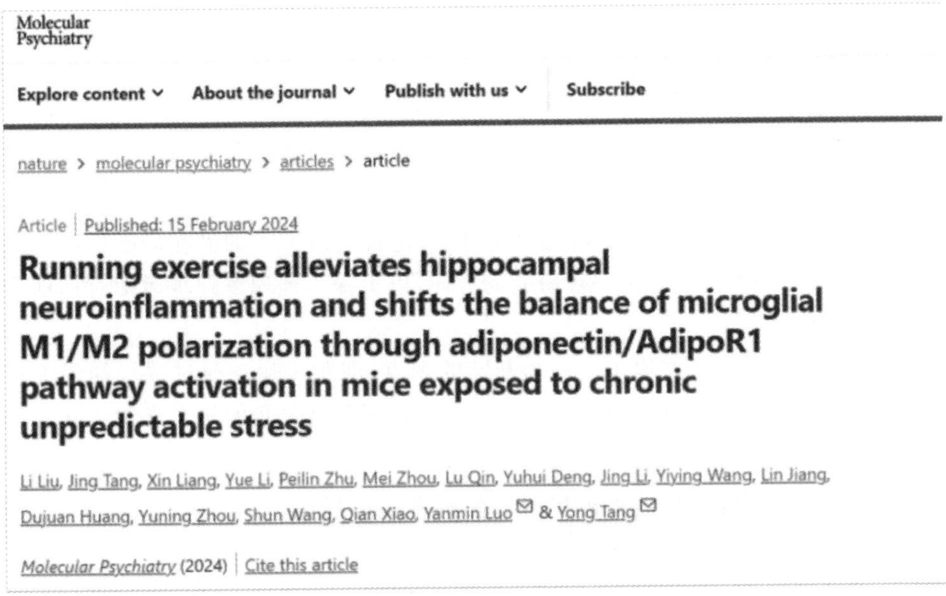
Molecular Psychiatry

Explore content ∨　About the journal ∨　Publish with us ∨　Subscribe

nature > molecular psychiatry > articles > article

Article | Published: 15 February 2024

Running exercise alleviates hippocampal neuroinflammation and shifts the balance of microglial M1/M2 polarization through adiponectin/AdipoR1 pathway activation in mice exposed to chronic unpredictable stress

Li Liu, Jing Tang, Xin Liang, Yue Li, Peilin Zhu, Mei Zhou, Lu Qin, Yuhui Deng, Jing Li, Yiying Wang, Lin Jiang, Dujuan Huang, Yuning Zhou, Shun Wang, Qian Xiao, Yanmin Luo & Yong Tang

Molecular Psychiatry (2024) | Cite this article

图 11-1　案例一文章信息快照图

抑郁症是危害严重的神经精神疾病。跑步运动可以有效缓解抑郁症状,但其机制亟待阐明。小胶质细胞为中枢神经系统的先天免疫细胞,小胶质细胞 M1/M2 极化失衡和伴随的神经炎症失调在抑郁症的发病机制中起着重要作用。该研究发现跑步运动在改善慢性不可预知应激(CUS)模型小鼠抑郁样行为的同时,显著减少了该小鼠海马内小胶质细胞的数量并改善了小胶质细胞的形态,并恢复了 M1/M2 极化平衡。而上述改变可能与跑步运动促使的外周组织(脂肪组织和肌肉)和血浆脂联素水平的升高以及海马内 AdipoR1 信号通路激活有关。使用

腺相关病毒敲低海马 AdipoR1 后，小鼠表现出抑郁样行为，并且出现海马内小胶质细胞 M1/M2 极化失衡以及神经炎症。这些结果表明，跑步运动可以调节 M1/M2 极化平衡并抑制 CUS 小鼠海马中的神经炎症，该作用可能通过脂联素/AdipoR1 介导的信号通路激活而发生。该研究从外周与中枢神经系统的联动机制探讨了跑步运动的抗抑郁机制，为寻找防治抑郁症的新靶点和新手段提供了重要的科学依据。

批判性阅读与思考：

（1）研究设计与方法的评估：论文中应该对实验设计和方法进行详细描述，以确保结果的可靠性和有效性。例如，是否有适当的对照组和实验组？是否使用了足够数量的样本？是否有双盲设计来减少实验误差？

（2）动物模型的适用性：研究中使用的小鼠模型是否能够准确地反映人类抑郁症的生理和行为特征？此外，是否有其他类型的动物模型也支持这一发现？

（3）机制解释的合理性：论文提出了通过激活脂联素/AdipoR1 通路来缓解神经炎症的机制，然而，研究中是否对这一机制进行了充分的验证？是否进行了体外或其他动物实验来验证这一机制确实在抑郁症治疗中起作用？

（4）结果的统计分析：对于实验结果的统计分析是否合理和充分？是否使用了适当的统计方法来验证实验结果的显著性？

（5）潜在的局限性和未来研究方向：作者是否对研究中的潜在局限性进行了充分的讨论？是否提出了进一步研究的方向，以更深入地理解跑步运动对抑郁症的影响机制？

总的来说，这篇论文提出了一个新颖的观点，即跑步运动通过减轻神经炎症来缓解抑郁症症状。然而，还需要更多的实验证据和进一步的研究来验证这一观点的可靠性和有效性。

2. 案例二：iTBS 有效干预焦虑抑郁患者的证据[9]

华中科技大学张妍教授及其团队在期刊 *Journal of Affective Disorders* 上发表了题为 *Theta-burst stimulation of TMS treatment for anxiety and depression: A FNIRS study* 的文章（见图 11-2）。该研究采用近红外技术评估间歇性爆发性 theta 脉冲刺激（iTBS）模式的重复经颅磁刺激干预焦虑抑郁障碍的效果，证实了 iTBS 模式能有效干预焦虑抑郁情绪，为 rTMS 的治疗开发提供新的参数依据。

（1）研究背景。

焦虑抑郁障碍已成为现代社会不容忽视的健康问题，其发病率呈现逐年升高的趋势。针对焦虑抑郁疾病的治疗，传统治疗方式以药物治疗和心理治疗为主，但这两种治疗的效果远远不够，甚至对有些患者的作用微乎其微。近年来一些物

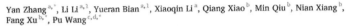

Journal of Affective Disorders 325 (2023) 713–720

Contents lists available at ScienceDirect

Journal of Affective Disorders

journal homepage: www.elsevier.com/locate/jad

Research paper

Theta-burst stimulation of TMS treatment for anxiety and depression: A FNIRS study

Yan Zhang [a,*], Li Li [a,1], Yueran Bian [a,1], Xiaoqin Li [a], Qiang Xiao [a], Min Qiu [b], Nian Xiang [b], Fang Xu [b,*], Pu Wang [c,d,*]

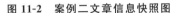

[a] School of Education, Huazhong University of Science and Technology, Wuhan, China
[b] Department of Neurology, Hospital of Huazhong University of Science and Technology, Wuhan 430074, China
[c] Department of Rehabilitation Medicine, The Seventh Affiliated Hospital, Sun Yat-Sen University, Shenzhen 518000, China
[d] Department of Rehabilitation Medicine, Tianyang District People's Hospital, Baise 533600, China

图 11-2　案例二文章信息快照图

理治疗逐渐运用于临床，基于其无创性的治疗方法，可以帮助提高或降低神经元细胞的兴奋性，引起大脑功能性的改变，治疗效果更加好，如重复经颅磁刺激治疗（repetitive transcranial magnetic stimulation，rTMS）、经颅直流电刺激（transcranial direct current stimulation，tDCS）等。大量研究已证明 rTMS 对焦虑抑郁症患者有良好的治疗效果，经过 rTMS 后的患者的焦虑抑郁状态明显改善，但传统的治疗模式仍存在一些局限性，比如对一些耐药性以及难治性患者的效果一般。因此需要进一步开发更加快速有效的治疗模式。

（2）研究方法。

间歇性爆发性 theta 脉冲刺激（intermittent theta burst stimulation，iTBS）是一种新型的 rTMS 形式，已证明 iTBS 与标准 rTMS 对大脑产生相似的神经生理效果。iTBS 作为一种非侵入性的脑刺激治疗方法，通过改善人类新皮层的神经系统规律来发挥作用，涉及积极和效果可能更持久的大脑可塑性机制。这种治疗手段不仅缩短了疗程和减少了费用，同时比以往的方法更加有效，提高了抑郁焦虑患者的生活质量，实现了更好的执行功能，并且，患者的自杀意念和抑郁症状也得到明显改善。这种方案还可以作为耐药性重度抑郁症患者的一个治疗方案，通过加速、高剂量、功能连接导向靶刺激对抑郁患者的特定脑区进行刺激，被指出具有较好的疗效，在一定程度上解决了传统 rTMS 对难治性抑郁症的治疗效果一般的局限。

功能性近红外光谱技术（functional near-infrared spectroscopy，fNIRS）是近年来广泛使用的脑功能神经成像技术，该技术可以用来测量双侧额颞叶皮质表面的血流动力学，从而获得大脑活动时氧合血红蛋白和脱氧血红蛋白的变化情况，以推断大脑局部激活水平。在认知神经活动过程中，大脑神经活动区域增加的脑血流所携带的氧将大大超过大脑活动所需的氧，而氧通过血液中的血红蛋白进行传输,故而认知活动过程中大脑活动区域会出现血液中氧合血红蛋白(OxyHb)浓度的上升、脱氧血红蛋白(deOxyHb)浓度的下降,由此可以通过氧合血红蛋白的变化看出大脑相关脑区在进行认知活动时的激活水平强度。

(3) 研究结果。

研究人员选取了华中科技大学校医院37位焦虑障碍、抑郁障碍的个体进行iTBS的干预,每例入选患者于干预前、干预10次后进行量表及VFT任务的评估。采用医院焦虑抑郁量表评定患者的焦虑、抑郁症状;以VFT任务下的血氧信号变化评定大脑激活情况。

结果发现,iTBS模式治疗后的焦虑抑郁障碍患者的焦虑和抑郁症状均明显改善,支持iTBS模式治疗焦虑抑郁障碍个体的有效性。研究人员同时采用近红外光谱仪进一步探究应用iTBS模式抗焦虑、抗抑郁疗效背后的机制,发现在iTBS治疗后患者大脑的布洛卡区、额叶区域的血流动力学较治疗前显著增多,即经过治疗后患者在进行相关认知任务时的相关脑区的激活程度增加,患者相关认知功能和言语功能得到改善(见图11-3)。

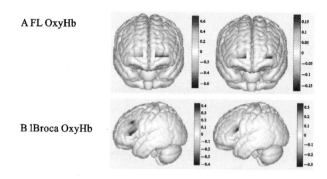

图11-3 大脑皮层的激活图(摘自图11-2对应期刊文章)

子图A、B分别为不同脑区(FL、lBroca)氧合血红蛋白(OxyHb)在测试前和测试后的激活(T0~T1)。测试前和测试后各脑皮层激活均有显著差异($p < 0.05$)

除此之外,研究人员还发现在iTBS模式干预下,焦虑抑郁障碍患者的大脑功能连接增强。以往研究表明,抑郁症的发作不仅仅涉及单一区域而是整个大脑网络,很多脑区之间的连接存在异常,导致相应的功能损伤,而张妍及其团队关于iTBS干预模式可以增强大脑功能连接的发现进一步为iTBS模式能够治疗焦虑抑郁患者提供证据。

(4) 结论。

焦虑抑郁患者往往表现出异常的脑激活模式,以及与任务相关的功能连接性降低。相反,焦虑抑郁患者症状改善的同时往往伴随着前额叶功能的改善——激活水平提高。因此,使用近红外光谱仪来鉴别焦虑抑郁患者以及评估治疗效果的有效性是非常有效且直观的。研究团队联合 fNIRS 设备考察 iTBS 治疗模式对焦虑抑郁患者的治疗效果,同时进一步证实 fNIRS 在疾病诊断及治疗效果评估应用中的优越性,为今后探寻出更加有效的刺激参数提供实践基础。

批判性阅读与思考:

(1) 研究设计和方法:文章中是否清晰地描述了研究设计和方法,包括样本招募、实验操作、数据采集等方面?这些信息对于研究的可重复性和结果的可信度至关重要。

(2) 样本选择和代表性:研究中实验的参与者是否具有足够的代表性?能否代表目标人群?是否有任何潜在的样本偏差,如年龄、性别、疾病严重程度等方面的差异?

(3) 数据分析和结果解释:作者使用了什么样的数据分析方法?是否进行了适当的统计校正?结果的解释是否合理?是否考虑了可能存在的替代解释或潜在偏差?

(4) 神经影像技术的应用:文章中使用了功能性近红外光谱技术来研究治疗焦虑和抑郁的效果。这项技术是否被充分应用?是否有其他神经影像技术的研究来支持这一发现?

(5) 临床意义和实际应用:这项研究的结果对于临床治疗焦虑和抑郁有何重要意义?是否需要更多的研究来验证这一发现,并且将其转化为临床实践?

(6) 局限性和未来研究方向:作者是否充分讨论了研究的局限性?是否提出了未来研究的方向或建议?

通过对这些方面进行深入的批判性阅读与思考,我们可以更全面地评估这篇文章的质量、意义和实用性,从而更好地理解和应用其中的研究成果。

3. 案例三:《直觉还是理性:批判性思维倾向对创造性信息认知的影响》[10]

华中科技大学张妍教授及其团队在期刊 *Thinking Skills and Creativity* 上发表了题为 *Intuition or rationality: Impact of critical thinking dispositions on the cognitive processing of creative information* 的文章。研究运用事件相关电位(ERP)技术,探索不同批判性思维倾向者对创造性信息认知加工的外显和内隐机制(即理性和直觉的作用)。研究包含两个实验:实验 1 为外显 ERP 实验,采用启动实验范式,探讨不同批判性思维倾向者对创造性词汇外显加工的神经机制;实验 2 为内隐 ERP 实验,采用 Stroop 实验范式考察不同批判性思维倾向者对创造性词汇内隐加工的神经机制。结果发现,不同批判性思维倾向者对创造性信息外显认知的脑机制有显著差异:对于低批判性思维倾向者,低创造性人物比高创造性人物启动条件诱发的 N1 波幅更大;对于高批判性思维倾向者,高创造性词汇比低创造性词汇诱发的 P2 波幅更大(见图 11-4)。但是内隐认知不存在显著差异。这提示不同批判性思维倾向者对创造性信息的认知加工过程是一种理性的思维过程(见图 11-5);作为创造性信息认知敏感性指标的 N1 和 P2 成分可以作为区分不同批判性思维倾向者的标记物。

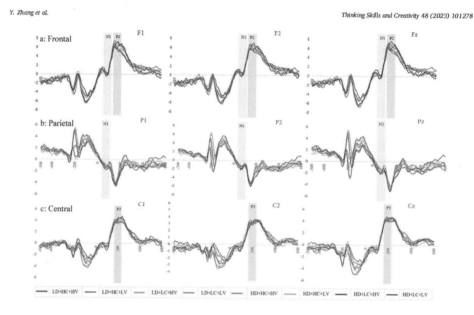

图 11-4　不同批判性思维倾向者对创造性信息认知加工的 ERP 波形图(摘自参考文献[10])

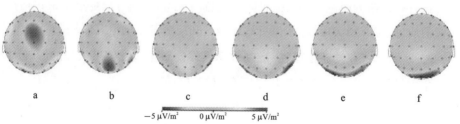

Fz a: low disposition+low creative character+low creative vocabulary; b: low disposition+high creative character+low creative vocabulary
Cz c: high disposition+low creative character+low creative vocabulary; d: high disposition+high creative character+low creative vocabulary
Pz e: low disposition+low creative character+low creative vocabulary; f: low disposition+high creative character+high creative vocabulary

图 11-5　不同批判性思维倾向者对创造性信息认知加工的 ERP 地形图(摘自参考文献[10])

批判性阅读与思考:

(1)研究目的和问题:文章是否清晰地说明了研究的目的和问题?研究是否围绕批判性思维倾向对创造性信息加工的影响展开?

(2) 理论框架和假设：作者是否提供了清晰的理论框架来支持他们的研究假设？他们的假设是否有足够的理论基础？

(3) 研究设计和方法：文章中描述的研究设计和方法是否充分详细，并且足以支持作者的结论？是否有可能的方法偏差或缺陷？

(4) 样本选择和代表性：研究中使用的样本是否具有足够的代表性，以能够推广到更广泛的人群中？是否有任何潜在的样本偏差，如年龄、性别、教育程度等方面的差异？

(5) 数据分析和结果解释：作者使用了什么样的数据分析方法？结果是否得到了充分的解释？是否考虑了可能存在的替代解释或潜在偏差？

(6) 实际应用和未来研究方向：这项研究的结果对于实际应用和未来研究有何启示？作者是否提出了进一步研究的方向或建议？

通过对这些方面进行深入的批判性阅读与思考，我们可以更全面地评估这篇文章的质量、意义和实用性，从而更好地理解和应用其中的研究成果。

4. 案例四：《长期居住在绿色环境中，可以减少抑郁症和焦虑症的发生风险》[11]

华中科技大学公共卫生学院田耀华博士团队在 *Nature* 子刊 *Nature Mental Health* 上线的一项研究发现，长期居住在绿色环境中，可以减少抑郁症和焦虑症的发生风险。这项研究同时表明，提升住宅的绿化环境很可能是通过降低空气污染来改善心理健康的。

在这项研究中，研究者分析了来自英国生物银行（UK Biobank）的 40 多万名参与者的相关数据，包括在中位随访 11.9 年的时间内患抑郁症或焦虑症的风险，以及居住的地址。研究者分别以 300 米、500 米、1000 米和 1500 米缓冲区的归一化差异植被指数（normalized difference vegetation index，NDVI）评估了参与者居住环境中的"绿色程度"，数值越高代表地表植被状况越好。数据指出，相较于 300 米缓冲区内 NDVI 指数最低四分位数（即绿地接触最少）的参与者，居住在 300 米缓冲区内 NDVI 最高四分位数（即绿地接触最多）的参与者患抑郁症和焦虑症的风险分别降低了 16% 和 14%。在 500 米、1000 米和 1500 米缓冲区内也显示出类似的趋势。

研究人员指出，由于住宅环境的绿化程度是一个可以改变的因素，接触绿色环境在减少生理应激和改善心理健康方面发挥的作用受到广泛关注，但其中的机制尚未完全阐明。目前主要有三个方面的假设：一是提供环境益处，例如减少空气污染和噪声；二是培养能力，例如增加身体活动和社会联系；三是恢复能力，例如提高注意力和减轻压力。然而,需要以人群为基础的证据来证实这些可能的途径,以及确认哪种途径发挥主要作用。因此,这项研究进一步探究了自然环境、社会环境和生活方式3个方面在内的30条将绿色居住环境和抑郁症及焦虑症连接起来的潜在路径。通过计算中介百分比发现,$PM_{2.5}$、NO_2、NO_x、SO_2和臭氧等空气污染物起着重要的中介作用。例如,NDVI-300米与抑郁之间的关联分别有52.9%(95%CI,31.6%~73.1%)、28.4%(95%CI,13.4%~50.3%)、30.9%(95%CI,17.8%~48.1%)、2.4%(95%CI,1.4%~4.1%)和27.7%(95%CI,19.4%~37.9%)经降低$PM_{2.5}$、NO_2、NO_x、SO_2和O_3中介。这项队列研究阐明了长期居住在绿色环境中可以减少抑郁症和焦虑症的发生,为指导城市绿化战略和制定促进心理健康的公共卫生政策提供了强有力的证据。

批判性阅读与思考:
从多个角度来审视研究的方法、结论、局限性以及其实际应用。
(1) 研究方法与数据来源。
①数据来源。
该研究利用了英国生物银行的数据,这一数据库具有大规模、长时间随访的优点,能够提供丰富的人群健康信息。但是,研究数据的来源仅限于英国,这可能会限制结论在其他国家和文化背景下的适用性。
②绿化程度评估。
研究采用归一化差异植被指数(NDVI)评估居住环境的"绿色程度",这一方法是衡量植被覆盖的常用指标,具有较高的科学可靠性。然而,NDVI并不能完全反映绿化的质量和类型,例如不同植物种类、植被密度等因素也可能对心理健康产生不同影响。
(2) 研究结论。
①结论的稳健性。
研究得出的结论是,居住在绿化程度高的环境中可以降低抑郁症和焦虑症的发生风险。这一结论与其他相关研究的发现一致,增强了结论的可信度。然而,研究只能证明绿化程度与心理健康之间的关联,无法确定因果关系。其他潜在的混杂因素(如社会经济地位、教育水平、工作压力等)可能也会影响心理健康。
②中介作用分析。
研究通过计算中介百分比发现空气污染物在绿色环境与心理健康之间起到重要的中介作用,这一发现揭示了绿色环境通过改善空气质量来促进心理健康的可能机制。然而,空气污染只是众多潜在中介因素之一,研究未能全面覆盖所有可能的机制,例如噪声污染、社会支持、身体活动等其他因素的中介作用也需要进

一步探讨。

(3) 研究局限性。

①地理和文化局限性。

由于数据来自英国,结论可能在其他国家或文化背景下不适用。不同国家的城市规划、绿化策略和社会文化差异都可能影响研究结果的适用性。

②时间因素。

尽管随访时间长达11.9年,但环境和社会条件的变化可能会影响研究结果。例如,随着时间推移,城市绿化和空气污染状况可能会发生变化,从而影响绿色环境与心理健康的相关性。

③心理健康测量。

抑郁症和焦虑症的诊断可能受主观因素影响,不同个体的自我报告可能存在偏差。此外,研究未详细说明如何确诊这些心理健康问题,是否依赖自我报告、临床诊断或其他评估方法。

(4) 实际应用与政策建议。

①城市规划和公共卫生政策。

研究为城市绿化战略和促进心理健康的公共卫生政策提供了科学依据,强调了增加城市绿地的重要性。然而,政策的制定需要考虑实际的经济和社会成本,以及如何在不同社区中公平分配绿地资源。

②进一步研究的必要性。

研究揭示了一些潜在机制,但尚未完全阐明绿色环境对心理健康的具体作用机制,未来需要更多跨学科研究来进一步验证和扩展这些发现。需要在更多不同地理和文化背景下进行类似研究,以验证结果的普适性。

(5) 总结。

该研究提供了重要的证据,支持了长期居住在绿色环境中对降低抑郁症和焦虑症发生风险的益处。尽管研究方法严谨,数据丰富,但其局限性也需要我们在解读结论时保持审慎。未来的研究应进一步探索绿色环境与心理健康之间的因果关系及具体机制,并验证结果在不同背景下的适用性。政策制定者应结合本地实际情况,将研究发现应用于城市规划和公共卫生政策,以促进居民的心理健康。

5. 案例五:《大脑结构、免疫代谢和遗传机制是生活方式和抑郁症之间联系的基础》[12]

人们已经认识到,生活方式因素是可以改变的目标,可以用来对抗日益普遍的抑郁症。这项研究旨在调查一系列生活方式因素,包括饮酒、饮食、体育锻炼、睡眠、吸烟、久坐行为和社会关系，这些因素会导致抑郁症，并研究潜在的神经生物学机制。在9年的随访中，对来自 UK Biobank 的 287 282 名参与者使用多变量 Cox 模型来证明7种生活方式因素和综合生活方式评分对抑郁症的影响。结合 197 344 名参与者的遗传风险和生活方式类别，发现健康的生活方式降低了具有不同遗传风险的人群患抑郁症的风险。孟德尔随机化分析方法证实了生活方式和抑郁症之间的因果关系。广泛的大脑区域和外周生物标志物与生活方式有关（见图11-6），包括苍白球、中央前皮层、甘油三酯和C反应蛋白。对 18 244 名参与者进行结构方程建模，揭示了包括生活方式、大脑结构、免疫代谢功能、遗传和抑郁在内的潜在神经生物学机制（见图11-7）。总之，研究结果表明，坚持健康的生活方式有助于预防抑郁症。

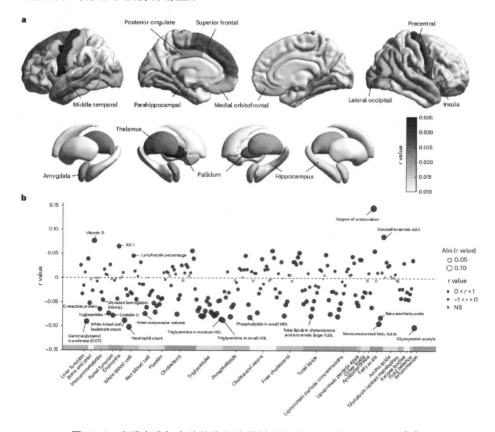

图 11-6　生活方式与大脑结构和外周标志物的关系（摘自参考文献[12]）
　　a. 共有 32 839 名参与者参与了生活方式与大脑结构成像之间的相关性分析。
　　b. 生活方式和外周标志物的相关性分析。水平虚线表示正相关边界和负相关边界。
　　NS，不显著。HDL 表示高密度脂蛋白、VLDL 表示极低密度脂蛋白

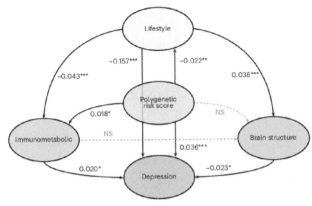

图11-7 18 244名参与者的结构方程模型分析

注:生活方式是抑郁症、免疫代谢功能和大脑结构的重要预测因素。包括大脑结构、抑郁症和免疫代谢功能在内的潜在变量在模型中进行了估计。

$*, p<0.05; **, p<0.01; ***, p<0.001$

批判性阅读与思考:

这项研究旨在调查一系列生活方式因素对抑郁症的影响,并探索其中的潜在神经生物学机制。研究发现,健康的生活方式可以显著降低抑郁症的发生风险,这一发现对公共健康政策和个人健康管理具有重要意义。以下是对这项研究的批判性阅读和思考:

(1) 研究方法与数据来源。

①数据来源。

该研究使用了 UK Biobank 的数据,这一数据库规模大,数据质量高,涵盖了广泛的人口和健康信息,为研究提供了坚实的数据基础。

样本量达 287 282 人,随访时间长达 9 年,这使得研究结果具有较高的统计显著性和可信度。

②多变量 Cox 模型。

研究采用多变量 Cox 模型来分析生活方式因素对抑郁症的影响,这是一个适用于时间事件数据的常用统计模型,能够有效控制多种混杂因素。

然而,尽管多变量 Cox 模型可以控制已知的混杂因素,但仍可能存在未测量或未知的混杂因素影响结果。

(2)研究结论。

①生活方式因素的影响。

研究发现,饮酒、饮食、体育锻炼、睡眠、吸烟、久坐行为和社会关系等七种生活方式因素与抑郁症发生风险相关,综合生活方式评分对抑郁症具有影响。

健康的生活方式可以显著降低不同遗传风险人群的抑郁症发生风险,这一发现表明生活方式干预在抑郁症预防中的普适性和重要性。

②因果关系的证实。

孟德尔随机化分析方法被用于验证生活方式和抑郁症之间的因果关系。孟德尔随机化分析方法是一种利用遗传变异来研究环境因素与疾病之间因果关系的方法,可以有效减少反向因果和混杂因素的影响。这一证据增加了研究结果的说服力,表明改善生活方式可以直接减少抑郁症的发生风险。

(3)研究局限性。

①自我报告数据的局限性。

生活方式因素(如饮食、体育锻炼、睡眠等)通常通过自我报告收集,这可能导致报告偏差。参与者可能高估或低估他们的实际行为。

未来的研究可以考虑使用更多客观测量方法(如可穿戴设备监测活动水平)来提高数据准确性。

②遗传风险的测量。

尽管研究结合了参与者的遗传风险,但遗传风险评分(PRS)可能无法完全捕捉所有与抑郁症相关的遗传变异。

不同的遗传背景对生活方式因素的影响可能存在差异,需要进一步的研究来验证结果的普适性。

(4)实际应用与政策建议。

①公共健康政策。

研究表明,推动健康生活方式(如合理饮食、适当锻炼、良好睡眠和减少吸烟)对于预防抑郁症具有重要意义。这为公共健康政策的制定提供了科学依据。

政策制定者可以利用这些结果来制定和推广健康生活方式的干预措施,减少抑郁症的发病率。

②个人健康管理。

个人在日常生活中可以通过调整生活方式来降低抑郁症发生风险。健康饮食、规律锻炼、充足睡眠和良好社会关系等都应被鼓励和践行。

健康教育和宣传可以帮助公众认识到生活方式调整的重要性,从而主动采取措施改善健康状况。

(5) 神经生物学机制。

①大脑结构与功能。

研究发现广泛的大脑区域与生活方式相关,包括苍白球和中央前皮层等。这表明生活方式因素可能通过影响大脑结构和功能来影响抑郁症发生风险。

进一步的神经影像学研究可以帮助深入理解这些大脑区域在生活方式与抑郁症之间的具体作用机制。

②免疫代谢功能。

研究揭示生活方式与免疫代谢功能之间的关系,例如甘油三酯和C反应蛋白等生物标志物。这些发现提示生活方式可能通过影响代谢和炎症途径来调节抑郁症的发生风险。

未来研究应进一步探讨免疫代谢途径在生活方式与抑郁症关系中的具体作用机制。

(6) 总结。

这项研究通过多变量Cox模型和孟德尔随机化分析方法,证实了生活方式因素对抑郁症的影响,并揭示了其中的一些潜在神经生物学机制。尽管研究具有较高的科学性和可靠性,但仍存在一定的局限性,未来需要更多研究来验证和扩展这些发现。无论是在公共健康政策制定还是个人健康管理层面,这些研究结果都具有重要的应用价值。推动健康生活方式的干预措施可以显著降低抑郁症的发病率,改善人群心理健康水平。

第六节　批判性思维在心理学研究中应用的展望

随着科学研究的不断发展,批判性思维在心理学研究中的应用将继续发挥重要作用。以下是批判性思维在心理学研究中应用展望的几个方面。

一、跨学科整合

未来的心理学研究将更加注重与其他学科的整合,批判性思维将成为促使这种整合的关键。通过与神经科学、计算机科学、社会学等学科的交叉,心理学研究能够更全面地理解和解释人类行为和认知。批判性思维将促进不同学科观点的对话,推动心理学研究走向更为综合性和前沿的方向。

二、技术与方法的创新

随着技术的不断发展,心理学研究将受益于新的数据收集和分析方法。批判性思维将在评估这些新技术的有效性和适用性方面发挥作用。例如,虚拟现实、大数据分析、脑成像技术等将为研究者提供更多可能性,但同时也需要批判性思维来确保这些技术在研究中的合理运用。

三、多元文化和多样性的关注

未来的心理学研究将更加强调多元文化和多样性的观点。批判性思维将引导研究者认真考虑研究参与者的文化背景、种族、性别等因素对研究结果的影响。这种关注有助于避免研究中的文化偏见,提高研究的外部效度,使研究成果更贴近不同群体的实际情况。

四、伦理和社会责任

随着心理学研究的不断深入,对于伦理和社会责任的关注也将上升到一个新的高度。批判性思维将帮助研究者在实验设计、数据收集和研究伦理方面更为敏感。研究者将更加谨慎地考虑他们的研究对个体和社会可能产生的影响,并努力确保研究的道德合规性。

五、开放科学与协作

未来的心理学研究将更加强调开放科学和协作。批判性思维将推动研究者审视研究透明度、数据共享和研究设计的可重复性。倡导开放科学的批判性思维有助于构建更加可信、可靠且可复制的研究结果。

总体而言,批判性思维在未来的心理学研究中将促成更为全面、创新及关注伦理和社会责任的研究实践,推动心理学这一领域更好地适应不断变化的科研环境。

思 考 题

1. 请从批判性思维教育的角度谈谈你对脑科学发展的理解和认识。
2. 请运用批判性思维的方法对心理学领域的科研论文进行批判性阅读。
3. 从批判性思维的角度进行心理学实验设计,需要考虑哪些方面才能得出更加科学的结果?

参 考 文 献

[1] Psychological Association. APA Guidelines for the Undergraduate Psychology Major [M]. Washington, DC: Author. Retrieved from

www. apa. org/ed/resources. html,2007.

[2] (美)菲利普·津巴多,等.津巴多普通心理学(原书第5版)[M].王佳艺,译.北京:中国人民大学出版社,2008.

[3] (美)罗伯特·费尔德曼.发展心理学——人的毕生发展[M].苏彦捷,等,译.北京:世界图书出版公司北京公司,2007.

[4] E. A. Betts. Foundations of Reading Instruction [M]. New York: American Book Company,1946.

[5] D. A. Bensley. Critical Thinking in Psychology: A Unified Skills Approach[M]. Thomson Brooks/Cole Publishing Co. ,1998.

[6] D. A. Levy. Tools of Critical Thinking: Metathoughts for Psychology [M]. Waveland Press,2009.

[7] J. Meltzoff,H. Cooper. Critical Thinking about Research: Psychology and Related Fields (2nd ed.)[M]. American Psychological Association, 2018. https://doi. org/10. 1037/0000052-000.

[8] Liu, L. , Tang, J. , Liang, X. , et al. Running exercise alleviates hippocampal neuroinflammation and shifts the balance of microglial M1/M2 polarization through adiponectin/AdipoR1 pathway activation in mice exposed to chronic unpredictable stress [J]. Molecular Psychiatry,2024. https://doi. org/10. 1038/s41380-024-02464-1.

[9] Zhang,Y. ,Li,L. ,Bian,Y. ,et al. Theta-burst stimulation of TMS treatment for anxiety and depression: A FNIRS study[J]. Journal of Affective Disorders, 2023. 325: 713-720. https://doi. org/10. 1016/j. jad. 2023. 01. 062.

[10] Zhang,Y. ,Bian,Y. ,Wu,H. ,et al. Intuition or rationality: Impact of critical thinking dispositions on the cognitive processing of creative information[J]. Thinking Skills and Creativity,2023,48:101278.

[11] Wang,J. ,Ma,Y. ,Tang,L. ,et al. Long-term exposure to residential greenness and decreased risk of depression and anxiety[J]. Nature. Mental Health, 2024, 2: 525-534. https://doi. org/10. 1038/s44220-024-00227-z.

[12] Zhao, Y. , Yang, L. , B. J. Sahakian, et al. The brain structure, immunometabolic and genetic mechanisms underlying the association between lifestyle and depression[J]. Nature Mental Health,2023,1: 736-750. https://doi. org/10. 1038/s44220-023-00120-1.